Theo der Pfeifenraucher

Leben in Kleinbasel um 1800

Gerhard Hotz, Kaspar von Greyerz, Lucas Burkart (Hg.)

THEO
DER PFEIFENRAUCHER
Leben in Kleinbasel um 1800

Naturhistorisches Museum Basel

Christoph Merian Verlag

Diese Publikation wurde ermöglicht durch einen Beitrag der Bürgergemeinde der Stadt Basel
aus ihrem Anteil am Ertrag der Christoph Merian Stiftung.

Bibliografische Information der Deutschen Nationalbibliothek:
Die Deutsche Nationalbibliothek verzeichnet diese Publikation
in der Deutschen Nationalbibliografie; detaillierte bibliografische Daten
sind im Internet über http://dnb.d-nb.de abrufbar.

ISBN 978-3-85616-507-9

Ein Unternehmen der Christoph Merian Stiftung

©2010 Christoph Merian Verlag

Lektorat: Ulrich Hechtfischer, Freiburg i. Br.
Druck und Bindung: Kösel GmbH & Co. KG, Altusried-Krugzell
Gestaltung und Lithos: a+ Caruso Kaeppeli GmbH, Basel
Schriften: Swift light/bold, AF Klampenborg
Papiere: Luxo Samtoffset 135 g/m², Invercote 280 g/m²
www.merianverlag.ch

www.nmb.bs.ch

Inhalt

Vorwort

Mit dem Erscheinen des vorliegenden Bandes gelangt ein spannendes interdisziplinäres Projekt zu seinem Abschluss. Als Herausgeber verbinden wir mit unserem Buch die Hoffnung, dass es auf anregende Art und Weise einem grösseren Publikum sowohl den Reiz wie den Sinn interdisziplinärer Zusammenarbeit zwischen den Naturwissenschaften sowie den Kultur- und Geisteswissenschaften vermitteln wird. Es ist uns ein Anliegen, uns an dieser Stelle bei denjenigen Institutionen und Personen zu bedanken, die unser Kooperationsvorhaben tatkräftig unterstützt und mitgetragen haben.

An erster Stelle gilt unser Dank der Christoph Merian Stiftung, die bereit war, die Veröffentlichung dieses Buches entscheidend zu unterstützen und vor allem auch die Kosten seiner Ausstattung mit vielen Illustrationen mitzutragen. Unser besonderer Dank gilt sodann den zahlreichen Mitarbeitern, die aus Begeisterung für das Theo-Projekt bereit waren, viele Stunden ihrer Freizeit für die unabdingbaren Personenrecherchen zu opfern, sowie den Staatsarchiven Basel-Stadt und Basel-Landschaft und seinen Mitarbeiterinnen und Mitarbeitern, insbesondere auch den Staatsarchivarinnen Esther Baur und Regula Nebiker Toebak, die es zu ihren Anliegen machten, diese Recherchen wo immer möglich institutionell zu unterstützen. Unser Dank gilt inbesondere auch den Mitarbeitenden des Naturhistorischen Museums Basel, die das Projekt in vielfältiger Weise und mit grossem Engagement unterstützten. In unseren Dank einschliessen möchten wir auch alle jene Personen, die bereit waren, dem Projekt wertvolle Daten aus anderen Forschungskontexten zur Verfügung zu stellen. Ausserdem möchten wir der Vögelin-Bienz-Stiftung für die Unterstützung der redaktionellen Überarbeitung von einzelnen Kapiteln des vorliegenden Bandes unseren verbindlichen Dank abstatten. Schliesslich sind wir Beat von Wartburg, Oliver Bolanz, Claus Donau und weiteren Mitarbeitern des Christoph Merian Verlags für die reibungslose Zusammenarbeit zu grossem Dank verpflichtet. Nicht zuletzt möchten wir Ulrich Hechtfischer für das Lektorat sowie Gregorio Caruso und Marie-Anne Räber für die Gestaltung des Bandes unseren Dank aussprechen.

Basel, im Juli 2010

Gerhard Hotz
Kaspar von Greyerz
Lucas Burkart

Theo – ein Experiment

Einleitung
Lucas Burkart

Der vorliegende Band ist das Ergebnis einer aussergewöhnlichen Zusammenarbeit zwischen verschiedenen Wissenschaftsdisziplinen, Institutionen sowie zwischen Wissenschaftlern und interessierten Laien. Ihren Ausgang nahm sie in einer Ausstellung im Naturhistorischen Museum Basel, die experimentellen Charakter hatte. In der Ausstellung wurden die Ergebnisse präsentiert, die aus der Untersuchung eines Skeletts gewonnen worden waren. Die sterblichen Überreste einer männlichen Person stammten vom Merianschen Gottesacker bei St. Theodor in Kleinbasel. Aufgrund einer Auffälligkeit im Gebiss – Spuren jahrelangen Pfeiferauchens – erhielt der Unbekannte erste persönliche Züge und einen an seinen Bestattungsort angelehnten Namen: Theo, der Pfeifenraucher.

Die Spur einer persönlichen Gewohnheit an einem anonymen Skelett brachte die Forscher auf die Idee, die Identität des Unbekannten möglichst genau zu bestimmen. Dazu wurden sie durch die besondere Lage des Grabes ermutigt. Es lag auf einem kleinen Ersatzfriedhof, der zwischen dem 18. und 19. Jahrhundert nur gerade 53 Jahre lang genutzt worden war. Für die Identifikation kamen somit nur Personen infrage, die dort in diesem Zeitraum bestattet worden waren. Als glücklicher Überlieferungszufall erwies sich, dass im Staatsarchiv Basel-Stadt das Register aller in Kleinbasel Verstorbenen komplett erhalten ist. Einer der dort verzeichneten Namen musste der von Theo sein – die Frage war nur: welcher?

Wie bei kriminalpolizeilichen Nachforschungen, bei denen alle verfügbaren Informationen als Teile eines grossen Puzzles zusammengesetzt werden, wurde eine Art ‹Robotbild› des Pfeifenrauchers erstellt: Er war männlich, mittleren Alters, gehörte wahrscheinlich der gesellschaftlichen Mittelschicht (zum Beispiel dem Handwerkertum) oder aber der Unterschicht an, wohnte in Kleinbasel und rauchte Pfeife. Bei dieser Ausgangslage versprach die Kooperation zwischen Naturwissenschaften sowie Geistes- und Kulturwissenschaften, dem vor knapp zweihundert Jahren verstorbenen Unbekannten ein Gesicht und eine Identität geben zu können.

Durch die konsequente Verzahnung unterschiedlicher methodischer Verfahren der beteiligten Wissenschaften und dank grosser Unterstützung zahlreicher ehrenamtlich Mitarbeitender konnten aus dem Beerdigungsregister von St. Theodor, ausgehend von über 4000 Namen, 12 Anwärter herausgefiltert werden, von denen einer mit grosser Wahrscheinlichkeit tatsächlich Theo, der Pfeifenraucher, gewesen sein dürfte.

Doch das Projekt spürte nicht nur dem Pfeife rauchenden Theo nach, es wurde auch der historische und kulturelle Rahmen untersucht, in dem dessen Leben verlief. Über die Geschichte Kleinbasels im späten 18. und frühen 19. Jahrhundert wissen wir bisher nämlich nur wenig und meistens nur Bruchstückhaftes, über systematisch zusammengetragenes historisches Wissen verfügen wir nicht. Das gewerblich bestimmte Berufsumfeld, Geselligkeit, Lebensalltag, Armut, Krankheit, Tod sowie die gesellschaftliche Struktur und Selbstwahrnehmung im ‹minderen› Basel wurden im Rahmen des Projekts erstmals genauer untersucht.

Auch wenn die meisten wohlhabenden grossbürgerlichen Familien Basels auf der gegenüberliegenden Rheinseite lebten, so ist die Vorstellung, Kleinbasel sei ausschliesslich ein klein- oder gar unterbürgerlicher (das heisst unterschichtlicher) Stadtteil gewesen, vereinfachend und falsch. Innerhalb der Mauern Kleinbasels lebte eine sozial breit differenzierte städtische Gesellschaft, die Bettler und Tagelöhner ebenso umfasste wie Handwerksmeister und Zunftherren.

Dieser Band stellt nicht nur Forschungsergebnisse vor, er dokumentiert auch eine Zusammenarbeit von Natur-, Geistes- und Kulturwissenschaften, von Museum, Archiv und Universität und schliesslich von Wissenschaftlern und interessierten Laien. Durch die Beiträge dieses Buches und nicht zuletzt durch dessen reiche Bebilderung soll diese Forschungsarbeit einem grösseren Publikum zugänglich und verstehbar gemacht werden. Ausgehend von der Analyse eines anonymen Skeletts, wurde versucht, das Schicksal einer historischen Person weitgehend zu rekonstruieren und zugleich dessen Lebensumstände als Teil einer städtischen Gesellschaft zu beleuchten. Mit ‹Theo, der Pfeifenraucher› erhält nicht nur ein Schädel, sondern auch die Geschichte Kleinbasels zwischen 1780 und 1830 ein Gesicht.

Die Beiträge des Buches

Kaspar von Greyerz

Die in diesem Band enthaltenen Beiträge dokumentieren also ein die üblichen Grenzen zwischen naturwissenschaftlicher und kulturwissenschaftlich-historischer Forschung überschreitendes gemeinsames Projekt. Insbesondere durch die reiche Bebilderung der nachfolgenden Seiten soll diese Dokumentation einem grösseren Publikum zugänglich gemacht werden. Die meisten Beiträge zu diesem Band sind entstanden bevor die im März 2010 eingeleiteten, im dritten Teil angesprochenen letzten Schritte zur Identifikation Theos aufgrund einer DNA-Analyse in Gang gesetzt wurden. Aus diesem Grunde war bei der Anfertigung der nachfolgenden Kapitel von dem bereits erwähnten ‹Robotbild› des Pfeife rauchenden Theo auszugehen: Er war männlich, zwischen 28 und 32 Jahre alt, gehörte mit hoher Wahrscheinlichkeit der gesellschaftlichen Mittelschicht (zum Beispiel dem Handwerkertum) oder aber der Unterschicht an, wohnte in Kleinbasel (sonst wäre er kaum zu St. Theodor begraben worden) und rauchte Pfeife.

Der Band gliedert sich in vier grössere Teile. Ein erster Teil ist der Einleitung und der Projektgeschichte gewidmet, der zweite Teil ist in thematischer Hinsicht der Archäologie, Anthropologie und den Naturwissenschaften zuzuordnen. Der dritte Teil gilt den verschiedenen Aspekten der Identifikation Theos. Der vierte Teil umfasst die historischen und kulturwissenschaftlichen Beiträge.

Der Band beginnt im Anschluss an die Einleitung und die Projektgeschichte mit Beiträgen zur Archäologie und Anthropologie, in denen Theos Grab und Skelett, das am 4. Dezember 1984 auf dem St. Theodorskirchhof in Kleinbasel ausgegraben wurde, ausführlich analysiert werden. Diese Beiträge sind von nahezu zwanzig Autorinnen und Autoren verfasst worden, die mit naturwissenschaftlichen Methoden dem Skelett und seinem Grabbefund sämtliche denkbaren Informationen und Indikatoren abzugewinnen versucht haben. In den anthropologischen Beiträgen ist die Rede von den Zähnen als Informationsspeicher zur Gesundheit, Ernährung, geografischen Herkunft, zu Alltagsgewohnheiten; vom wissenschaftlichen Aussagewert der Knochen; vom Einsatz der Computertomografie zur Strukturanalyse von Theos Armen, von der auf einen möglichen Beruf geschlossen werden kann; vom genetischen Code, der sich in den Zähnen verbirgt und in der Schlussphase des Projekts im September 2009 entziffert werden konnte. In diesen Beiträgen werden gleichzeitig der materielle wie der ideelle Ausgangspunkt des Projekts ‹Theo, der Pfeifenraucher›, insbesondere aber auch die bei der Geschlechts- und Altersbestimmung, bei der Isotopenanalyse, bei der Rekonstruktion des vermutlichen Aussehens von Theo und anderem verwendeten Methoden genauer und gleichzeitig für Laien verständlich beschrieben.

Daraus ergibt sich gleichsam automatisch der dritte Teil mit Beiträgen zu Theos Identifizierung. Hier wird von Gerhard Hotz und ebenfalls einer ganzen Reihe weiterer Projektmitarbeiterinnen und -mitarbeitern (nicht zuletzt aus den Reihen der Mitglieder der Genealogisch-Heraldischen Gesellschaft der Regio Basel) beschrieben, wie auf der Basis der privaten ‹Datenbank Historischer Personen Basels› von Alfred und Karin Schweizer Identifikationslisten potenzieller Theos erstellt und wie diese im Verlauf des Projekts sukzessive verfeinert wurden, wobei schrittweise eine Reduktion von ursprünglich 4334 auf 12 noch verbleibende Kandidaten durchgeführt werden konnte.

Ausserdem werden den Lesern im Beitrag ‹Wer war Theo?› Informationen zum sozialen und familiären Umfeld der drei aus dem Identifikationsversuch als Top-Kandidaten hervorgegangenen Kleinbaslern geboten. Es handelt sich dabei um Christian Friedrich Bender, Achilles Itin und Peter Kestenholz, um einen Angehörigen der sozialen Mittelschicht und um zwei der Unterschicht. Dieses Kapitel bietet den Lesern und Leserinnen die Grundlagen zur Entscheidung, wer unter diesen drei Kandidaten mit grösster Wahrscheinlichkeit mit Theo identisch ist.

Im vierten Teil werden der historische Rahmen sowie das wirtschaftliche Umfeld Kleinbasels, in welche das Leben Theos gleichsam ‹einzubetten› ist, umrissen. Ausführungen zur wirtschaftlichen Situation Kleinbasels im angesprochenen Zeitraum – das in Zünften organisierte Handwerk und Gewerbe stehen hier im Zentrum – sowie zu Theos möglichem Berufsumfeld werden ergänzt durch Beschreibungen von Theos wahrscheinlichsten Berufen. Ausgangspunkt ist dabei die Vorstellung der drei Top-Kandidaten im Beitrag ‹Wer war Theo?›.

Wie gezeigt ist unser Wissen über die Geschichte Kleinbasels im späten 18. und frühen 19. Jahrhundert bis heute nur fragmentarisch. Die kultur- und geschichtswissenschaftlichen Beiträge im vorliegenden Band erschliessen daher in mancherlei Hinsicht Neuland. Dies gilt gerade auch für den Beitrag von Laura Fasol, welcher die

Bildtradition heranzieht, wie sie in Basler Haushalten um 1800 weitverbreitet war. Ausgehend von realienkundlichen Aspekten, Fragen der materiellen Kultur, der urbanistischen Situation am Kleinbasler Brückenkopf sowie von Aussehen und Zusammensetzung der in Stadtdarstellungen gezeigten Bevölkerung deutet dieser Beitrag die Vorstellungswelten, die mit dem ‹minderen› Stadtteil verbunden waren.

Die Beiträge ‹Konfliktgeladene Geselligkeit im Wirtshaus› und ‹Der Tabak. Vom Heilmittel zum Genussmittel› gelten den Freizeitaktivitäten des 19. Jahrhunderts, insbesondere der Handwerksgesellen, wobei ein besonderes Augenmerk auf die Wirtshauskultur und auf die in Wirtshäusern praktizierten Formen von Geselligkeit gerichtet wird, sowie dem Rauchen seit dem 17. Jahrhundert und der entsprechenden Tradition im Basel der ersten Hälfte des 19. Jahrhunderts.

Wie andere Städte von vergleichbarer Grösse beherbergte auch Kleinbasel eine sozial differenzierte städtische Gesellschaft, mit dem Unterschied allerdings, dass die meisten grossbürgerlichen Familien auf der gegenüberliegenden Rheinseite lebten. Wie im Beitrag ‹Wer war Theo?› gezeigt lässt sich jedoch keineswegs ausschliessen, dass Theo der sozialen Unterschicht angehörte. Im Beitrag ‹Alltag in Kleinbasel – von den Sorgen der kleinen Leute› werden daher die Zusammenhänge von Armut und Lebensalltag in Kleinbasel untersucht. Daran schliessen sich im Beitrag ‹Kranksein in Basel – der Anfang vom Ende?› Beobachtungen zum Gesundheitswesen und zum Kranksein in Basel an der Wende vom 18. zum 19. Jahrhundert an, und, ergänzend, in einem letzten Beitrag, ‹Tod und Bestattung in Basel›, Ausführungen zum damaligen Basler Bestattungswesen.

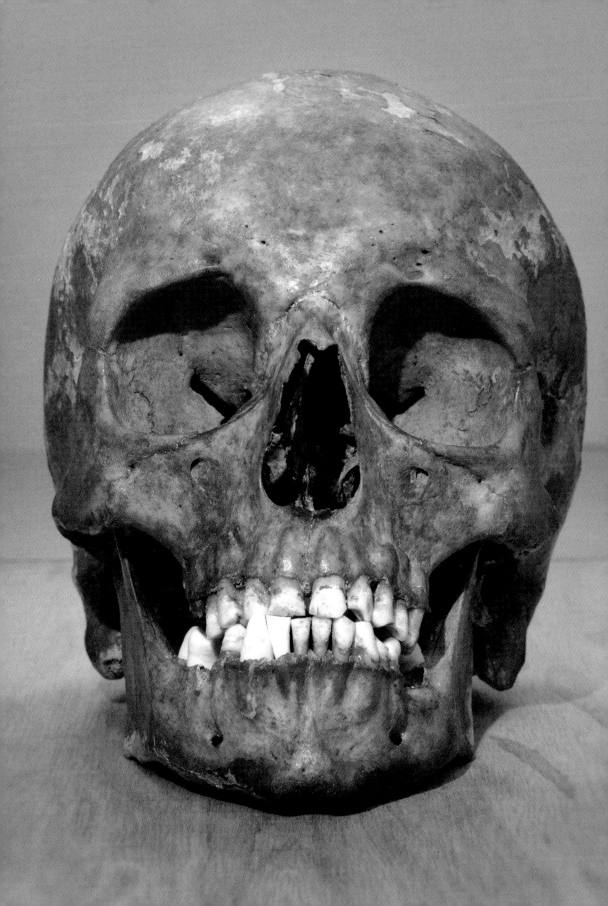

Projektgeschichte

Gerhard Hotz

Theos ‹Geschichte› begann im Herbst 2004, als eine Gruppe von Archäologie-Studierenden, Maja Adler, Julia Bossart, Simone Häberle, Simon Kramis, Daniel Schuhmann und Alexandra Wenk, in einem anthropologischen Praktikum am Naturhistorischen Museum Basel alle Skelette untersuchte, die in den letzten vierzig Jahren auf den verschiedenen Friedhöfen rund um die St. Theodorskirche ausgegraben worden waren. Im Dezember 2004 legten Simone Häberle und Simon Kramis Theos Gebeine sorgfältig auf einer weichen Unterlage aus. So fiel nach zwanzig Jahren Archivschlummer zum zweiten Mal Tageslicht auf Theos Skelett.

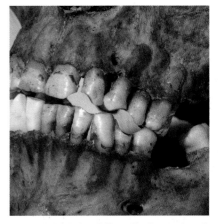

Das langjährige Pfeiferauchen hat unüberseh-bare Spuren in Form zweier runder Lücken in Theos Gebiss hinterlassen.

Zum ersten Mal war nach fast zweihundert-jähriger Grabesruhe Licht auf Theos Knochen gefallen, als die Archäologische Bodenforschung Basel-Stadt während des bitterkalten Winters 1984 die engen Leitungsgräben um den Theodorskirchplatz auf archäologische Befunde hin untersuchte. Theos Gebeine wurden im Schnellverfahren fotografiert, gezeichnet und in einem Archivbehälter versorgt. Seine Füsse, die noch in der Grubenwand steckten, blieben aus statischen Gründen unausgegraben und ruhen auch heute noch dort. Theo trat den Weg in die Sammlungsräume des Naturhistorischen Museums Basel ohne seine Füsse an.

Simon Kramis fielen die ungewöhnlichen halbkreisförmigen Lücken in Theos Gebiss auf. Die Ursache für diese erstaunlichen Löcher war schnell gefunden: Theo war ein leidenschaftlicher und ausdauernder Pfeifenraucher gewesen. Das tönerne Mundstück hatte in den weicheren Zahnschmelz über die Jahre hinweg zwei unübersehbare Lücken eingeschliffen. Diese erstaunlichen Befunde waren Ausgangspunkt für die Idee, eine Ausstellung zu Theos Person und seiner persönlichen Leidenschaft, dem Pfeiferauchen, zu konzipieren. Die Ausstellung sollte vor allem als Plattform dienen, um die Öffentlichkeit zur Mitarbeit an einem interdisziplinären Experiment aufzurufen. In Zusammenarbeit mit Forschern und interessierten Laienhistorikern wollte das Ausstellungsteam die Identität des Pfeifenrauchers ergründen.

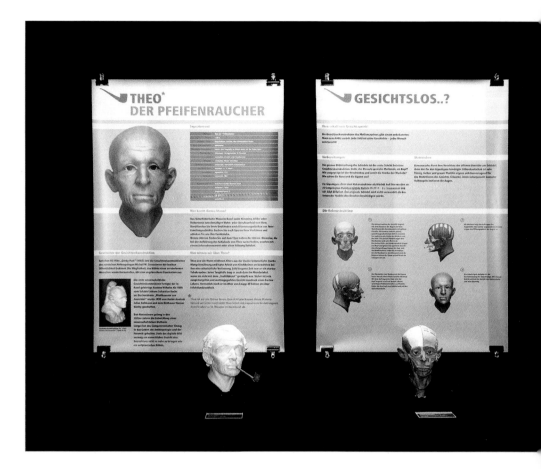

Dies war ein ehrgeiziges und zugleich faszinierendes Ziel. Im Vordergrund stand der Wunsch, möglichst viel über den Lebensalltag dieser Person herauszufinden. Wie sah das Leben eines einfachen Bewohners von Kleinbasel im 19. Jahrhundert aus? Was für einen Beruf übte er aus? Wie sah sein Verdienst aus? Kam er damit über die Runden? War er verheiratet? Mussten seine Kinder, falls er welche hatte, im zermürbenden Überlebenskampf des 19. Jahrhunderts mit anpacken? Fragen, die alleine mit den knöchernen Überresten des Pfeifenrauchers nicht beantwortet werden konnten. Nur mit einer interdisziplinären Herangehensweise liessen sich allenfalls die Identität und der Lebensalltag einer Person aus der sozialen Unter- oder Mittelschicht erforschen. Darum sollten neben den knöchernen Überresten zwei weitere Arten von Quellen in Basel erforscht werden. Die schriftlichen Quellen im Staatsarchiv Basel-Stadt, die zu unterschiedlichen Lebensaspekten vergangener Zeiten Auskunft geben können, und die umfangreichen Bildsammlungen Basels sollten in das Projekt einfliessen. Diese drei von Grund auf andersartigen Quellen, die mit unterschiedlichen Methoden und Fragestellungen erforscht werden, sollten einander in diesem Projekt ergänzen. In einer Synthese sollten möglichst viele Lebensaspekte dieser noch unbekannten Person dargestellt werden.

Die Kleinstausstellung ‹Theo, der Pfeifenraucher›.
Neben Schädel und Gesichtsrekonstruktion wurde ein Steckbrief Theos gezeigt.

Auf Initiative des Projektleiters Gerhard Hotz gesellten sich die Historiker Kaspar von Greyerz (Basel) und Lucas Burkart (Luzern) zum Projekt hinzu, um das Vorhaben in den angestrebten breiteren historischen Kontext einzubetten. Unter ihrer Leitung entstanden zwei Lizenziats- und eine Masterarbeit, deren Resultate in diesen Band aufgenommen wurden.

Das Ausstellungsteam ging bei der Suche nach Kooperationen noch einen Schritt weiter. Nicht nur die städtischen Archive sollten durch akademische Forschung nach Lebensspuren von Theo durchsucht werden, sondern es wurde versucht, die ganze Bevölkerung sowie die Besitzer von privaten Archiven, Nachlässen und sonstigen Dokumenten mit mehreren Aufrufen zu erreichen. Die Öffentlichkeit sollte sich an den Nachforschungen aktiv beteiligen oder dabei helfen, durch Dokument- und Bildzusendungen den Informationspool zu vergrössern. Mit den Aufrufen sollte die Forschung nach aussen getragen und die Trennung zwischen Forschergemeinschaft und Öffentlichkeit aufgeweicht werden. Der Ausstellung kam dabei eine wichtige Vermittlerfunktion zu.

Das Identifizierungsprojekt verstand sich von Beginn an als ein Experiment, dessen Ausgang völlig offen war. Niemand konnte voraussehen, wie weit die Suche nach der Identität eines anonymen historischen Skeletts mittels natur- und geisteswissenschaftlicher Methoden führen konnte. Ein vergleichbares Projekt hatte es bis dahin nicht gegeben.

Zunächst war nur wenig zu Theos Person bekannt. Er war irgendwann zwischen dem 5. Oktober 1779 und dem 27. April 1833 gestorben und auf einem kleinen und unscheinbaren Ersatzfriedhof beigesetzt worden, dem Merianschen Gottesacker. Der Friedhof wurde knapp 53 Jahre lang belegt, vorwiegend von Einwanderern und Personen aus der sozialen Unterschicht, und bot Platz für 440 Gräber. In diesem Zeitraum verstarben in Kleinbasel 4334 Menschen. Einer von ihnen musste Theo sein. Die Pfarrer hatten damals die Pflicht, Listen der Verstorbenen zu führen und auf aktuellem Stand zu halten. Mit unterschiedlicher Sorgfalt trugen sie Namen, Herkunft und – für uns von besonderer Bedeutung – das Alter der Verstorbenen im Beerdigungsregister ein.

Zu der kleinen Ausstellung, die unter anderem Theos Schädel, die Rekonstruktion seines Gesichts und einen Steckbrief zu seiner Person zeigte, wurde eine Medienmitteilung herausgegeben, die über die Landesgrenze hinaus grosse Beachtung erfuhr. Interessanterweise interpretierten die Printmedien den ernst gemeinten Aufruf ‹Wer kennt Theo, den Pfeifenraucher? – Museum bittet Bevölkerung um Hilfe› als cleveren Mediengag, mit dem das Museum die Öffenlichkeit auf ihre Ausstellung aufmerksam machen wollte. Bereits am nächsten Tag meldeten sich die ersten von mehreren interessierten Laienhistorikern, mit deren Unterstützung innerhalb weniger Wochen die 4334 historischen Personennamen auf etwas mehr als hundert Kandidaten reduziert werden konnten. Die Berichterstattung über diese erste erfolgreiche Reduktion der Kandidatenliste führte dazu, dass sich weitere interessierte Laienforscher meldeten.

Unter musealer Koordination sichtete das ehrenamtlich arbeitende Team die Quellen zur Theodorskirche im Staatsarchiv Basel-Stadt. Dabei fokussierte die Suche auf Gräberpläne, Gräberverzeichnisse und andere aussagekräftige Dokumente. Leider konnte das Team keinen Gräberplan finden, der wohl auch nie existiert hatte. Die Laienhistoriker fanden aber ein Grabsteinbuch, wodurch sich 16 weitere Namen von der Identifizierungsliste streichen liessen. Die nun ausgeschlossenen Kandidaten hatten nachweislich einen Grabstein bei der St. Theodorskirche und konnten daher unmöglich im vis-à-vis gelegenen Merianschen Gottesacker ihre letzte Ruhestätte gefunden haben.

Neben der intensiven Medienarbeit, dem Hauptsprachrohr der Ausstellung, wurden auf der Homepage des Museums alle Ergebnisse und alle wichtigen historischen Dokumente beinahe in Echtzeit aufgeschaltet, wodurch der nicht aktiv beteiligten, aber

‹Verzeichnis der Grabstätten bei der Theodorskirche›. Der Theo-Kandidat Ecklin konnte aufgrund dieser Aufstellung von der Identifizierungsliste gestrichen werden.

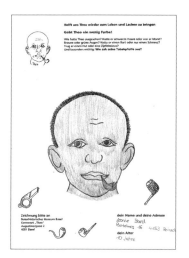

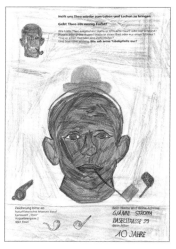

Theo – nach den Vorstellungen von Schülerinnen und Schülern der 4. Klasse der Surbaumschule, Reinach (September 2008).

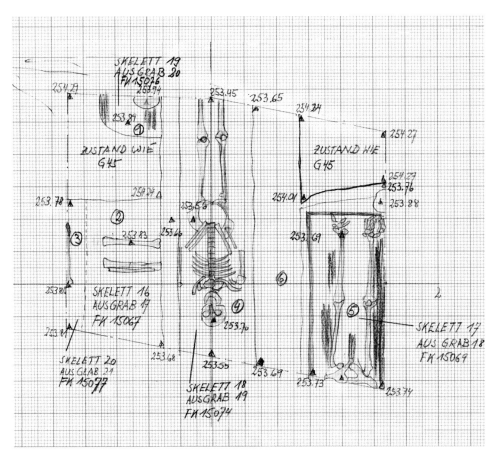

Archäologische Skizze der Lage von Theos Skelett. In unmittelbarer Nähe liegen die Gräber von vier weiteren Personen.

trotzdem interessierten Öffentlichkeit ermöglicht wurde, sich zeitnah über die Forschungsfortschritte zu informieren – die Homepage wies eine entsprechend hohe Benutzerfrequenz auf. Auch die erwünschten Bild- und Dokumentzusendungen trafen ein und wurden auf der Homepage publiziert. Zudem beteiligten sich Basler Schulklassen intensiv an der Suche nach Theos Gesicht. Über zweihundert Porträts zeugen von der kreativen Begabung der Schulkinder. Das Rechercheteam vergrösserte sich kontinuierlich und versammelte schliesslich zwanzig Personen, die mit viel Engagement und grosser Ausdauer Hunderte von Dokumenten durchsahen, viele von ihnen transkribierten und digital zugänglich machten.

Nach der Durchforschung zahlreicher Archivkomplexe musste sich die Projektleitung Ende September 2007 aber eingestehen, dass die schriftlichen Quellen in Kombination mit den anthropologischen Basisdaten zu Theos Geschlecht und Sterbealter nicht für eine erfolgreiche und eindeutige Identifizierung ausreichten. Anders als bei den Skeletten des Basler Spitalfriedhofs (1845–1868, Belegungsdauer 23 Jahre), bei welchen die Kombination der anthropologischen Grunddaten unter Zuhilfenahme von historischen Dokumenten eine sichere Identifizierung von über achthundert Bestattungen erlaubt hatte, war das Ziel beim nur fünfzig Jahre älteren Merianschen Gottesacker (1779 – 1833) allein mit diesen Mitteln unerreichbar.

Deshalb sollte der Wissensstand zu Theo nun durch naturwissenschaftliche Analysen erweitert und verdichtet werden. Die Recherchen im Staatsarchiv wurden aber nicht vollständig abgebrochen. Ein wichtiger Bereich, die Überprüfung des Sterbealters – die Altersangaben der Pfarrer beruhten oft nur auf Hörensagen – aller im Beerdigungsregister aufgelisteten Männer, die annähernd in Theos Alter verstorben waren, wurde kontinuierlich weiterverfolgt. Diese Aufgabe liess sich nur dank der ‹Datenbank Historischer Personen Basels› bewältigen. Diese von Alfred und Karin Schweizer in langjähriger Arbeit in Eigeninitiative geschaffene Datenbank umfasst inzwischen 150 000 Personen aus dem Kanton Basel aus der Zeit von 1600 bis 1850.

Parallel zu diesen Recherchen im Staatsarchiv untersuchte die Archäologische Bodenforschung Basel-Stadt Theos Grablage. An derselben Stelle, an der Theo vor ungefähr zweihundert Jahren beigesetzt worden war, wurden zwischen 1779 und 1833 mindestens drei weitere Personen bestattet. Zwei Gräber wurden etliche Jahre vor Theos Beerdigung angelegt, eines einige Jahre nach Theos Tod. Theo konnte also unmöglich bereits um 1779 verstorben sein und ebenso ist sein Ableben in den Jahren nach 1830 unwahrscheinlich.

Es galt nun mithilfe von natur- und geisteswissenschaftlichen Methoden ein Maximum an Informationen zu Theos Lebensgeschichte herauszubekommen: seine geografische Herkunft, seinen Gesundheitszustand, seine DNA, seinen Beruf und anderes mehr. Es sollten alle Bereiche erforscht werden, die in irgendeiner Weise zu Theos Lebenslauf Auskunft geben und bei seiner Identifizierung hilfreich sein konnten. So konnte in fast dreijähriger interdisziplinärer Forschungsarbeit Schritt für Schritt die Kandidatenzahl reduziert und das historische Umfeld der potenziellen Kandidaten erforscht werden.

Grab und Skelett

Archäologische Befunde im Umkreis von St. Theodor

Guido Helmig, Christian Stegmüller und Liselotte Meyer

Wann, wo und unter welchen Umständen wurde Theo bestattet?

Theo, der Protagonist der vorliegenden Untersuchung, wurde in eine turbulente Zeit hineingeboren, in eine Zeit des politischen und gesellschaftlichen Umbruchs und der Neuordnung. Er lebte und starb im ‹mindern› Basel. Seine letzte Ruhestätte fand der Pfeifenraucher auf dem Gottesacker der Theodorskirche, der ältesten Pfarrkirche Kleinbasels. Seiner Identität auf die Spur zu kommen, seine Lebensumstände und die seiner Zeitgenossen darzustellen, ist das Ziel verschiedener Disziplinen, die sich in einem gemeinsamen Projekt mit Theo befassen. Der Beitrag der Archäologie besteht darin, Theos materielle Hinterlassenschaften und den Kontext, in den sie eingebettet waren, zu erfassen, zu analysieren und zu interpretieren.

Bevor wir uns Theo näher zuwenden, blenden wir kurz zurück und beleuchten die Ursprünge des ‹mindern› Basel und seiner Pfarrkirche. Was befand sich einst an jener Stätte, wo Theo begraben wurde? Nicht erst seit dem Bau der ersten Basler Rheinbrücke in den 1220er-Jahren und dem in der Folge boomenden Auf- und Ausbau der mittelalterlichen Siedlung auf dem rechten Rheinufer, wo sich im 13. Jahrhundert innerhalb weniger Jahrzehnte gegenüber der Bischofsstadt eine planmässig konzipierte eigentliche Vorstadt entwickelte, sondern schon in der späten Bronzezeit war der Kleinbasler Uferstreifen ein beliebtes Siedlungsgebiet. Entlang des sanft gegen den Flusslauf abfallenden Gestades haben sich damals am Basler Rheinknie Menschen niedergelassen. Die reichen Fischgründe in der strömungsarmen, seichten Uferzone

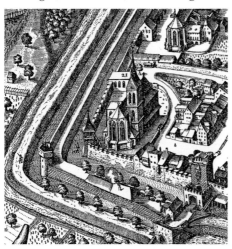

Die Theodorskirche in Kleinbasel mit ihren umliegenden Friedhöfen. Ausschnitt aus dem Vogelschauplan des Matthäus Merian von Norden. Stich, 1617.

luden zur Anlage von Siedlungen geradezu ein. Von den Behausungen dieser Zeit haben sich aber in den hier abgelagerten Schwemmsandschichten nicht einmal vage Spuren erhalten. Einzig eine Handvoll Scherben eher schlecht gebrannter Tongefässe und die 1984 in der Kartausgasse gefundenen Fragmente eines Mondhorns (aus Ton gefertigtes und gebranntes halbmondähnliches Objekt) zeugen von der Anwesenheit von Menschen im ausgehenden 10. Jahrhundert v. Chr.[1] Spärlich sind bisher auch die Zeugnisse aus den nachfolgenden Jahrhunderten geblieben; es gab nur Einzel- oder Gelegenheitsfunde. Im Jahr 374 n. Chr., am Ende der römischen Epoche, als der Rhein Grenzfluss zum freien Germanien geworden war, entstand auf

Veranlassung Kaiser Valentinians I. gegenüber dem bereits früher befestigten Münster-
hügel ein massiver Wehrturm. Dieses ‹munimentum› stand zwischen der heutigen
Utengasse und der Rheingasse und diente der Überwachung des Flussübergangs.[2] Es
bildete quasi den ersten frühgeschichtlichen Kristallisationspunkt einer Siedlung am
rechten Rheinufer.

In einiger Distanz liessen sich im 5. Jahrhundert germanische Siedler in
Weilern 1,5 km flussaufwärts und 3 km flussabwärts davon nieder. Von diesen Siedlungen zeugen nur die beiden Gräberfelder an der Schwarzwaldallee (alter Gotterbarm-
weg) und in Kleinhüningen. Letzteres wurde bis ins 8. Jahrhundert belegt, auf Ersterem
wurde hingegen schon nach den ersten Jahrzehnten des 6. Jahrhunderts nicht mehr
bestattet. Aus dem unmittelbar anschliessenden Zeitraum sind dagegen Gräber an
der Grenzacherstrasse, an der Alemannengasse, an der oberen Rebgasse und im Umkreis der Theodorskirche erfasst worden, was erkennen lässt, dass in der Übergangszeit
vom 6. zum 7. Jahrhundert eine Verlagerung des Siedlungsraumes näher zum Standort
des ‹burgus›, des römischen Wachtturms, und der dort anzunehmenden Ländestelle hin
stattfand. Wo sich die zugehörige Siedlung aus dieser Zeit, quasi das ‹Ur-Kleinbasel›,
genau befand, vermögen wir hingegen nicht zu sagen. Vieles deutet jedoch darauf hin,
dass es im Umfeld der heutigen Theodorskirche gelegen haben könnte, wo bereits für
das Frühmittelalter ein Kirchenbau vermutet wird.

Die Friedhofsareale um St. Theodor

Spätestens seit der zweiten Hälfte des 11. Jahrhunderts bestand ein Gotteshaus an der
Stelle der heutigen Theodorskirche.[3] Davon erfahren wir urkundlich erstmals im
Gründungsbericht des Klosters St. Alban, der 1102/03 verfasst wurde. Bischof Burkard
von Fenis hatte das Kloster St. Alban reich mit Grundbesitz beschenkt, neben anderen
Lokalitäten auf rechtsrheinischem Gebiet auch mit der Kirche samt Zugehörden im
Dorf Niederbasel.[4] Das rechtsufrige Niederbasel gehörte bekanntlich nicht zum Bistum
Basel, sondern zur im 6. Jahrhundert eingerichteten Diözese Konstanz. Mit dem Tod
des letzten Zähringer Grafen, Berthold V. († 1218), verschoben sich die Machtverhältnisse
in Süddeutschland und damit auch am Basler Rheinknie. Der kurz darauf erfolgte
Brückenschlag bei Basel ist ein deutliches Zeichen dafür, wie der Basler Bischof als
Grundherr und politischer Machthaber sowie das Domkapitel die neuen Verhältnisse
zu ihren Gunsten auszubauen verstanden. 1259 verlor das Kloster St. Alban allerdings
im sogenannten ‹Parochienstreit› seine Pfarreirechte über St. Theodor an das Dom-
stift, das diese ab 1265 mit dem Bischof teilte.[5] Die lange gehegte Annahme, dass
St. Theodor noch 1277 ausserhalb der Stadtmauern Kleinbasels gelegen habe, ist auf
die Fehlinterpretation einer Urkundenstelle zurückzuführen.[6] Die Kirche, und damit
auch das alte Niederbasel, waren dem neuen Weichbild des ‹mindern› Basel schon von
Anfang an einverleibt worden.[7]

Zu einer Pfarrkirche gehört auch ein Friedhof. Aus einer Urkunde des Jahres
1349 erfahren wir, dass der Rat von Kleinbasel der Kirche St. Theodor den Geisriem'schen
Hof westlich der Kirche übergeben hatte, damit dort ein neues Pfarrhaus eingerichtet
werden konnte.[8] Im Gegenzug erhielt er dafür vom Basler Domkapitel drei Häuser auf
der Nordwestseite der Kirche zum Abbruch und zur Erweiterung des offenbar bereits
dicht belegten Friedhofs.[9] Damals herrschte wegen der grassierenden Pest grosser Platz-

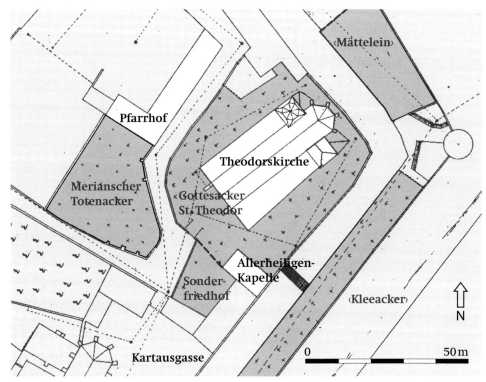

Die Friedhofsareale im Umkreis der Theodorskirche. Plan aus der Zeit vor der Aufhebung der Kirchhöfe und der Neugestaltung des Kirchplatzes um 1836.

bedarf für Gräber auf den Basler Friedhöfen. Der Friedhof im Westen und Süden der Kirche scheint schon damals von einer Mauer mit zwei Toren umschlossen gewesen zu sein. Dass im Spätmittelalter südlich der Kirche, an der Stadtmauer, ein Beinhaus stand, worin die bei neuerlichen Bestattungen zutage geförderten Gebeine früherer Grablegen aufbewahrt wurden, erfahren wir erst wenige Jahre vor dem Bau der an dieser Stelle errichteten Allerheiligen- oder Theodorskapelle (1514).[10] Nach der Reformation diente diese Kapelle bis ins 19. Jahrhundert Mitgliedern der Kleinbasler Oberschicht als Grabstätte. Die anfänglich noch ausserhalb des ummauerten Friedhofs gelegene, von der Kapelle und den Bauten der Kartause an drei Seiten begrenzte Fläche war im frühen 15. Jahrhundert ein Sonderfriedhof für Gebannte und Verwahrloste.[11]

Um 1764 wurde der baufällig gewordene alte Pfarrhof westlich von Kirche und Gottesacker aufgelassen. 1779 konnte endlich das südwestlich daran angrenzende ehemalige Rebgelände der Kartause vom Zimmermeister und Ratsmitglied Remigius Merian im Tausch gegen die alte Pfarrhausparzelle erworben und zur längst benötigten Friedhofserweiterung hergerichtet werden.[12] Der neue Friedhof hiess deshalb ‹Merianscher Totenacker›, er war ebenfalls von einer Mauer eingefasst. Die Kapazitäten des bisherigen und des neuen Friedhofsareals waren aber offenbar schnell wieder erschöpft. Unhaltbar wurden die Zustände, als die Totengräber beim Anlegen neuer Gräber häufiger auf nicht vollständig verweste Leichname stiessen. 1804/05 schritt man zur letzten grösseren Erweiterung des Friedhofs. Südöstlich der Theodors-

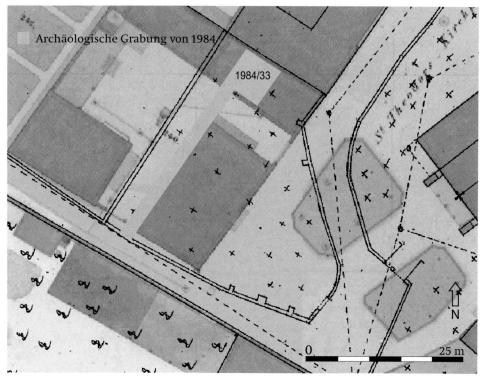

Archäologische Grabung von 1984

1984/33

N

0 25 m

Theodorskirchplatz. Lage des 1836 liquidierten Merianschen Totenackers. Überlagerung des voranstehenden historischen Plans mit dem Katasterplan Rudolf Falkners (1867–1873). Zeichnung von Christian Stegmüller.

kirche, auf dem Wall der Stadtbefestigung jenseits des Zwingelhofs, befand sich (über eine Brücke erreichbar) der sogenannte ‹Kleeacker›.[13] Ein im Nordosten der Kirche gelegenes Mättlein, das unmittelbar südöstlich an den Kleinbasler Ziegelhof beim Riehentor anschloss, wurde diesem Friedhofsareal 1831 als allerletzte Terrainerweiterung zugeschlagen.

Diese Massnahmen waren aber nicht nachhaltig genug, weshalb man 1832 ausserhalb der Stadt, im Areal der heutigen Rosentalanlage beim Messeplatz, einen neuen Friedhof für die stark angewachsene Kleinbasler Bevölkerung einrichtete. Der Friedhof bei St. Theodor wurde per 1. Mai 1833 offiziell geschlossen.[14]

Durch den Umstand, dass im Umkreis der Kirche jahrhundertelang bestattet worden war, war das Terrain des Gottesackers angehoben worden. Im Zuge der 1836 eingeleiteten Renovation der Theodorskirche und der Umgestaltung des Umgeländes zu einem Platz wurde es wieder auf das Niveau des Fussbodens im Kircheninnern gebracht. Dabei wurden auch die Kirchhofsmauern abgebrochen, und der geschwungen verlaufende Weg zwischen den Friedhöfen verschwand. Die Baulinie wurde auf die Ostflucht des ehemaligen Pfarrhausareals – heute die Fassadenlinie des Theodorsschulhauses – zurückversetzt, und der Theodorskirchplatz wurde neu gestaltet. Das westlich der Baulinie liegende Areal des ehemaligen Merianschen Totenackers kam 1838 zur Versteigerung.[15]

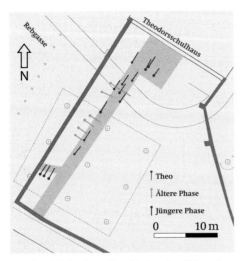

Lage der 1984 im ehemaligen Merianschen Totenacker aufgedeckten Gräber. Theos Skelett ist rot hervorgehoben. Zeichnung von Christian Stegmüller.

Zwischen ca. 1850 und 1866 wurde das Häusergeviert des Theodorshofs um einen Innenhof am Theodorskirchplatz herumgebaut.[16] Die neuen Gebäude standen teilweise auf dem Areal des ehemaligen Merianschen Totenackers und des westlich angrenzenden Geländes an der ehemaligen unteren Kirchgasse (altes Kartausgässlein). Es war deshalb nicht verwunderlich, dass beim Bau des hinteren Magazingebäudes der Firma Leonhard Bernoulli-Baer zu Beginn der 1850er-Jahre «noch eine grosse Zahl mehr oder weniger erhaltener Leichen zum Vorschein kam».[17] 1855/56 entstand auf dem angrenzenden ehemaligen Pfarrhausgelände das Theodorsschulhaus.[18] 22 Jahre später hatten die Stadtmauern Kleinbasels ausgedient und wurden abgebrochen. Bereits 1894 erfolgte die tief greifende Umgestaltung des Theodorsquartiers, der viele alte, aber auch neuere Gebäude weichen mussten. So wurde der Theodorshof zugunsten der Verlängerung der Rebgasse nach Osten abgebrochen, um den Anschluss der Strasse an die 1878/79 erbaute Wettsteinbrücke zu ermöglichen.

Quartierwärmeverbund und Archäologie

Wo heute Schüler der Theodorsschule in den Pausen herumtollen und Jugendliche in ihrer Freizeit mit dem Skateboard akrobatische Meisterleistungen vollbringen, herrschte bis in die 1830er-Jahre buchstäblich Totenstille. Hier, im näheren Umkreis der Theodorskirche und auf dem heutigen Theodorskirchplatz, wo schon im Frühmittelalter Gräber angelegt worden waren, befand sich damals der Friedhof der Kleinbasler Bürgerschaft.

Das Projekt, im Theodorsschulhaus eine zentrale Wärmepumpe einzurichten und von hier aus die umliegenden Liegenschaften mit Wärme zu versorgen sowie gleichzeitig bestehende ältere Werkleitungen zu ersetzen, wurde 1983 lanciert und kam 1984 zur Ausführung.[19] Die für das Verteilnetz nötigen Leitungstrassen sollten unter den Strassen und Plätzen zwischen Riehentorstrasse und Theodorskirche verlegt werden. Da in dieser Zone mit der Aufdeckung von Gräbern und anderen kulturgeschichtlichen Relikten des alten Kleinbasels gerechnet werden musste, war die Überwachung der Erdarbeiten durch die Archäologische Bodenforschung Basel-Stadt geboten. Von Oktober 1984 bis zum April 1985 – mit zeitweiligen Arbeitsunterbrüchen bei zu grosser Kälte – erfolgte der Aushub der Leitungstrassen.

Westlich der Theodorskirche und um das Theodorsschulhaus herum wurden die neuen Leitungsstränge durch die ehemaligen zur Theodorskirche gehörenden Friedhofsareale geführt. Uns interessiert hier vor allem der Sektor III, wo Theo bestattet wurde.

NMB Nr. 4656, der Unbekannte aus Grab 19

Wo nicht Denkmäler, Grabsteine, Inschriften oder Epitaphien die Erinnerung an die Toten wachhalten, gerät ihre Identität schon bald in Vergessenheit, das Individuum versinkt in der Anonymität. Das gilt auch für Theo, den Pfeifenraucher, der im frühen 19. Jahrhundert auf dem Merianschen Totenacker bestattet wurde.

1984 wurde ein Leitungsstrang quer über den heutigen Theodorskirchplatz zur Südwestfassade des Theodorsschulhauses gelegt. Bei den Grabarbeiten wurden in Sektor III, der durch den westlichen Bereich des ehemaligen Merianschen Totenackers (1779–1833) beziehungsweise durch das Areal des ehemaligen Theodorshofs führte, Reste von 24 Gräbern in situ erfasst. Das Erdreich dieses Areals wurde, vor allem in den oberen Schichten, nicht nur während der Nutzung als Friedhof, sondern seit der Mitte des 19. Jahrhunderts auch durch Bau-, Abbruch- und Planierarbeiten sowie das Verlegen verschiedener Werkleitungen stark umgelagert. Unberührt blieben einzig die Bestattungen in tieferen Lagen, wo die Skelette im anstehenden gelben Schwemmsand ruhten. Theo, der Pfeifenraucher mit den markanten Usuren am Gebiss, lag in Grab 19 und war wie die übrigen Bestatteten in gestreckter Rückenlage beigesetzt worden. Das Grab war Südwest-Nordost orientiert und nahm damit die Ausrichtung der westlichen Friedhofsmauer auf. Von einem Sarg waren in diesem Grab kaum noch Spuren vorhanden; im Gegensatz zu den beiden seitlichen Nachbargräbern 18 und 21, wo es noch Holzreste gab. Das Skelett konnte – bis auf die Fussknochen – vollständig geborgen werden.

Eigentümlich war bei den Südwest-Nordost-orientierten Gräbern 18 bis 21, dass sie nicht in klaren Reihen nebeneinander, sondern versetzt zueinander lagen. Noch verwunderlicher war die Tatsache, dass diese offenbar aus einer jüngeren Belegungsphase stammenden Gräber in ihrer Ausrichtung gegenüber einer älteren Belegungsphase um 90° im Gegenuhrzeigersinn gedreht angelegt worden waren. Die Grabgruben der älteren Belegungsphase im Umkreis von Theos Grab (Gräber 15, 17 und 22) waren Nordwest-Südost-orientiert und weniger tief ausgeschachtet als der jüngere Gräberhorizont. Diese Bestattungen waren im Zuge der jüngeren Belegung durchschlagen worden; weshalb nur noch gewisse Skelettpartien davon erhalten blieben.

Fazit

Das Grab Theos (Grab 19) ist später zu datieren als die Nordwest-Südost-orientierten Gräber 17 und 22, aber früher als das gleich orientierte Grab 20 zu seinen Füssen. Das bedeutet, dass Theos Grablegung kaum in der Endphase des Merianschen Gottesackers von 1833 stattgefunden hatte. Dass über diesen beiden Belegungsphasen noch jüngere, weniger tief beigesetzte Bestattungen lagen, ist anzunehmen, aber nicht mehr schlüssig nachzuweisen – die oberen Schichten wurden bekanntlich mit dem Bagger ausgehoben.

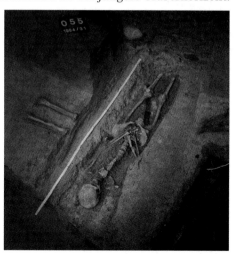

Theos Skelett. Seine Füsse stecken in der Grubenwand. Links erkennt man die Unterschenkel der Bestattung aus Grab 17. Dieses ist um 90° von Theos Orientierung abweichend ausgerichtet.

‹Das schreckliche Nervenfieber›. Tuschezeichnung von Jeremias Burckhardt.

Das ‹Nervenfieber› von 1814

Worin könnte nun der Grund für diese Umorientierung der Gräber gelegen haben, und wann war sie erfolgt? Bisher konnten in den Akten keine Hinweise auf eine solche Massnahme gefunden werden. Wie schon in den Pestjahren 1349 oder 1610 rafften pandemieartige Krankheiten in Basel viele Menschen in engen Zeiträumen hinweg, und die Kapazität der Friedhöfe war – ohne längere Ruhezeiten der Gräber bis zur Vornahme weiterer Bestattungen am selben Ort – schnell erschöpft.[20]

Ähnlich verheerende Auswirkungen wie die Pestwellen in der frühen Neuzeit dürfte das von durchziehenden Truppen eingeschleppte sogenannte ‹Nervenfieber›, der Flecktyphus, gehabt haben. Nach der Niederlage von Napoleons ‹Grande Armée› in der Völkerschlacht bei Leipzig (16.–19. Oktober 1813) passierten zwischen Dezember 1813 und Juni 1814 Zehntausende Angehörige der vereinigten Armeen die Rheinbrücke und marschierten quer durch die Stadt Basel. Allein am 20. Dezember 1813 sollen es etwa siebzig- bis achtzigtausend gewesen sein.[21] Nicht nur in den provisorischen Lazaretten, sondern auch in den privaten Haushalten, wo Militär zwangsweise einquartiert worden war, grassierten in der Folge Typhus und andere Krankheiten. Die Zahl der in diesem Zeitraum in Notspitälern und Lazaretten verstorbenen Soldaten soll in die Tausende gegangen sein. «Auf dem freien Feld, links von der Hüningerstrasse wie auch am rechts-seitigen Rheinufer, etwa zweihundert Schritte unterhalb der Kaserne, liegen die Massen-gräber aus der Alliiertenzeit», berichtet Daniel Burckhardt-Werthemann.[22] Auch gegen achthundert in Basel ansässige Zivilpersonen sollen damals den Tod gefunden haben.[23]

Wegen der Ansteckungsgefahr erliess das Sanitätskollegium das Verbot, Bestattungen in den Kirchen innerhalb des Stadtgebiets vorzunehmen. Ein neuer Friedhof sollte vor dem St. Johanns-Tor angelegt werden.[24]

→

Dies führt uns zur Hypothese, dass 1814 möglicherweise auch bei St. Theodor so grosser Mangel an Raum für neu anzulegende Gräber herrschte, dass zunächst die verbliebenen Freiflächen inwendig entlang der Friedhofsmauern, dann die Wege und schliesslich die an die neu angelegten Gräber angrenzenden Zonen für weitere Bestattungen genutzt wurden.[25] Dass die Gräber des jüngeren Bestattungshorizonts die Gräber des seit Oktober 1779 angelegten älteren Bestattungshorizonts durchschlugen, könnte im Zusammenhang mit der am 25. Februar 1814 erlassenen ‹Verordnung bezüglich der Leichenbestattung› stehen, in der gefordert wurde, dass bei der Beerdigung der an ‹Nervenfieber› Gestorbenen besondere Sorgfalt anzuwenden sei: «Die Gräber sind tief auszugraben und allsofort nach geschehener Beerdigung sollen sie zugeworfen und verwahrt werden.»[26] Zieht man ausserdem in Betracht, dass Theos Bestattung nicht zur ersten Serie der Gräber von 1814 und auch nicht zu jener der letzten Grablegungen um 1833 gehören kann, erscheint eine Bestattung in den 20er-Jahren des 19. Jahrhunderts als sehr plausibel.[27]

1 Holstein 1991, S. 25 ff.
2 Ammianus Marcellinus: Res Gestae 30.3.1: «Valentiniano … munimentum aedificanti prope Basiliam quod appellant accolae robur …»
3 Das Patrozinium des Heiligen Theodor ist erstmals 1259 namentlich bezeugt: Urkundenbuch der Stadt Basel (BUB) Bd. I, 1890, S. 270.
4 BUB Bd. I, 1890, S. 8–11, bes. S. 10: «in villa que dicitur inferior Basilea ecclesiam cum suis appendiciis».
5 BUB Bd. I, 1890, S. 268–272.
6 BUB Bd. II, 1893, S. 133: «Extra muros civitatis Basiliensis Constantiensis dyocesis» bedeutet hier lediglich: nicht innerhalb der «civitas Basiliensis», womit die linksrheinische (!) Bischofs-stadt gemeint war.
7 Wackernagel 1892, S. 278 f.; Kirchen, Klöster und Kapellen 1966, S. 324. – Gemäss päpstlicher Verfügung erhielt das Domkapitel im Jahr 1332 die Kirche St. Theodor mit allen ihren Einkünften vollständig zugesprochen.
8 BUB Bd. IV, 1899, S. 172 f.; Kirchen, Klöster und Kapellen 1966, S. 334 und Abb. 418: 4.
9 Das in einer Urkunde vom 13. Juli 1256 genannte «cimiterium ulterioris Basilee» bezeichnet vermutlich erstmals den Friedhof bei der Theodorskirche. – BUB Bd. I, 1890, S. 223.
10 StABS Kirchenarchiv Theodor C, fol. 43; Kirchen, Klöster und Kapellen 1966, S. 410–416.
11 BUB Bd. VI, 1902, S. 111 f.; Kirchen, Klöster und Kapellen 1966, S. 328.
12 StABS Bauakten JJ 51: Kundschaft über den Landabtausch vom 5. Oktober 1779 zur Erweiterung des Friedhofs.
13 Wackernagel 1892, S. 285; Kirchen, Klöster und Kapellen 1966, S. 334, Anm. 2.
14 Bestattungen waren nach 1833 und nur noch bis 1836 in «eigenthümlichen Gräbern» (Familiengräbern) erlaubt. Die Leichname aus diesen Gräbern wurden 1852 exhumiert und in einem Gemeinschaftsgrab auf dem Rosentalfriedhof beigesetzt (Staehelin 1991, S. 39).
15 Wackernagel 1892, S. 286.
16 Basler Adressbuch 1862: Theodorkirchplatz 1 und 2 (alte Nrn. 131 A und 131 Aa).

17 Barth 1917, S. 22.
18 Zur Nutzung der Parzelle vor dem Bau des Schulhauses um 1856 siehe Wackernagel 1892, S. 287 f.
19 D'Aujourd'hui / Bing 1986, S. 240–252; D'Aujourd'hui 1986, S. 201–210.
20 Allein im Pestjahr 1610 wurden in der Theodorsgemeinde 741 Bestattungen vorgenommen. – Staehelin 1991, S. 44.
21 Buser 1904, bes. S. 39 ff. – Nach den Tagebuchnotizen von Peter Vischer-Sarasin waren es am 20. Dezember 1813 «70 000 Mann an österreichischen Truppen, wovon 10–11 000 Mann nebst ebenso viel Pferden bei uns einquartiert wurden», und am 21. Dezember 1813 rund 40 000 Mann der bayerischen Armee. – Schlumberger-Vischer 1901, S. 2.
22 Burckhardt-Werthemann 1925, S. 31.
23 Burckhardt 1942, S. 137–141; Schlumberger-Vischer 1901, S. 138, Beilage 15: Angaben gemäss ‹Schweizer Bott›, No. 28, 15. Juli 1814, S. 220. – Es werden in den Einquartierungslisten 173 508 hospitalisierte Personen erwähnt, von denen über 9000 an ‹Nervenfieber› gestorben sein sollen.
24 Kreis / von Wartburg 2000, S. 176. – Das Verbot bezog sich auf die Kirchen, nicht auf die Kirchhöfe! – Koelner 1927, S. 67 ff.
25 Beim sogenannten Spitalfriedhof (Äusserer St. Johannsgottes-acker), der 1845 vor dem St. Johanns-Tor und bis 1868 regulär belegt worden war, ist 1869, das heisst nach erfolgter Schliessung, unter den Friedhofswegen bestattet worden (Umbettungen). Siehe dazu: Etter, Hansueli F.: Anthropologische Funde und Befunde. In: Jahresbericht der Archäologischen Bodenforschung Basel-Stadt 1989 (JbAB 1989). Basel 1991, S. 232–249, bes. S. 233, Abb. 28.
26 Kantonsblatt von Basel, 25. Februar 1814; Gartmann 1930, S. 46.
27 Dem in der Verordnung vom 16. Juni 1805 (StABS CC 4, 1 Verhandlungen E. E. Bannes der Gemeinde St. Theodor, 1777–1845, S. 150 f.) erwähnten Verbot von weiteren Bestattungen auf den bisherigen Friedhofsarealen um die Theodorskirche «ab dato» (mit Ausnahme der Familiengräber) ist nicht tatsächlich Folge geleistet worden, wie die vorhandenen Grab- und Beerdigungs-register zeigen.

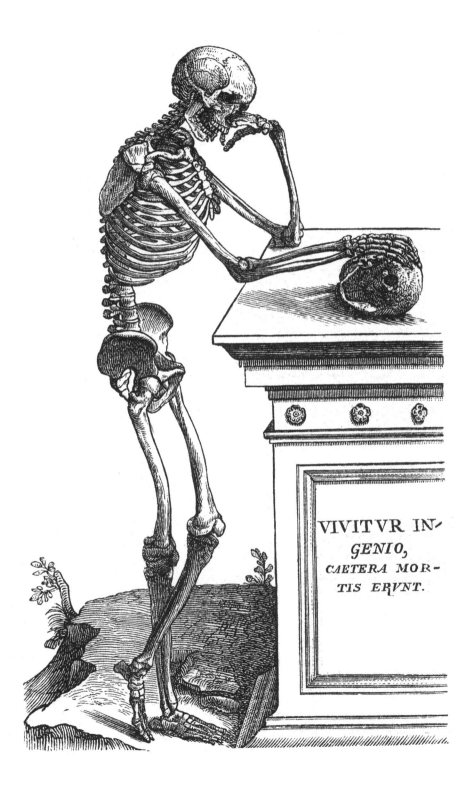

VIVITVR IN-
GENIO,
CÆTERA MOR-
TIS ERVNT.

Das Skelett –
ein Bioarchiv besonderer Art

Gerhard Hotz und Liselotte Meyer

War das Skelett aus Grab 19 ein Mann oder eine Frau, und in welchem Alter starb diese Person?

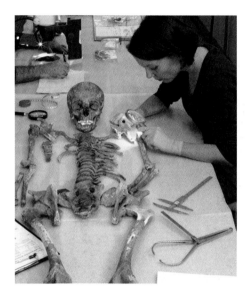

Das menschliche Skelett ist ein wahrer Informationsspeicher, ein Bioarchiv besonderer Art zum Leben einer Person. Jedes Skelett ist einzigartig und spiegelt ein persönliches Schicksal wider, welches entziffert werden kann. Dabei öffnen die Methoden der naturwissenschaftlichen Analytik dauernd neue Türen, die Erkenntnisse über bisher unbekannte Lebensaspekte historischer Personen ermöglichen. Betrachtet man den wissenschaftlichen Fortschritt der letzten Jahre, so stellt man fest, dass dem modernen Anthropologen eine Vielzahl neuer Methoden zur Verfügung steht, die ihm Antworten auf Fragen ermöglichen, von deren Beantwortung ein Forscher vor zwanzig Jahren nur träumen konnte.

In Knochen und Zähnen eines Menschen sind Informationen zum Gesundheitszustand, zur Ernährung, zur Arbeitsbelastung und zu vielem mehr gespeichert. Diese ‹Speicherung› beginnt bereits vorgeburtlich im 5. Schwangerschaftsmonat mit der Bildung der ersten Zahnkronen und endet naturgegeben mit dem Tod der Person. Das Skelett eines Menschen ‹lebt› als knöcherner Speicher über dessen Tod hinaus weiter und zeugt von vergangenen Epochen.

In den folgenden Beiträgen werden Spezialisten ihre Forschungsergebnisse zu verschiedenen Aspekten aus Theos Leben darstellen und damit die Grundlage zur Identifizierung seiner historischen Person liefern. Theos Lebenslauf soll von seiner frühen Kindheit bis kurz vor seinem Tod beschrieben werden, soweit dies die anthropologischen Methoden erlauben. Theo soll als eine ‹lebendige Person› im Raum stehen, als hätte er nicht bereits vor zweihundert Jahren gelebt. Wie sah er aus? Wie war sein Gesundheitszustand? War er schon früh von Krankheiten oder von schwerer körperlicher Arbeit gezeichnet? Wie waren die Lebensumstände in seiner Kindheit? Waren sie durch Hungerzeiten und Stressphasen belastet? Oder hatte Theo eine solide gesundheitliche Grundlage erhalten, die ihn für das entbehrungsreiche Leben im 19. Jahrhundert wappnete?

Einige dieser Fragen können nur bedingt beantwortet werden, da sie von einer Vielzahl von Faktoren beeinflusst werden, die zum Teil nicht oder nur schwer zu fassen sind. Der Gesundheitszustand ist ein hervorragendes Beispiel, um die Komplexität der Zusammenhänge zu veranschaulichen. Er wird durch zahlreiche Faktoren wie Klima, geografische Umgebung, Ernährung, Wohnsituation, Arbeitsbelastung und soziale Zuwendung geprägt. Ebenso spielt die individuelle, genetisch angelegte Kondition eine entscheidende Rolle. Schlummern im Organismus bereits die Anlagen von Krankheiten, deren Ausbruch zu einem späteren Zeitpunkt durch äussere Reize ausgelöst wird?

Um Theos ‹Lebenslauf› im historischen Kontext zu rekonstruieren, können trotz der Komplexität der Zusammenhänge Einzelaspekte aus dem individuellen Leben Theos herausgegriffen werden. Hier muss allerdings eine gewisse Vorsicht walten, der grössere Zusammenhang darf nicht aus den Augen verloren werden. Aus zeitlichen Gründen konnten nicht alle Fragen zu Theos ‹Lebenslauf› untersucht werden; deren Beantwortung bleibt späteren Forschungen vorbehalten. Bei der Beurteilung der Ergebnisse ist auch zu berücksichtigen, dass sich einige der angewandten Methoden noch in der Entwicklungsphase befinden oder erst in Ansätzen existieren.

Theo oder Thea?
Was uns die Beckenknochen verraten

Zu Beginn der Untersuchung eines menschlichen Skeletts stehen meistens die Fragen nach zwei Grundinformationen im Vordergrund. Da ist erstens die Frage nach dem Geschlecht der verstorbenen Person. Liegt ein vollständig und gut erhaltenes Skelett einer erwachsenen Person vor, ist eine Geschlechtsbestimmung mit fast hundertprozentiger Sicherheit möglich.

Die funktionelle Anpassung des weiblichen Beckens an Schwangerschaft und Geburt führt zu klar erkennbaren Unterschieden zwischen weiblichen und männlichen Beckenknochen; zum Beispiel ist das weibliche Becken breiter gebaut, damit während der Geburt der Kopf des Säuglings den Beckenkanal unbeschadet passieren kann. Diese Unterschiede beginnen sich im Verlauf der Pubertät herauszubilden. Eine Geschlechtsbestimmung bei kindlichen oder jugendlichen Skeletten ist daher nur bedingt möglich. Theos Becken zeigt alle Merkmale eines männlichen Beckens.

Jung oder alt? Die Frage nach dem Sterbealter

Die zweite Frage ist die nach dem Sterbealter. Ganz im Gegensatz zur Geschlechtsbestimmung ist die Sterbealtersbestimmung bei Kindern und Jugendlichen eine relativ einfache Aufgabe. Beim kindlichen Skelett lässt sich über das Stadium der Zahnentwicklung das Sterbealter durch blosses Vergleichen mit einem Zahnschema relativ genau bestimmen.

Beim erwachsenen Menschen und vor allem bei Menschen in höherem Alter wird die Sterbealtersbestimmung schnell zu einer Herausforderung. Nach Abschluss der Zahnentwicklung, des Grössenwachstums und aller anderen genetisch gesteuerten Wachstums- und Reifeprozesse (zum Beispiel verknöchern die Fugen zwischen Gelenkkopf und Gelenkhals zwischen dem 14. bis 25. Lebensjahr) wird ab dem 30. Lebensjahr die Sterbealtersbestimmung schwieriger. Der Anthropologe macht sich nun die Tatsache zunutze, dass auch die Knochen, die ja wie das Herz oder die Haut lebende Organe sind, einem natürlichen Alterungsprozess unterliegen. Von einem bestimmten Alter an beginnt die Osteoporose (Knochenschwund) ihren Tribut zu fordern, es kommt zu einem Abbau der Knochensubstanz. Aber auch andauernde körperliche Belastungen hinterlassen an den Gelenken ihre Abnutzungsspuren, wie zum Beispiel die Arthrose. So weist etwa Theos Lendenwirbelsäule bereits erste Anzeichen von Arthrose auf. Der Zustand der Gelenke lässt sich in einen Zusammenhang mit dem Lebensalter bringen, wodurch das Sterbealter annähernd bestimmt werden kann. Dabei gilt in der Regel: Je älter ein Mensch geworden ist, desto ungenauer ist die Schätzung seines Sterbealters. Bis zum 30. Lebensjahr lässt sich das Sterbealter noch relativ genau bestimmen, dann nimmt die Fehlerspannbreite zu.

Mit der Sterbealtersschätzung wird das biologische und nicht das chronologische Sterbealter erfasst. Jeder Mensch unterliegt einem individuellen Alterungsprozess, der wie der Gesundheitszustand durch unterschiedliche Faktoren beeinflusst wird. Krankheiten, aber auch unterschiedlich starke körperliche Belastungen können den Alterungsprozess stark beeinflussen. Die Alterung von Frauen verläuft anders als die von Männern. Wegen all dieser Schwierigkeiten stellt die Sterbealtersschätzung eine der schwierigsten Aufgaben der Anthropologie dar. In diesem Bereich wird intensiv geforscht, und neue Methoden, wie die im folgenden Beitrag beschriebene Zahnzementzählung, sind noch in Entwicklung.

→

Für Theo ergaben die Basisuntersuchungen eindeutig das männliche Geschlecht. Das Sterbealter wurde aufgrund unterschiedlicher, hier nicht im Einzelnen genannter Methoden untersucht und mit einer Wahrscheinlichkeit von 95 Prozent auf eine Spanne zwischen 28 und 32 Jahren bestimmt.

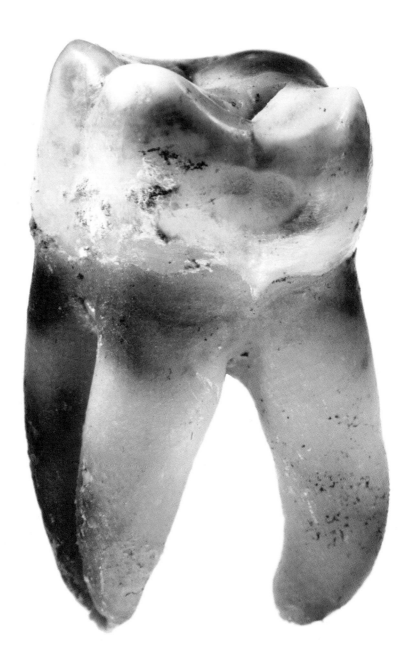

Zähne als Spiegel unserer Lebensbedingungen

Ursula Wittwer-Backofen

Waren Theos Kindheit und Jugend von Hunger, Krankheit und körperlicher Arbeit geprägt?

Wir können an dem regelmässigen und gepflegten Gebiss eines Menschen nicht nur dessen allgemein guten Gesundheitszustand erkennen, es speichert auch eine Reihe nicht sichtbarer Informationen über das Leben seines Besitzers. Für den Wissenschaftler ist dabei erfreulich, dass Zähne aufgrund ihrer Härte lange Liegezeiten im Boden besonders gut überdauern. Sie stellen damit eine verlässliche Informationsquelle für lange zurückliegende Zeiten dar.

So ist es mithilfe mikroskopischer Untersuchungen der Zahnwurzel unter günstigen Umständen möglich, das Sterbealter eines Menschen mit einer Genauigkeit von ungefähr fünf Jahren zu bestimmen. Dabei werden die im saisonalen Rhythmus angelagerten, die Zahnwurzel umgebenden Zementschichten histologisch präpariert, lichtmikroskopisch sichtbar gemacht und ausgezählt. Dieses Verfahren funktioniert ähnlich wie die Zählung von Jahresringen an Baumquerschnitten zur Altersbestimmung und wurde bereits an vielen Säugetierarten erfolgreich getestet, bevor es auch für menschliche Zähne angewendet werden konnte. Jedem der durch einen biologisch gesteuerten Rhythmus entstandenen Zementbänder kann ein Lebensjahr zugeordnet werden. Damit steht uns eine Methode zur Verfügung, die chronologisch justiert ist und nicht dem stark individuell geprägten Alterungsprozess unterliegt, der bei anderen Methoden die Schätzung des Sterbealters beeinflussen kann. Darum lässt sich das Sterbealter mittels Zahnzement in deutlich engeren Grenzen bestimmen. Die Methode befindet sich allerdings noch in der wissenschaftlichen Evaluationsphase.

Neben der Anzahl der Zementschichten liefern auch deren Dichte und Breite Erkenntnisse, und zwar über Störungen im Leben des Betreffenden, die auf den Calciumstoffwechsel Einfluss genommen haben. An gleichmässigen Zementschichten lässt sich erkennen, dass die betreffende Person einen regelmässigen Lebenslauf hatte. Ein unregelmässiges Muster unterschiedlich breiter und dichter Linien deutet hingegen auf dauerhafte Erkrankungen, Schwangerschaften oder Nahrungsmangel hin. Der Zahnzement wird so zum Spiegel eines Lebenslaufs.

Für die Altersbestimmung von Theo standen zwei Zahnwurzeln zur Verfügung. Von diesen wurden jeweils mehrere Präparationen hergestellt, sodass die Ergebnisse auf einer Vielzahl von Einzelzählungen basieren und damit bestmöglich abgesichert sind. Die Untersuchung eines seitlichen Schneidezahns aus dem rechten Unterkiefer ergab ein Sterbealter zwischen 28 und 33 Jahren. Der im Kiefer daneben platzierte Eckzahn deutete auf ein etwas höheres Sterbealter von 31 bis 36 Jahren hin.

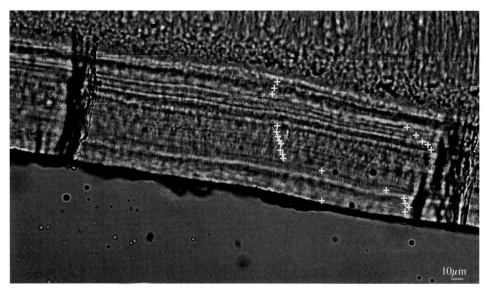

10µm

Querschnitt durch den zweiten Schneidezahn von Theos Unterkiefer mit Zementablagerungen. 23 Banden (gelbe Kreuze) wurden gezählt, woraus sich ein wahrscheinliches Sterbealter von 28 bis 33 Jahren ergibt.

Die voneinander abweichenden Ergebnisse können durch ein unterschiedliches Zahndurchbruchsalter in der Kindheit zu erklären sein, von dem die Bildung des Zahnzements direkt abhängt. Zudem könnte auch die Bodenlagerung des Skeletts einen unterschiedlich starken Abbauprozess an den beiden Zahnwurzeln verursacht haben. Auch methodische Probleme können eine Rolle spielen, da es sich bei der Zementanlagerung um ein biologisches System handelt, das Artefakte aufweisen kann. So ist die Auszählung der jährlich entstehenden Zementlinien nicht an jeder Stelle der Zahnwurzel möglich (siehe Infoseite, Seite 32).

Die Bestimmung des Sterbealters wurde darum mit einer weiteren Methode abgesichert. Diese beruht auf dem Umstand, dass mit zunehmendem Lebensalter sogenannte ‹Hydroxylapatit-Kristalle›, der mineralische Grundbaustoff von Knochen und Zähnen, in den feinen Zahnbeinkanälchen abgelagert werden. Dieser Prozess schreitet, beginnend an der Wurzelspitze des Zahnes, in Richtung Zahnhals fort und lässt die Zahnwurzel durch Veränderungen der Lichtbrechung transparent erscheinen. Diese Transparenz der Wurzel ist im Durchlicht (Röntgenbildbetrachter) messbar. Über die Wurzeltransparenz lässt sich das Sterbealter mit einer Genauigkeit von etwa 7 Jahren bestimmen. Diese Methode ist allerdings erst ab einem Alter von etwa 30 Jahren gut anwendbar. Beide Zähne zeigten keine oder nur geringe Transparenz, sodass Theo hiernach zum Zeitpunkt seines Todes jünger als 30 Jahre alt gewesen sein müsste.

→

Die Gesamtbewertung aller Befunde deutet darauf hin, dass Theo ein Alter zwischen 28 und 36 Jahren erreicht hat.

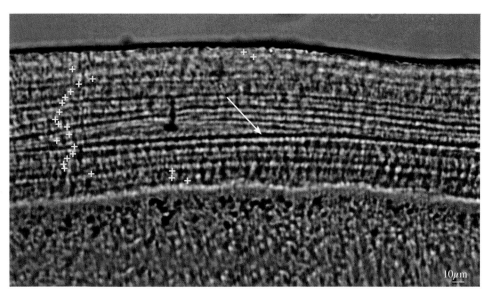

Querschnitt durch den linken Eckzahn des Unterkiefers. Der Pfeil markiert eine Stressphase in Theos Leben zwischen dem 14. und 18. Lebensjahr. Es konnten 23 Zementbänder (gelbe Kreuze) gezählt werden.

Die Zahnzementringe (die sogenannten ‹Banden›) liefern ausser zum Sterbealter auch Informationen zu den Lebensumständen der untersuchten Person. In mehreren Studien wurden qualitative Veränderungen im Zahnzement beschrieben, die auf einschneidende Ereignisse in der Lebensgeschichte der Betroffenen zurückzuführen sind. Dies können beispielsweise Schwangerschaften oder bestimmte schwere Erkrankungen wie Tuberkulose oder Nierenerkrankungen sein, die ihre Spuren als sogenannte ‹Stressmarker› im Zahnzement hinterlassen. Stressmarker sind jene Banden, die augenfällige Veränderungen zeigen und im Verhältnis zu den durchschnittlichen Werten der anderen Banden deutliche Abweichungen bei der Helligkeit, der Breite und der Beschaffenheit aufweisen. Damit besteht die Möglichkeit, Zeitabschnitte aus dem Zahnzement herauszulesen, in denen die Person aussergewöhnlichen Belastungen ausgesetzt war.

Im präparierten Zahnzement von Theos Zähnen ist eine solche auffällige Linie zu sehen, die im Alter zwischen 14 und 18 Jahren entstanden ist. Eine nähere Eingrenzung des Zeitraums ist nicht möglich, da die beiden Zähne zwar vergleichbare Stresslinien zeigen, diese jedoch bei Miteinbezug des Zahnbildungsalters einem um 3 Jahre versetzten Alter entsprechen. Unter Berücksichtigung der Unterschiede in der Altersbestimmung mittels Zahnzement ist dies ein Hinweis darauf, dass der Zahndurchbruch bei Theo von dem üblichen Altersschema abwich.

→

Als Ursache für die Stresslinie im Zahnzement von Theo ist eine Stoffwechselumstellung in der Pubertät, eine ernste Erkrankung, eine schlechte Nahrungsgrundlage oder eine drastische Umstellung der Lebenssituation denkbar – vielleicht auch der Einstieg in ein noch ungewohntes Berufsleben, das mit harter körperlicher Arbeit verbunden war.

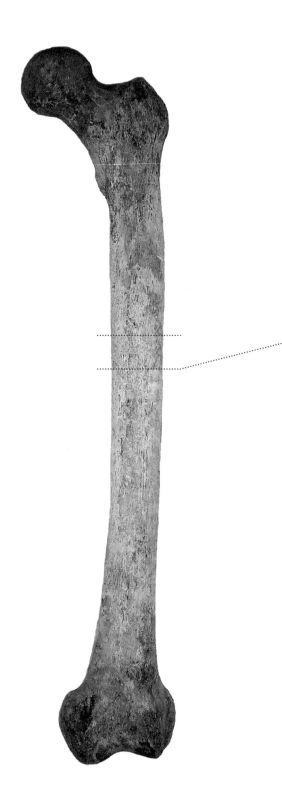

Ein Blick ins Innere der Knochen

Stefanie Doppler

Litt Theo an einer schweren Krankheit?

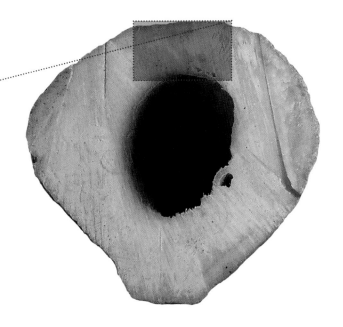

Aus der grau markierten Region des Oberschenkels
wurde die Knochenprobe entnommen.

In der Histologie werden biologische Gewebe wie zum Beispiel Knochen oder Weichteile mikroskopisch untersucht. Aus Theos Oberschenkelknochen wurde zur histologischen Untersuchung eine Probe in der Grösse von $8 \times 8 \times 12\,mm$ entnommen und zu hauchdünnen Knochenscheiben verarbeitet. Unter dem Mikroskop betrachtet treten die feinsten Strukturen des Knochens (Knochenmikrostruktur) hervor. Im Folgenden soll ein Überblick über die wichtigsten Strukturen im dichten (kompakten) Knochen am Beispiel von Theos Oberschenkelknochen gegeben werden.

Osteone sind die Grundbausteine, die den kompakten Knochen bilden. Kreisförmig lagern sich dabei elastische und doch feste Proteinschichten (Lamellen) um einen zentralen Kanal, den Havers'schen Kanal. Durch diesen Kanal verlaufen die Nerven und Blutgefässe, die den Knochen mit Sauerstoff und Nährstoffen versorgen. Der Knochen ist ein lebendes Organ, das wie das Gehirn oder das Herz ständig mit frischen Ressourcen versorgt werden muss.

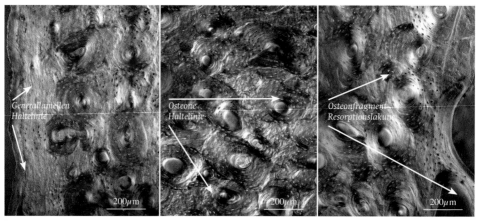

Übersichtsdarstellung der Knochenmikrostruktur von Theos Oberschenkelknochen.
Fotos von links nach rechts: äusserer, mittlerer und innerer Teil des Knochens.

Ein Leben lang unterliegt der Knochen und damit seine Mikrostruktur einem stetigen Umbau. Im hohen Alter kommt es zum Abbau von Knochensubstanz, zur Osteoporose. Der Abbau geschieht meist vom inneren Rand des Knochens aus. Ist der Knochenabbau (Resorption) schon sehr weit fortgeschritten, zeigt sich dies in Form von Löchern (Resorptionslakunen). Frauen sind davon meist früher und stärker betroffen als Männer, besonders wenn der Östrogenspiegel nach der Menopause absinkt, denn Östrogen, das wichtigste weibliche Sexualhormon, ist indirekt an der Vermeidung von Knochenabbau beteiligt. Aber auch bei Männern sinkt im Alter der Testosteronspiegel, was ebenfalls Knochenschwund verursachen kann, jedoch meist in geringerem Masse als bei Frauen.[1] Bei Theo konnte kein verstärkter Abbau von Knochensubstanz festgestellt werden, der auf Osteoporose hindeutet.

Neben dem Alter können auch mechanische Belastungen, zum Beispiel Sport oder harte Arbeit, die Ernährung sowie verschiedene Krankheiten Einfluss auf die Knochenmikrostruktur nehmen. Dabei hinterlassen nur Krankheiten mit einem chronischen, das heisst mit einem lang andauernden Verlauf, ihre Spuren am Knochen. In der Regel dauert es ein bis zwei Wochen, bis erste Veränderungen überhaupt dort erkennbar sind. Der Knochen reagiert je nach Krankheit mit einem Ab-, An- oder Umbau der Mikrostruktur.

Eine weitere Reaktion des Knochens sind sogenannte ‹Wachstumsstopps›, die als mineraldichte Linien zwischen den Generallamellen oder innerhalb der Osteone sichtbar werden. Ausgelöst werden diese Stopps wahrscheinlich durch Proteinmangel, zum Beispiel bei längerer Fehlernährung oder Hunger. Ist der Körper noch im Wachstum, so hören die Knochen für eine kurze Zeit auf, in die Dicke zu wachsen, und es bleibt eine mineraldichte Linie zurück. Bei Theo wurden zwei dieser Linien beobachtet. Sie weisen darauf hin, dass er zwischen dem 17. und dem 21. Lebensjahr mindestens zwei Krisen durchgemacht hat. Aber auch innerhalb der Osteone von Theo zeigen sich solche Linien, die auf Krisen während seines Erwachsenenlebens hinweisen. Es ist darum wahrscheinlich, dass er im Laufe seines Lebens mehrere Hungerphasen durchmachen musste (siehe Abbildungen rechte Seite).

Auch verschiedene Infektionserkrankungen, wie zum Beispiel Lepra, Syphilis, Tuberkulose oder auch Meningitis, können die Knochenmikrostruktur verändern. Die Krankheitserreger gelangen bei diesen Erkrankungen über die Blutbahn in den Knochen und verursachen dort Entzündungen und damit Knochenabbau in grossem Ausmass. Es ist allerdings schwierig, solche Veränderungen einer bestimmten Krankheit eindeutig zuzuschreiben. In einigen Fällen kommt es auch zu Knochenneubildungen, die sich zum Beispiel bei Lepra und Syphilis in typischer Form zeigen: polsterartige Auflagerungen, die durch eine Art Grenzstreifen vom Rest des ursprünglichen Knochens abgetrennt sind.[2] Krankheiten mit einem akuten, das heisst schnellen Verlauf, wie zum Beispiel Grippe, Cholera oder Typhus hinterlassen keine erkennbaren Spuren am Knochen. Früher führten diese Krankheiten häufig innerhalb kurzer Zeit zum Tod des Patienten.

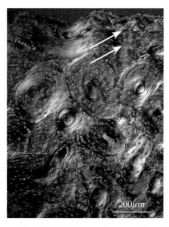

Zwei Haltelinien am äusseren Rand von Theos Oberschenkelknochen.

Zu Knochenentzündungen (Osteomyelitis) und damit zu Knochenabbau kann es aber auch durch offene Verletzungen kommen. Knochentumore (Osteosarkome) sind ebenfalls in der Knochenmikrostruktur erkennbar.[3] Meist ist die Mikrostruktur im Bereich des Tumors sehr ungeordnet und zeigt kein normales Erscheinungsbild.

Calciummangel verursacht Knochenabbau, weil im Knochen sehr viel Calcium vorhanden ist, das in Phasen des Mangels aus den Knochen abgezogen wird. Bei Eisenmangel kann der Knochen im Bereich des Schädels porös werden.[4] Eine Vitamin-C-Mangelerkrankung (Skorbut) kann zu Blutungen unter die Knochenhaut führen, wobei poröse Auflagerungen auf dem Knochen entstehen. Auch Vitamin-D-Mangel, bei

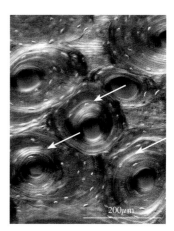

Mehrere Osteone mit Haltelinien in Theos Oberschenkelknochen beziehungsweise Osteone, deren erweiterte Havers'sche Kanäle wieder aufgefüllt wurden.

Kindern bekannt als Rachitis, ist in der Knochenmikrostruktur erkennbar. Dabei findet meist starker Knochenabbau statt, der den Knochen schwächt. Ähnliche Probleme können bei chronischen Nierenleiden oder auch bei einer Überfunktion der Nebenschilddrüsen auftreten.

→

Alle erwähnten Krankheiten konnten bei Theo nicht nachgewiesen werden, da seine Knochenmikrostruktur keine Hinweise auf verstärkten Knochenabbau, Auflagerungen oder sonstige Anomalien ergab. Aber als junger Mann durchlitt Theo mindestens zwei Hungerphasen.

Knochen, Isotope und Ernährungsgrundlage

Moritz Lehmann

Was kam auf Theos Teller?

Die Zusammensetzung des menschlichen Skeletts, seiner Knochen und Zähne, wird durch die Umwelt- und Lebensbedingungen geprägt. Von diesen spielen die persönlichen Ernährungsgewohnheiten eine tragende Rolle. Die Isotopensignatur (siehe Infoseite) der Nahrung wird in die Bausteine des Menschen eingeprägt, sodass es möglich ist, mittels chemischer Analysen von Knochenkomponenten (oder anderen Bestandteilen des menschlichen Körpers wie Haare oder Sehnen) Rückschlüsse auf die Ernährungsweise des untersuchten Menschen zu ziehen.

Fleischreiche Kost hinterlässt im Körper eine andere Isotopensignatur als eine Essgewohnheit, die vor allem durch Getreidebreie oder Brot geprägt ist. Kollagen, die organische Komponente des menschlichen Knochens, dessen Isotopensignatur vor allem den Protein- aber auch den Kohlenhydratanteil der Nahrung widerspiegelt, eignet sich hervorragend für die Analyse von stabilen Stickstoff (N)- und Kohlenstoff (C)-Isotopenverhältnissen. Die Erneuerungszeit des Kollagens im menschlichen Körper dauert mehrere Jahrzehnte, weshalb eine Kollagen-Isotopenanalyse Aufschluss über die durchschnittliche Ernährungsweise eines Menschen über eine lange Zeitspanne

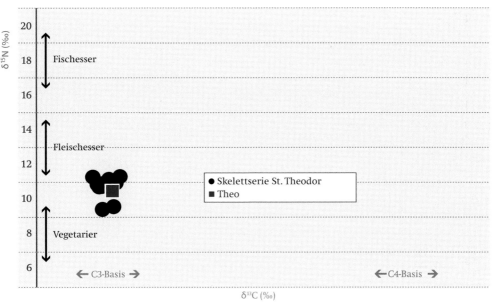

Kohlenstoff- und Stickstoffisotopie (δ¹⁵N, δ¹³C) von Kollagenproben der Skelettserie St. Theodorskirche. Pfeile zeigen die zu erwartende Isotopenzusammensetzung in Abhängigkeit der Ernährungsweise an.

hinweg gibt. Zudem besitzt das Kollagen eine hohe Widerstandsfähigkeit gegenüber Abbauprozessen und verändert sich darum während der Zeit der Bodenlagerung nur geringfügig.

Die durchschnittliche Stickstoff- und Kohlenstoffisotopenzusammensetzung (δ^{15}N, δ^{13}C; siehe Infoseite) von Nahrungsmitteln kann stark variieren. Die Kohlenstoffisotopie von Pflanzen hängt direkt vom Stoffwechseltyp der Pflanze ab. Die meisten Wild- und Kulturpflanzen in Zentraleuropa gehören der Gruppe der sogenannten ‹C3-Pflanzen› an und sind durch ein stark negatives δ^{13}C ($-25\pm5\,‰$) charakterisiert.[5] Hingegen zeigen Mais und Hirse, die wohl am weitesten verbreiteten C4-Pflanzen, meist deutlich weniger negative δ^{13}C-Werte ($-10\pm2\,‰$). Der δ^{15}N-Wert potenzieller Nahrung hängt stark von der Stellung innerhalb der Nahrungskette ab. Ein pflanzenfressendes Tier hat einen um etwa 3‰ höheren δ^{15}N-Wert als seine Nahrung. Menschen, die sich verstärkt von Fleisch und tierischen Eiweissen aus Milch oder Käse ernähren, bauen ein deutlich höheres ^{15}N/^{14}N-Isotopenverhältnis in ihrem Körper ein als Vegetarier. Höchste δ^{15}N-Werte im Bereich >15‰ können bei einer Ernährungsweise erwartet werden, welcher der regelmässige Verzehr von Süsswasserfischen zugrunde liegt. Kombinierte δ^{15}N- und δ^{13}C-Analysen archäologischer Kollagenproben erlauben somit konkrete Rückschlüsse auf Ressourcen und Ernährungsweisen vergangener Zeiten, zum Beispiel im Basel des frühen 19. Jahrhunderts.

Die Grafik oben zeigt die Kohlenstoff- und Stickstoffisotopie von 16 ausgewählten Individuen der Skelettserie St. Theodorskirche (1984 wurden dort insgesamt 24 Skelette ausgegraben). Die δ^{13}C-Werte von Theos Knochen sowie die seiner Zeitgenossen spiegeln den Konsum von einheimischen Getreidesorten wie Weizen, Roggen, Dinkel oder Gerste wider, allesamt C3-Pflanzen. Mit grosser Sicherheit kann der regelmässige Verzehr von Mais oder Hirse ausgeschlossen werden. Die δ^{15}N-Werte der Skelett-serie deuten auf signifikante Unterschiede zwischen den Individuen im Konsum von tierischem Eiweiss und pflanzlicher Nahrung hin. Ein δ^{15}N von 9,3‰ für Theos Knochenkollagen fällt in den Überschneidungsbereich einer rein pflanzlichen und einer eher fleischlastigen Ernährungsweise. Man kann also sagen, dass sich Theo aus-gewogen ernährt hat. Während eine Ernährung mit hohem Fleisch- oder Fischanteil auszuschliessen ist, darf man davon ausgehen, dass Theo ab und zu Fleisch oder Milch-produkte zu sich genommen hat. Auf keinen Fall war Theo mit tierischen Eiweissen unterversorgt, und darin unterscheidet er sich im Übrigen kaum von den meisten auf dem Friedhof St. Theodor ausgegrabenen Zeitgenossen. Bis auf zwei Ausnahmen, ver-mutlich zwei Vegetarier, deutet die Stickstoffisotopie aller Skelette auf eine Ernährung mit Mischkost hin.

Man darf davon ausgehen, dass die Ernährungsweise im Basel des frühen 19. Jahrhunderts stark von sozialen Faktoren abhing. Nahrungsmittel wie Fleisch und Fleischprodukte waren Luxusgüter, welche, wenn überhaupt, bei der Unterschicht nur selten und zu besonderen Anlässen auf dem Speiseplan standen. Nahrungsmittel aus der Wald- und Weidewirtschaft wurden, zumindest regelmässig, wahrscheinlich nur von der Basler Oberschicht verzehrt.

Fisch nimmt als Nahrungsmittel hingegen eine Sonderstellung ein. Es gab noch im 19. Jahrhundert eine Regelung, dass bei Dienstboten Lachs nicht häufiger als zweimal in der Woche auf den Tisch kommen durfte. Fisch war den Unterschichts-angehörigen als Nahrungsmittel sicher zugänglich.

→

Theo ernährte sich ausgewogen. Sein mässiger Konsum von tierischen Eiweissen deutet darauf hin, dass er nicht der Basler Oberschicht, aber sicherlich auch nicht der Gruppe der Ärmsten angehörte. Er genoss möglicherweise einen gewissen Wohlstand, der ihm und seiner Familie zumindest ab und zu Würste oder einen Braten auf dem Esstisch bescherte.

Anpassungen des Skeletts – eine biomechanische Untersuchung

Geneviève Perréard Lopreno

(aus dem Französischen von Catherine Leuzinger-Piccand, Urs Leuzinger und Gerhard Hotz)

War Theo Links- oder Rechtshänder, und welchen Beruf übte er aus?

Der Knochenbau eines Menschen wird unter anderem durch die auf die Knochen einwirkenden mechanischen Kräfte beeinflusst.[6] Bei einer erhöhten Beanspruchung verstärkt der Knochen die intensiver belasteten Stellen. Menge und Verteilung der Verstärkungen zeigen an, wie gut der Knochen sich den verschiedenen Kräften anpassen beziehungsweise widersetzen kann.

Untersuchungen an sportlichen Jugendlichen beispielsweise liefern zahlreiche Hinweise darauf, dass die mechanischen Einflüsse in der Wachstumsphase grundlegend für den Knochenaufbau von Erwachsenen sind. Man geht davon aus, dass man bei der Analyse des Skelettaufbaus eines Erwachsenen auf ein ‹Abbild› der Aktivitäten der Kindheit und Jugend stösst, das von den Spuren des Erwachsenenlebens überlagert wird.

Andauernde und gleichförmige Tätigkeiten, wie beispielsweise intensives Tennisspielen, bewirken eine messbare Veränderung der Knochen. Veränderungen, die durch eine Vielzahl von Alltagsaktivitäten des Privat- und Berufslebens verursacht wurden, sind jedoch um einiges schwieriger zu erkennen. Untersuchungen an Skeletten von Menschen, deren Berufe bekannt waren, liessen aber auf charakteristische Veränderungen (Aktivitätsmuster) schliessen, die zusätzlich zu den Informationen zu den alltäglichen Lebensumständen solche zum ausgeübten Beruf liefern. Die beruflichen Tätigkeiten hatte man dabei in die Gruppen ‹handwerkliche› und ‹nicht handwerkliche› sowie ‹spezialisierte leichte› und ‹spezialisierte schwere› eingeteilt und die Gruppenmitglieder auf Unterschiede der Knochenform zwischen zum Beispiel dem linken und dem rechten Oberarm untersucht. Auch hatte man die Knochendichte gemessen, die auf beiden Seiten unterschiedlich stark ausgeprägt war.[7]

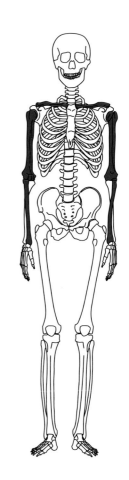

Die vorliegende Studie soll helfen, an Theos Skelett Aktivitätsmuster zu erkennen, die uns Informationen zu den von ihm ausgeübten Tätigkeiten geben können. Zu diesem Zweck wurde eine biomechanische Untersuchung durchgeführt, bei der wir die gleichen Grundsätze wie in den Ingenieurswissenschaften anwandten; so setzten wir etwa die Langknochen (zum Beispiel Oberarm oder Oberschenkel) Röhren gleich. Die Langknochen vereinen dank ihres röhrenartigen Aufbaus gegensätzliche Eigenschaften: Sie sind gleichzeitig hart und elastisch, belastbar und leicht.

Methodik

Die beiden Oberarmknochen, die Speichen sowie die Schlüsselbeine von Theo wurden mit dem Computertomografen in der Radiologie der Universitätsklinik Basel gescannt.[8] Dabei wurden an drei definierten Stellen der Schlüsselbeine Schnitte durch den Knochen gelegt, welche mit einem medizinischen Bildbearbeitungsprogramm[9] dargestellt werden konnten.[10] An den Oberarmknochen wurden fünf, an den Speichen vier Stellen gescannt. Auf diese Weise gelang es, die charakteristische Form der Arme von Theo zu messen und zu beschreiben. Mit den gemessenen Asymmetrien zwischen linker und rechter Seite können biomechanische Anpassungen des Skeletts festgestellt werden, die beim Vergleich mit den Daten anderer Skelette auf spezielle Tätigkeiten von Theo schliessen lassen.

Links- oder Rechtshänder?

Um herauszufinden, ob Theo Links- oder Rechtshänder war, wurden die Asymmetriemessungen an Armknochen und Schlüsselbeinen mit Messungen einer Referenzbevölkerung heutiger Zeit verglichen, die vor allem aus rechtshändigen Personen besteht. Interessanterweise dominiert weltweit die Rechtshändigkeit über die Linkshändigkeit.[11] In der Grafik auf Seite 54 lässt sich das deutlich erkennen.

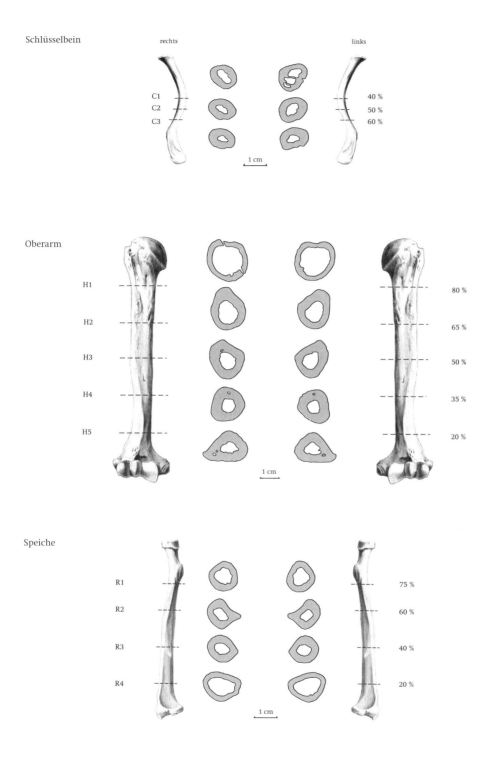

Schlüsselbein

rechts   links

C1   40 %
C2   50 %
C3   60 %

1 cm

Oberarm

H1   80 %
H2   65 %
H3   50 %
H4   35 %
H5   20 %

1 cm

Speiche

R1   75 %
R2   60 %
R3   40 %
R4   20 %

1 cm

Theos Schlüsselbeine, Oberarme und Speichen wurden mit dem Computertomografen gescannt.
Schematische Darstellung der gewählten Schnittebenen.

Vergleicht man nun Theos Daten mit denjenigen der Referenzbevölkerung, so zeichnet sich sowohl an seinen Oberarmknochen als auch an seinen Speichen klar ab, dass eine Dominanz der rechten Körperhälfte vorliegt. Theo war also Rechtshänder. Bemerkenswert ist jedoch die ausgeprägte Entwicklung des linken Schlüsselbeins (negative Asymmetrie, siehe Grafik Seite 55). Ein solcher Befund ist in der Vergleichsbevölkerung relativ selten. Diese asymmetrische Knochenentwicklung könnte sich in der Kindheit von Theo gebildet haben. Allerdings bleibt die Ursache dieser speziellen Anomalie unbekannt. Ist sie die Folge eines nicht erkennbaren Traumas, einer spezifischen Aktivität oder ein vererbtes Merkmal?

Hinweise auf physische Aktivitäten
Schätzung der Intensität und Härte der Arbeit

Die Auswirkung der Intensität einer Aktivität auf den Knochen kann folgendermassen bestimmt werden. Man misst die Fläche des dichten (kompakten) und des spongiösen Knochengewebes (Knochen mit schwammartiger Struktur, Knochenbälkchen), um eine prozentuale Angabe des Anteils des dichten (kompakten) Knochens zu erhalten. Je stärker die mechanische Beanspruchung des Knochens ist, desto robuster wird er, und desto grösser ist der Anteil an kompaktem Knochen.

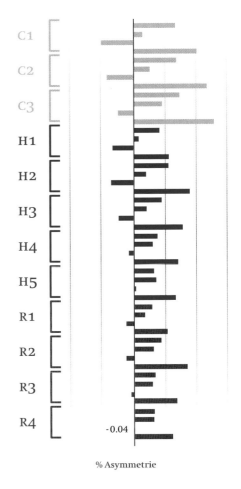

% Asymmetrie

Messungen zu den Asymmetrien der Referenzbevölkerung

Die Menge an Knochengewebe am Ende der Skelettentwicklung entspricht dem Maximum der Knochenmasse.[12] Dieses Maximum ist von verschiedenen Faktoren abhängig: genetische Veranlagung, hormoneller Haushalt, Ernährung und körperliche Tätigkeit. Es wird normalerweise im vierten Lebensjahrzehnt erreicht – also in der Lebensphase, in der Theo verstorben ist. Somit können die Knochendichtewerte von Theo problemlos mit denen von heutigen Referenzgruppen im gleichen Alter verstorbener Bauern, spezialisierter Handwerker und Nichthandwerker verglichen werden. Bei diesem Vergleich ist deutlich zu erkennen, dass die bei Theo gemessenen Werte jeweils höher liegen als die der Referenzbevölkerung. Dies gilt sowohl für die Schlüsselbeine als auch für die Oberarmknochen und die rechte Speiche. Eine Ausnahme bildet die linke Speiche (siehe Grafik Seite 55). Die Analyse dieser Befunde ergibt eine leichte Annäherung von Theo an die Referenzgruppe der spezialisierten Handwerker. Die Resultate an den Oberarmknochen belegen zudem klar, dass Theo nicht in die Gruppe der Nichthandwerker einzuordnen ist. Der gezielte Vergleich der kompakten Knochen erlaubt es also, Theo mit einiger Wahrscheinlichkeit den Handwerkern zuzuordnen.

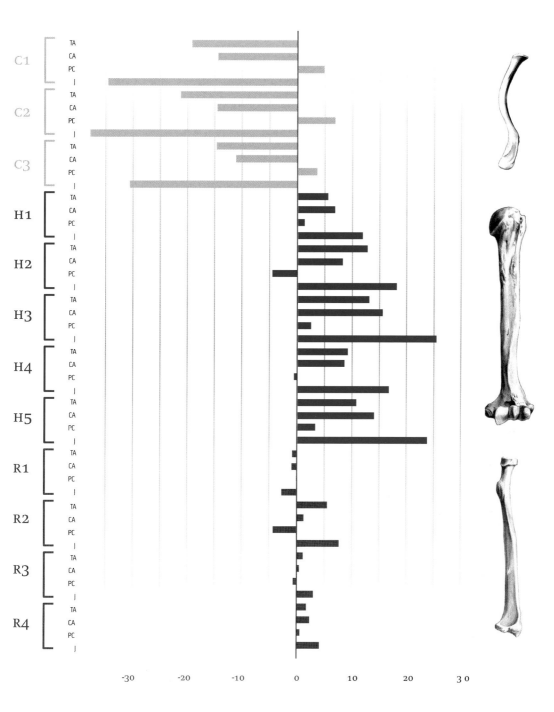

| | | -30 | -20 | -10 | 0 | 10 | 20 | 30 |

% Asymmetrie

Messungen zu den Asymmetrien von Theos Schlüsselbeinen, Oberarmen und Speichen.
Werte rechts der roten Linie (Null-Linie) stehen für mehrheitliche Rechts-, Werte links für mehrheitliche Linkshändigkeit.

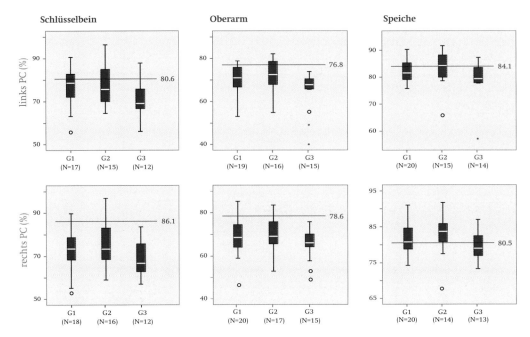

Gemessene Knochenmassen bei Theos Schlüsselbeinen, Oberarmen und Speichen (rote Linien) und bei drei Berufsgruppen (dunkle Säulen). G1 = Bauern, G2 = spezialisierte Handwerker, G3 = Nichthandwerker. Theo weist deutlich höhere Werte auf. Seine Werte lassen sich mit denjenigen der spezialisierten Handwerker vergleichen.

Zudem deutet die relative Analyse des kompakten Knochens darauf hin, dass Theos Lebensbedingungen während der Wachstumsphase, was Gesundheit und Ernährung anbelangt, mehrheitlich günstig waren und ihrerseits zum normalen Knochenwachstum beigetragen haben.

Hinweise auf eine spezialisierte Tätigkeit

Die asymmetrische Entwicklung von Theos Armknochen wurde nun dahingehend untersucht, ob neben der Rechtslastigkeit auch andere Faktoren wie eine spezifische Aktivität zum vorgefundenen Verhältnis der beiden Seiten geführt haben könnte. Die Knochen von Theo wurden deshalb mit denen einer kleinen Gruppe von Referenz-skeletten verschiedener Handwerker aus der Waadt verglichen, die um die Wende zum 20. Jahrhundert gelebt haben. Auf der Horizontalachse der Grafik auf Seite 57 verteilen sich die Berufsgruppen entsprechend der Asymmetrie ihrer Speichen. Die ‹Spezialisten›, wie etwa Fabrikarbeiter oder Schuhmacher, befinden sich im rechten Bereich dieser Achse, die Personen mit abwechslungsreichen Tätigkeiten, beispielsweise Tagelöhner oder landwirtschaftliche Arbeiter, im linken. In der Vertikalachse sind die Berufsgruppen aufgrund der Asymmetrie ihres rechten Oberarms dargestellt. Unten finden sich die Tagelöhner und landwirtschaftlichen Arbeiter, die sehr unterschiedliche Arbeiten ausführen, weshalb ihre Oberarmknochen eher symmetrisch entwickelt sind, im oberen Teil sind die ‹Spezialisten› wie Holzfäller oder Büroangestellte angeordnet. Bei diesem Vergleich der Berufsgruppen ist das Unterscheidungskriterium nur die Asymmetrie der Armknochen. Der Kraftaufwand, der mit den verschiedenen Berufstätigkeiten verbunden ist, wird hier nicht berücksichtigt.

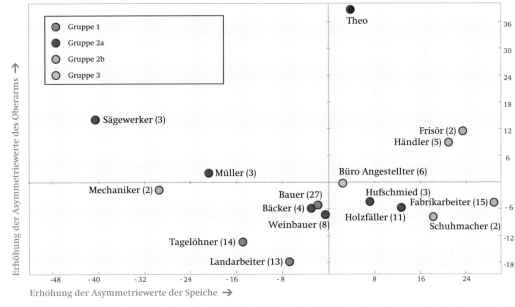

Asymmetriedarstellung der Speiche (Horizontalachse) und des Oberarms (Vertikalachse): Theo im Vergleich mit Berufsgattungen der Referenzskelettserie. Durch seine Werte ist er deutlich von den Bauern und Tagelöhnern abgegrenzt. Eine gewisse Vergleichbarkeit besteht zu den Handwerkern. Die Zahlen in Klammern zeigen die Anzahl der untersuchten Skelette an.

Es ist offensichtlich, dass Theo keiner der Berufsgruppen eindeutig zuzu-ordnen ist.[13] Dennoch weist seine relative Position innerhalb der Grafik darauf hin, dass die tägliche Arbeit von Theo keineswegs vergleichbar mit derjenigen eines land-wirtschaftlichen Arbeiters oder von Tagelöhnern war. Vielmehr dürfte Theo sich, wie wir oben gesehen haben, in die Gruppe der Handwerker einfügen.

Die kombinierten Informationen, insbesondere der prozentuale Anteil der Kompaktafläche und die Asymmetriewerte der jeweiligen Knochenquerschnitte, zeigen, dass Arme und Schultergürtel stark gefordert wurden. Eine verstärkte Beanspruchung der rechten Seite ist offensichtlich, wobei die Unterarme weniger intensiv und symme-trischer belastet wurden als die Oberarme.

Bei der Bewertung dieser Erkenntnisse sollte man sich aber dessen bewusst sein, dass sich die Untersuchungen zu den funktionellen Anpassungen der Lang-knochen immer auf Gruppen von Einzelpersonen abstützen, zu deren Lebensweise Aus-sagen gemacht werden sollen. Die Analyse an einem einzelnen Individuum, wie sie bei Theo durchgeführt wurde, ist deshalb mit einer Unsicherheit behaftet.

→

Die Asymmetrie-Analyse der Arme und des Schultergürtels liefert ein klares Ergebnis: Theo war mit grosser Wahrscheinlichkeit ein rechtshändiger Handwerker. Auch die Messungen zur Knochendichte bestätigen diese Berufszugehörigkeit. Die relativen Analysen des dichten Knochens deuten darauf hin, dass Theo während des Wachstums gesund war und sich ausgewogen ernährte.

Tabakgenuss und Zahnschmerzen
Zähne als Träger von Informationen über individuelle Gewohnheiten

Simon Kramis

War Theo wirklich
Pfeifenraucher?

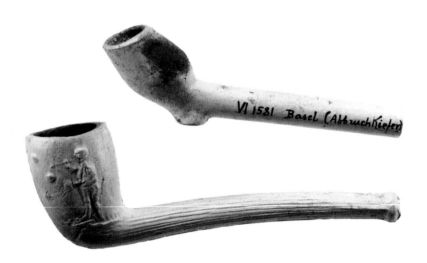

Das menschliche Skelett verfügt über eine Reihe von Reparaturmechanismen, die mit fortschreitendem Alter eines Individuums die Spuren früherer Einflüsse (zum Beispiel Knochenbrüche) wieder verwischen können. Zähne hingegen reagieren nach Abschluss des Wachstums nur noch minimal auf äussere Einflüsse und können sich nur begrenzt regenerieren. Daher bleiben Einwirkungen auf die Zähne während der Wachstumsphase oder auf das Dauergebiss weitgehend konserviert und können hinsichtlich ihrer Ursache untersucht werden.

Ungewöhnliche ausgeschliffene Löcher im Gebiss

Auffällig am Gebiss von Theo sind zwei nebeneinanderliegende ovale Abnutzungen auf der linken Seite. Diese verlaufen von der Backenseite in Richtung der Zunge auf der Kaufläche benachbarter Zähne im Ober- und Unterkiefer und liegen im Bereich der Vormahlzähne sowie der Schneide- und Eckzähne. Augenscheinlich handelt es sich hierbei um eine durch Abrasion entstandene Usur (eine mechanisch verursachte Abnutzung), die aus persönlichen Angewohnheiten resultierte. Die Einwirkung welcher Gegenstände kommt dafür infrage?

Anthropologische Untersuchungen an Skeletten aus dem Mittelalter und der Neuzeit sowie Abbildungen von Handwerkern bestimmter Berufsgruppen geben Hinweise auf eine ganze Reihe von Tätigkeiten, die zu Substanzverlusten an den Zähnen führen können. Dazu gehört etwa die Handhabung von Nähnadeln, die der Schneider bei der Arbeit zwischen den vorderen Schneidezähnen hält. Die Nadeln hinterlassen dort Schleifkanäle, allerdings mit erheblich geringerem Durchmesser als bei Theo. Am Gebiss eines mittelalterlichen Skeletts aus Kent (England) konnten Spuren vom Festhalten eiserner Nägel nachgewiesen werden.[14] Auch Zahnstocher können kleinere gerundete Abnutzungen an den Zähnen hinterlassen. Bekannt sind auch Zahnabnutzungen durch das Spielen von Musikinstrumenten (zum Beispiel Klarinette oder Dudelsack).

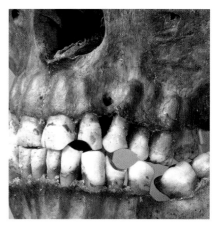

Ovale Defekte in der linken Gebisshälfte von Theo.

Bei genauerer Betrachtung von Theos Gebiss zeigt sich, dass die bei geschlossenem Zustand oval erscheinende Form der Usuren bei leicht geöffnetem Kiefer einen beinahe runden Querschnitt erhält. Die Schleifkanäle selbst erscheinen mit blossem Auge regelmässig geformt und weisen eine bräunlich gefärbte, glänzend polierte Oberfläche auf.

Mithilfe eines Rasterelektronenmikroskops (REM) können feinste Kratzspuren und Dellen auf der Zahnoberfläche sichtbar gemacht werden. Auf dem untersuchten Eckzahn konnten so zum Teil beinahe rechtwinklig verlaufende und ungewöhnlich tiefe Rillen festgestellt werden, die nicht ausschliesslich durch die Ernährung verursacht sein können.[15] Diese sogenannte ‹Microwear› (kleinräumige Abnutzung) stellt eine Momentaufnahme eines kontinuierlichen Abnutzungsprozesses durch den Kontakt von bestimmten Materialien (Mundstück der Pfeife) mit der Zahnoberfläche dar.

Spuren des Rauchens

Untersuchungen mit vergleichbaren Befunden an Zahnproben skandinavischer Häftlinge aus dem 18. Jahrhundert konnten zweifelsfrei auf den Gebrauch von Tonpfeifen zurückgeführt werden.[16] Eine aufschlussreiche Fundsituation dazu stammt aus einem möglichen Soldatengrab aus dem Dreissigjährigen Krieg in Vorpommern. Am Gebiss des Toten fand sich im Bereich des rechten Schneide- und Eckzahns ein Schleifkanal, und im Grab lag als persönliche Habe (oder Grabbeigabe) eine um 1650 in den Niederlanden hergestellte Tonpfeife.[17] Solche Zahnabrasionen treten etwa vom 17. bis 19. Jahrhundert – die Zeit als Tonpfeifen verbreitet waren – beinahe weltweit auf. Noch gegen Ende des 19. Jahrhunderts werden in der Zahnmedizin solche Usuren von Rauchern, «welche viel und anhaltend die Thonpfeife rauchen oder die Bernsteinspitze zwischen den Zähnen zu halten gewohnt sind»,[18] beschrieben. Ausgrabungen von Friedhöfen mit dokumentierten biografischen Informationen zu den Verstorbenen zeigen, dass exzessives Tonpfeiferauchen häufig in sozial eher schwachen beziehungsweise körperlich hart arbeitenden Bevölkerungsschichten verbreitet war. Es ist bekannt, dass Tonpfeifen auch ohne Zuhilfenahme der Hände geraucht werden konnten, was den Vorteil hatte, dass es möglich war, auch bei der Arbeit zu rauchen.

Rasterelektronenmikroskopische
Aufnahme der ausgeschliffenen
Kaufläche des Eckzahns von Theo.

Wie ‹Pfeifenlöcher› entstehen

Pfeifenusuren finden sich entsprechend der bevorzugten Lage der Pfeife übewiegend vor oder hinter den Eckzähnen. Da das Pfeifenmundstück zunächst am sichersten an der Kontaktstelle zweier benachbarter Zähne zu liegen kommt, werden in der Regel vier, seltener drei Zähne in Mitleidenschaft gezogen. Bei intakten Zähnen hat das Tonpfeiferauchen zunächst Auswirkungen auf den Zahnschmelz. Dieser ist zwar die härteste Substanz des menschlichen Körpers – sein Härtegrad übertrifft den des Stahls –, er ist aber auch relativ spröde. Beispiele von Pfeifenmundstücken mit ‹Knabberspuren› belegen, dass der Pfeifenton der Zahnoberfläche zunächst wenig anhaben konnte. Mit der Zeit dürfte das andauernde Kauen auf dem Mundstück aber zu Rissen im Zahnschmelz und schliesslich zum Ausbrechen desselben geführt haben. Durch weiteren Abtrag des Schmelzes wird schliesslich das darunterliegende weichere und bräunlich gefärbte Zahnbein freigelegt, welches der schleifenden Wirkung des tönernen Stiels erheblich weniger Widerstand entgegensetzt. Letztlich dürften die Bestandteile des Pfeifentons, wie zum Beispiel feine Quarzkörner, die Hauptursache für den Substanzverlust am Zahn sein. Besonders stark ausgeprägte Abrasionen haben wohl mitunter zu Entzündungen und erhöhter Zahnempfindlichkeit geführt.

→

‹Pfeifenlöcher› werden nach fünf bis zehn Jahren intensiven Rauchens ausgebildet.[19] Aufgrund der Usuren in seinem Gebiss lässt sich Theo darum zweifelsfrei als langjähriger Pfeifenraucher identifizieren. Diese Angewohnheit weist ihn einer eher handwerklich arbeitenden Bevölkerungsschicht zu.

Verlust von Zahnsubstanz durch Pfeiferauchen

Lukas Kofmehl

Warum hielt Theo seine Pfeife mal mit den Eckzähnen, mal hinten im Mundwinkel?

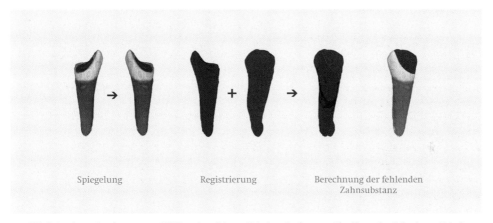

Spiegelung   Registrierung   Berechnung der fehlenden
                                           Zahnsubstanz

Die Spiegelung des abgenutzten Pfeifenzahns (blauer Zahn) und sein gegenüberliegender Zahn (roter Zahn)
werden mithilfe eines Registrierungsprogramms übereinandergelegt. Dadurch kann der Verlust an
Zahnhartsubstanz dargestellt werden.

Theos langjährige Gewohnheit, eine Tonpfeife zu rauchen, führte zum Abschliff der Zahnhartsubstanz. Dieser Substanzverlust an seinen Zähnen kann mithilfe der Computertomografie (CT) zerstörungsfrei ermittelt werden. Weil der ursprüngliche Zustand des abgeschliffenen Zahns unbekannt ist, wurde zunächst geprüft, inwieweit die Zähne der linken denen der rechten Kieferhälften gleichen. Leistungsfähige Rechenprogramme erlauben es, mithilfe der Tomografiedaten der Zähne die notwendigen Transformierungen durchzuführen. Dabei werden die virtuellen Zähne gespiegelt, aus einem rechtsseitigen Zahn wird ein linksseitiger Zahn erstellt.

Wie erwartet sind die Zähne der linken Kieferhälften im Wesentlichen spiegelsymmetrisch zu denen der rechten Kieferhälften. Grössenunterschiede von einigen wenigen Prozent kann man vernachlässigen. Die Spiegelsymmetrie, die der Zahnarzt oft für rekonstruktive Arbeiten nutzt, kann man leicht mithilfe der Digitalen Volumentomografie (DVT) erkennen. Für genauere Messungen verwendet man aber höher auflösende Verfahren wie zum Beispiel die Mikrotomografie (CT). Diese Methode erlaubt es mit einer Genauigkeit von bis zu 0,001 mm zu messen (dies entspricht ungefähr einem Hundertstel des Durchmessers eines menschlichen Haares). Sie liefert nicht nur Bilder mit einer höheren Bildauflösung, sondern auch mit deutlich besserem Kontrast, wie in der Abbildung auf Seite 62 klar erkennbar ist. So wird die Grenzfläche zwischen Zahnschmelz und Zahnbein sehr deutlich, und Risse werden in ihrer Form und Breite messbar. Einfarbiges Röntgenlicht, das man an einer Synchrotronstrahlungsquelle erzeugen kann, ist dem weissen Röntgenlicht einer konventionellen Röntgenquelle überlegen.

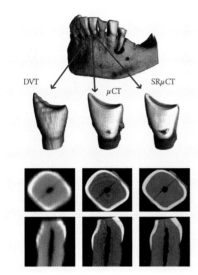

Drei unterschiedliche Methoden: DVT Digitale Volumentomografie (mittlere Auflösung), µCT Mikro-Computertomografie (hohe Auflösung), SRµCT Synchrotronstrahlungsquellen-mikro-CT (sehr hohe Auflösung).

Mit ihm lassen sich auch kleinste Dichteunterschiede im zu untersuchenden Objekt erkennen. Es konnten aber keine abgeriebenen Partikel der Tonpfeife an den Zähnen von Theo nachgewiesen werden. Vermutlich war die von Theo verwendete Tonpfeife stabiler als Zahnschmelz beziehungsweise Zahnbein.

Mit der oben erwähnten Technik wurde nun der Verlust an Zahnhartsubstanz berechnet. Der am stärksten abradierte Zahn von Theo hat 20 Prozent an Volumen eingebüsst, ein beachtlicher Verlust. Wie man ebenfalls in der Abbildung links erkennt, wurde an Theos Gebiss nicht nur der Zahnschmelz abgetragen, sondern auch ein beachtlicher Anteil des Zahnbeins, sodass der ‹Pfeifenzahn› auf Hitze und Kälte empfindlich reagiert haben wird. Bei noch stärkerem Abrieb gelangen Bakterien in den Wurzelkanal, was zum Absterben des Zahns oder zu einer Art Verkalkung des Zahnmarks führt. In der Entzündungsphase kann der Druck der Pfeife, der auf die Wurzelspitze des betreffenden Zahns übertragen wird, starke Schmerzen auslösen.

Das Gebiss von Theo weist neben den beiden ‹Pfeifenlücken› und zwei komplett durch Karies zerstörten und abgestorbenen Backenzähnen im rechten Oberkiefer eine weitere Auffälligkeit auf, die eventuell sogar bei einer Identifizierung behilflich sein könnte. Beide Eckzähne des Oberkiefers sind nicht durchgebrochen und liegen schief verlagert im Gaumenknochen verborgen. Eine solche Fehlstellung ist bei etwa 2 Prozent aller verlagerten Zähne vorzufinden und kann durch Platzmangel im Oberkiefer oder genetisch bedingt sein. Wenn es sich um einen genetischen Defekt handelt, könnte man anhand dieser Fehlstellung möglicherweise potenzielle Nachfahren von Theo identifizieren.

Im Rahmen dieser Studie wurden neben Theos Zähnen noch die Gebisse von zwölf weiteren Pfeifenrauchern untersucht.[20] Es handelt sich dabei um Personen, die alle im 19. Jahrhundert in Basel gelebt haben und zwischen 1845 und 1868 auf dem Spitalfriedhof in Basel beerdigt wurden.

→

Das vergleichsweise häufige Auftreten mehrerer Pfeifendefekte bei diesen Pfeifenrauchern lässt den Verdacht aufkommen, dass die Pfeifenposition wegen der Schmerzempfindlichkeit bestimmter Zähne gewechselt wurde. Es ist aber auch denkbar, dass die Pfeife aufgrund der speziellen handwerklichen Tätigkeiten oder zum Sprechen an eine andere Stelle im Mund geschoben wurde. Sollte der Verlust an Zahnhartsubstanz bei der jeweils grösseren der Doppelusuren in den Gebissen der Pfeifenraucher vom Spitalfriedhof vergleichbar sein, liesse sich die Hypothese stützen, dass die neue Rauchposition wegen der Schmerzempfindlichkeit der alten gewählt wurde.

Theos Herkunft

Gerhard Hotz und Alistair Pike

*Wuchs Theo in Basel auf,
oder kam er als junger Erwachsener
in die Stadt?*

● St.Theodor

Zähne sind exzellente Informationsspeicher, und ihre Untersuchung lässt verschiedene Aussagen zum Lebenslauf einer Person zu. So werden in den Zähnen und Knochen eines Menschen während der ersten vierzehn Lebensjahre durch die Ernährung sogenannte ‹stabile Isotope› eingelagert, die unter bestimmten Voraussetzungen die Bestimmung der geografischen Herkunft der jeweiligen Person erlauben. Die Zähne sind also quasi ein ‹bio-archivalischer Ausweis› einer historischen Person.

Isotope sind im Boden und im Gestein vorkommende natürliche Abbau-produkte aus dem radioaktiven Zerfall bestimmter Elemente. Für die Herkunftsbe-stimmung ist das Element Strontium (Sr) mit seinen stabilen Isotopen ^{87}Sr und ^{86}Sr von Bedeutung. Aus dem Boden gelangen diese Isotope ins Grundwasser und stufenweise in die Nahrungskette ihrer Umwelt: Pflanzen bauen die Isotope in ihre Wurzeln und Blätter ein und geben sie auf diese Weise an die nächste Stufe der Nahrungskette weiter, an die Pflanzenfresser. Die Menschen, die am Ende der Nahrungskette stehen, nehmen die Isotope über das Trinkwasser oder über Nahrungsmittel wie Getreide, Gemüse oder Fleisch in den Körper auf. In der Kindheit, während des Wachstums, werden die Isotope quasi für immer in den Zahnschmelz eingebaut.[21]

Entscheidend für die Herkunftsbestimmung ist nun das Verhältnis der Anzahl der Isotope ^{87}Sr und ^{86}Sr zueinander. Diese Verhältniszahlen im Gestein des Bodens einer Region stellen quasi einen ‹Isotopen-Fingerabdruck› dieser Region dar. Dieser ortstypische ‹Isotopen-Fingerabdruck› wird über die verschiedenen Stufen der Nahrungskette, von den Pflanzen, zu den Pflanzenfressern bis hin zu den Fleischfressern, unverändert weitergegeben. Bei seiner Ermittlung wird das Verhältnis von ^{87}Sr und ^{86}Sr auf sechs Nachkommastellen genau bestimmt. Regionen mit dem gleichen geologischen Untergrund haben einen ähnlichen ‹Fingerabdruck›. Gerade diese Tatsache stellt, wie wir noch sehen werden, ein grosses Problem dar, da dadurch unter Umständen nicht zwischen verschiedenen Herkunftsgebieten unterschieden werden kann.

Für die erfolgreiche Bestimmung der Herkunft eines ausgegrabenen Skeletts müssen drei Voraussetzungen erfüllt sein.[22] Erstens dürfen die ^{87}Sr/^{86}Sr-Werte im Zahnschmelz nicht durch Abbauprozesse im Boden verändert worden sein. Dies stellt in der Regel kein Problem dar, da der Zahnschmelz sehr resistent gegen solche Abbauprozesse ist. Zweitens muss der ortstypische ‹Isotopen-Fingerabdruck› bekannt sein; für Theo wird natürlich zunächst der von Basel herangezogen. Um diesen ‹Fingerabdruck› zu bestimmen, werden die Zähne von kleinen Nagetieren wie Mäusen analysiert. Wichtig bei der Auswahl der Tiere ist, dass sie nur einen kleinen Lebensraum haben und keine Wanderungen durchführen, was zu Verfälschungen des ‹Fingerabdrucks› führen würde. Ebenso ist es von Bedeutung, dass sich die Vergleichstiere ähnlich wie die Menschen ernähren. Aus diesem Grund werden häufig auch Schweine für einen solchen Vergleich herangezogen. Bei den Schweinen muss man aber sicher sein, dass sie vor Ort aufgezogen und nicht von auswärts eingeführt wurden.

Für die Ermittlung des ‹Isotopen-Fingerabdrucks› von Basel wurden zwei Mäusezähne, sieben Schweinezähne und zwei Zähne von Personen, deren Geburtsort bekannt ist, analysiert. Alle verwendeten Zähne stammen aus dem 18./19. Jahrhundert. Ebenso wurden drei Backenzähne von Theo für die Analysen ausgewählt, und zwar der erste bis dritte Backenzahn des Oberkiefers. Die Zahnkrone von Theos erstem Backenzahn wurde in seinem 1. Lebensjahr gebildet, die Krone des zweiten Backenzahns im 3. bis 6. und die des dritten Backenzahns ungefähr im 8. bis 14. Lebensjahr. Diese drei Zähne decken also die Zeit von Theos Geburt bis zu seinem 14. Lebensjahr ab.

Die Grafik rechts zeigt deutlich, dass die ^{87}Sr/^{86}Sr-Werte von Theos Backenzähnen (die roten Punkte) den Werten der Mäusezähne und der Zähne von den zwei Basler Personen sehr ähnlich sind. Nur der Wert eines Schweinezahns bleibt im dunkel hinterlegten Band, während die Werte der anderen sechs Schweinezähne in einem grossen Ausmass streuen – ein Hinweis darauf, dass es sich hier um nicht vor Ort aufgezogene Schweine handelt. Aus historischen Quellen ist bekannt, dass ein grosser Teil der Schweine von auswärts nach Basel gebracht wurde. Die Schweinezähne sind darum als Referenzzähne für Theo nicht geeignet, bestätigen aber die historischen Quellen zum Nahrungsimport.

Dies bringt uns zur dritten Voraussetzung, die für eine erfolgreiche Herkunftsbestimmung erfüllt sein muss. Die vom Menschen konsumierten Nahrungsmittel, zum Beispiel Getreide, müssen zum grossen Teil vor Ort angebaut worden sein.

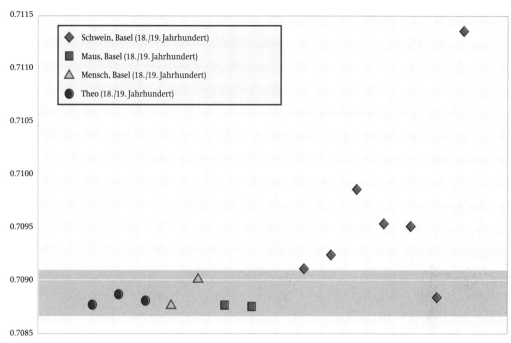

‹Isotopen-Fingerabdruck› ^{87}Sr/^{86}Sr von Theo und Vergleichsgruppen. Das dunkle Band markiert das Vertrauensintervall für zur Region Basel gehörige Sr-Werte.

Für den modernen westlichen Menschen ist diese Voraussetzung in der Regel nicht mehr zu erfüllen, da seine Nahrungsmittel aus der ganzen Welt stammen können. Wie sieht es aber bei Theo aus? Wir wissen, dass ein grosser Teil des Getreides von der Basler Landschaft oder aus dem Sundgau nach Basel importiert wurde, und haben nun das Problem, dass wir bei der Basler Bevölkerung die Herkunft eines der Grundnahrungsmittel nicht sicher bestimmen können.

Wir müssen also zwei wichtige Einschränkungen machen. Erstens muss durch vertiefende Grundlagenforschungen der Einfluss des importierten Getreides auf den ‹Isotopen-Fingerabdruck› abgeklärt werden, um auf diese Weise für eine solidere Ausgangslage zu sorgen. Zudem müssen kleinräumige Sr-Isotopenverteilungskarten vorliegen, auf denen die unterschiedlichen ^{87}Sr/^{86}Sr-Verhältniszahlen kartiert sind, sonst bleibt eine sichere Herkunftsbestimmung ein Desiderat.

→

Trotz dieser Einschränkungen wagen wir die Aussage, dass Theo mit grosser Wahrscheinlichkeit bis zu seinem 14. Lebensjahr in Basel oder in der näheren Umgebung aufgewachsen ist. Die geringen Unterschiede zwischen den ^{87}Sr/^{86}Sr-Werten seiner drei Backenzähne zeigen zudem, dass er in seiner Kindheit wohl kaum für längere Zeit an einem anderen Ort gelebt hat.

Molekulargenetisches Profil mittels alter DNA

Christina Roth und Kurt W. Alt

Können wir Theo identifizieren?

Grundlagen der Molekulargenetik

Die molekulare Anthropologie nutzt die Methoden und Techniken der Molekulargenetik, jener Schlüsselwissenschaft des 3. Jahrtausends, die die molekularen Grundlagen der Lebensprozesse erforscht und sich mit der Struktur, Funktion und Veränderlichkeit der Gene beschäftigt.[23] Molekulare Anthropologie zielt hier im engeren Sinne auf das Studium der genetischen Variation des modernen Menschen inklusive seiner fossilen, prähistorischen und historischen Vorfahren. Die Ursachen für die Variabilität des heutigen Menschen konzentrieren sich auf Mechanismen wie Mutation, Rekombination, Selektion und Gendrift, die als Evolutionsfaktoren gelten. Diese führen nicht nur zu Anpassungen in morphologischen und metrischen Merkmalen, was sich über die Zeit in Veränderungen der äusseren Gestalt offenbart, sondern sie wirken sich in erster Linie auf molekularer Ebene aus, von wo aus sie physiologische Prozesse regeln. Weil sich Biomoleküle wie zum Beispiel DNA oder Proteine unter günstigen Bedingungen trotz Abbauprozessen im Boden über Jahrtausende erhalten können, sieht sich die Anthropologie heute in der Lage, die (mikro)evolutive Entwicklung des Menschen auf molekularer Ebene nachzuzeichnen.

In der molekulargenetischen Anthropologie wird sowohl moderne als auch alte DNA (aDNA) untersucht. Dabei können die unterschiedlichsten Themenbereiche bearbeitet werden, wie beispielsweise Populationsgenetik und Phylogenie, Verwandtschaftsstrukturen oder genetische Krankheitsmarker. Molekulargenetische Studien im Kontext der Prähistorischen und Historischen Anthropologie untersuchen mittels aDNA-Analysen beispielsweise die geografische Verteilung und Häufigkeit genetischer Marker innerhalb einer bestimmten Population. Zur spezifischen Einordnung und Charakterisierung einzelner Individuen und prähistorischer Gemeinschaften sowie zur Rekonstruktion der Struktur und Dynamik von Populationen (Populationsgeschichte) steht ein umfangreicher Pool von Techniken aus der Molekulargenetik zur Verfügung, die sowohl bei rezenter wie auch bei alter DNA angewendet werden. Bei der Arbeit mit alter DNA bedarf es jedoch einer Vielzahl besonderer Richtlinien für die Arbeitsabläufe, um die Qualität und Validität der Untersuchungsergebnisse sicherzustellen.

Alte DNA (aDNA)

Für Untersuchungen an aDNA wird häufig die sogenannte ‹mitochondriale DNA› (mtDNA) oder alternativ die DNA des Y-Chromosoms herangezogen. Diese eignen sich für Verwandtschafts- und populationsgenetische Fragestellungen wegen ihrer reinen Vererbung über die mütterliche Linie (von der Mutter auf die Kinder) im Falle der mtDNA[24], beziehungsweise ausschliesslich über die väterliche Linie (vom Vater auf den Sohn) im Falle des Y-Chromosoms. Die mtDNA liegt in gesonderten Zellorganellen (Mitochondrien) vor und ist in wesentlich höherer Kopienzahl pro Zelle vorhanden als die DNA des Zellkerns (ncDNA), die nur in zweifacher Ausführung vorliegt, im Falle des Y-Chromosoms sogar nur einmal pro Zelle. Dies erhöht den Analyseerfolg für mtDNA gegenüber der DNA des Zellkerns. Untersucht werden meistens zwei spezielle Abschnitte des mitochondrialen Genoms, die sogenannten ‹Hypervariablen Segmente› (HVS I und II). Diese Bereiche beinhalten keine Erbinformation, weisen eine besonders hohe Mutationsrate auf und eignen sich deshalb speziell für Untersuchungen von historischen Bevölkerungen. Auf der Basis der ermittelten Mutationsmuster eines Individuums gegenüber einer Referenzsequenz kann der sogenannte ‹Haplotyp› eines Individuums definiert werden. Verwandte Haplotypen werden in Grossgruppen, den Haplogruppen, zusammengefasst, die oft eine typische grossregionale Verteilung aufweisen.[25] Diese Verteilung entstand als eine Folge der Migrationsprozesse des Menschen, die zu unterschiedlichen Zeiten und in unterschiedlichen Regionen stattfanden. Die Marker des männlichen Y-Chromosoms sind im Unterschied dazu über das gesamte Chromosom verteilt, was einen erheblich grösseren Analyseaufwand erfordert.

Analyseverfahren an alter DNA

Zur Durchführung molekulargenetischer Untersuchungen an aDNA werden mindestens zwei unabhängig voneinander gewonnene Proben pro Individuum benötigt, sowie zusätzlich eine Probe als Reserve. Als Probenmaterial eignen sich am besten Zähne, da sie sich im Unterschied zu Knochen im Boden meist besser erhalten und durch ihre Verankerung in Ober- oder Unterkiefer zusätzlich geschützt sind.

Die Proben durchlaufen zunächst die sogenannte Probenvorbereitung: Das Probenmaterial wird durch UV-Bestrahlung und Abtragung der Oberfläche dekontaminiert und anschliessend in einer Kugelschwingmühle zu Pulver vermahlen. Zur Gewinnung von DNA müssen in dem darauffolgenden Schritt eventuell noch vorhandene Zellen, Biomembranen und Proteine abgebaut werden. Bei der anschliessenden Extraktion wird die DNA von den restlichen Zell- und Bodenbestandteilen getrennt, um eine möglichst reine DNA-Lösung zu erhalten. Die zur Gewinnung von aDNA eingesetzten Extraktions- und Reinigungsverfahren sind in Laborprotokollen im Detail festgelegt. Für die Analyse benötigt man die DNA in sehr hoher Kopienzahl, weswegen zu untersuchende DNA-Abschnitte mittels der sogenannten ‹Polymerasekettenreaktion› (PCR) vervielfältigt (amplifiziert) werden müssen.

aDNA-Untersuchungen an Zahnproben von Theo

Im Rahmen der Untersuchungen an Theo, dem Pfeifenraucher, wurden dem aDNA-Labor der Johannes Gutenberg-Universität Mainz drei Zähne von Theo für die Analysen zur Verfügung gestellt. Bearbeitet wurden zwei Proben (A- und B-Probe), während die dritte Probe (C-Probe) lediglich als Rückstellprobe diente.

In zwei unabhängigen Extraktionen der zwei Proben (ein Zahn des Ober- und ein Zahn des Unterkiefers) konnte ein Abschnitt des mitochondrialen Genoms, die HVS I, reproduzierbar analysiert werden. Der DNA-Gehalt der Proben von Theo ist als mittelmässig bis gut einzuschätzen. Die Proben wurden mit den oben vorgestellten Methoden unter strikter Anwendung der bereits erwähnten Kontaminationsvermeidungsmassnahmen bearbeitet. Insgesamt liegen die Ergebnisse von mehreren unabhängig voneinander durchgeführten Versuchen vor: Der Haplotyp des untersuchten Individuums gehört mit seinen Mutationen an den Positionen 16 261 und 16 343 im mitochondrialen Genom der Haplogruppe U3 an.[26] Diese Haplogruppe kommt im rezenten Europa nur zu etwa 1 Prozent vor.[27]

→

Sollten potenzielle Verwandte von Theo in der mütterlichen Linie gefunden werden, also Nachkommen der weiblichen Linie der Mutter, Schwester oder Tante (mütterlicherseits), könnte ihre mitochondriale DNA analysiert und mit der von Theo verglichen werden. Da der Haplotyp von Theo heute in Europa sehr selten ist, könnte bei einer Übereinstimmung eine Verwandtschaft als sehr wahrscheinlich gelten. Zum Test potenzieller Verwandter würde ein Mundschleimhautabstrich dieser Personen benötigt. Eine Analyse der Kern-DNA ist aufgrund der geringeren Analyseerfolgsaussichten (bei positiver Testung auf mtDNA etwa 10–15 Prozent) erst beim sehr konkreten Auffinden potenzieller Kandidaten der paternalen Linie sinnvoll.

Phantombild und Wirklichkeit – vollplastische Gesichtsrekonstruktion

Fabian Link und Gyula Skultéty

Verrät der Schädel Theos Aussehen?

Schon die Anatomen des 17. und 18. Jahrhunderts waren an der plastischen Nachbildung menschlicher Körper interessiert, im Besonderen an der des Gesichts. In Basel
aber hatte die Gesichtsrekonstruktion eine eigene Tradition. Mit der berühmt gewordenen Nachbildung von Johann Sebastian Bachs Gesicht war es 1895 dem Basler Anatom
Wilhelm His (1831–1904) in Zusammenarbeit mit dem Leipziger Bildhauer Seffner erstmals gelungen, eine Gesichtsrekonstruktion anzufertigen, die auf wissenschaftlicher
Methodik beruhte.[28] Dies war ein wichtiger Schritt für die Weiterentwicklung der Techniken der Gesichtsrekonstruktion. Die Arbeit von His hat es ermöglicht, den Schädel
Bachs durch den Vergleich des rekonstruierten Gesichts mit zeitgenössischen Darstellungen zu identifizieren.[29] Dabei wurde die anatomische Übereinstimmung der Augenhöhlen überprüft, indem man eine Darstellung Bachs auf den Schädel projizierte
(Superposition). Ein anderes Ziel verfolgte der in Basel lehrende Mediziner und Anthropologe Julius Kollmann (1834–1918). Als Anthropologe interessierte er sich dafür, welche
physischen Merkmale Menschengruppen oder ‹Rassen› aufwiesen. Zusammen mit dem
Schweizer Bildhauer Büchly schuf Kollmann 1899 von einem Schädel ausgehend die
berühmt gewordene ‹Pfahlbauerin von Auvernier›.[30] Er verwendete für seine Rekonstruk-

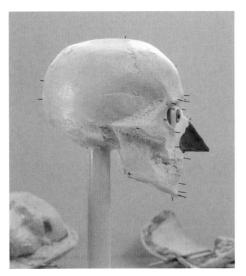 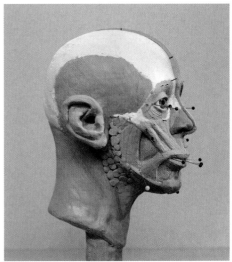

Die Weichteildicken sind mit eingebohrten Stiften auf dem Gipsschädel markiert. Im ersten Schritt der Rekonstruktion wird der Nasenknorpel modelliert, und die Augen werden eingesetzt.

Ohren und Muskulatur sind dem Gipsschädel aufgesetzt. Theos Gesicht lässt sich ansatzweise erkennen.

tionen Messwerte von Weichteildicken der menschlichen Gesichtsmuskeln und der Haut, die er mit denen von His und anderen Wissenschaftlern statistisch auswertete. Doch war die Technik der Gesichtsrekonstruktion um 1900 noch sehr umstritten. Fehlschläge wie die Rekonstruktion eines Erwachsenen auf dem Schädel eines Neandertalerkindes aus der Höhle von Le Moustiers[31] bestätigten die Skeptiker. Die massgebenden Anatomen und Anthropologen bezweifelten, dass die Schädel- und Gesichtsknochen ausschlaggebend sein könnten, um auf das Aussehen des menschlichen Gesichts schliessen zu können.[32]

Erst dem Russen Michail M. Gerassimow (1907–1970) gelang in den 1920er-Jahren die Entwicklung einer glaubwürdigen und plausiblen Methode der Gesichtsrekonstruktion. Sein Verfahren wurde durch verschiedentlich durchgeführte Blindversuche geprüft: Die Ergebnisse wurden mit Fotografien verglichen, die dem Gesichtsrekonstrukteur nicht bekannt waren. Mit über zweihundert rekonstruierten Gesichtern – darunter so prominente wie dasjenige Iwan des Schrecklichen – setzte sich seine Methode als die ‹Russische Methode› in der forensischen Anthropologie durch.[33] Sein Verfahren machte Schule und wurde in der Folgezeit von anderen weiterentwickelt (siehe Infoseite, Seite 64).

Wer eine Gesichtsrekonstruktion schaffen möchte, die auf einem menschlichen Schädel basiert, muss den Schädel als Erstes einer genauen anthropologischen Untersuchung unterziehen. Hatte der Mensch spezielle Merkmale am Kopf? Wie ausgeprägt ist der Knochenbau und somit die Stärke der Muskeln? Wie sahen die Nase und die Lippen aus? Neben diesen Fragen müssen selbstverständlich auch das Alter und das Geschlecht aufgrund der Knochenmerkmale bestimmt werden. Wenn die übrigen Knochen des Skeletts noch vorhanden sind, wie dies bei Theo der Fall war, dann sollten auch sie in die Untersuchung miteinbezogen werden. Theos Sterbealter wurde anfäng-

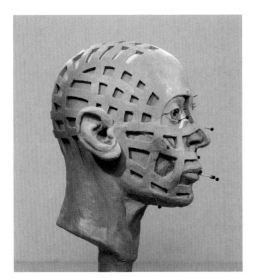

Dem Schädel und der Muskulatur werden schmale Plastilinstreifen entsprechend den Hautdicken gitterartig aufmodelliert.

lich auf etwa 37 Jahre geschätzt. Später jedoch konnte durch weitere naturwissenschaftliche Analysen bestimmt werden, dass er jünger, mit etwa 30 Jahren, gestorben sein musste. Deshalb wurden zwei Varianten von Theos Gesicht geschaffen, eine Version des älteren Theo, mit mehr Falten und einem von Arbeit und Mühsal gezeichneten Ausdruck (Fabian Link), und eine, die Theo als jüngeren Mann darstellt (Gyula Skultéty).

Nachdem wir einen Gipsabguss von Theos Schädel hergestellt haben – eine Rekonstruktion auf einem originalen Schädel kommt aus ethischen Gründen nicht infrage –, wird die Kopie in der sogenannten ‹Frankfurter Horizontalen› auf eine Halterung montiert: Das Ohrloch und die unterste Kante der Augenhöhlenöffnung müssen dabei in einer Horizontalen liegen. Dadurch wird der Schädel in eine Ausrichtung gebracht, die der Kopfhaltung bei aufrechter Körperhaltung entspricht. Insgesamt 29 Punkte am Schädel sind für das Aussehen des Gesichts ausschlaggebend. Diese werden auf dem Gipsabguss aufgezeichnet, eingebohrt und mit Metallstiften versehen. Im Anschluss daran müssen die Stifte auf die Längen zurechtgeschnitten werden, die wir vorher bei der Untersuchung des Schädels als Weichteildicken von Theos Gesicht bestimmt haben. Beim Modellieren des Gesichts richten wir uns nach ihnen; sie helfen uns, keine Fantasiezutaten auf dem Gesicht zu modellieren.

Als Erstes setzen wir die Augen in ihre Höhlen ein, Halbkugeln aus Glas, die auf der Innenfläche wie ein Auge bemalt sind und beim Einsetzen mit weichem Plastilin fixiert werden. Man muss darauf achten, dass die Halbkugeln nicht zu weit vorstehen oder zu tief in den Höhlen liegen, sonst wird das Gesicht später ein unnatürliches Aussehen erhalten. Dann modellieren wir den Nasenknorpel. Dieser wird oberhalb der Nasenöffnung als eine Verlängerung des Nasenknochens angesetzt, unten ergibt sich seine Gestalt aus der Form des Nasenstachels. Ist der Nasenstachel nach unten gerichtet, können wir von einer tropfenförmigen Nase ausgehen. Theo hat eine kräftige Nase, die leicht nach unten zeigt.

Nun formen wir die ersten Muskeln im Gesicht, zunächst die hinteren Nackenmuskeln. Ihre Ansatzstellen sind deutlich am Hinterkopf zu sehen. Eng verbunden mit ihnen sind die seitlichen Halsmuskeln, die helfen, den schweren Kopf zu tragen. Die Kaumuskeln, die den Unterkiefer mit dem oberen Schädel verbinden, geben dem Kopf bereits eine gewisse Fülle. Schon bei diesem Schritt werden die Ohren angesetzt, da ihre Ansatzstellen später von den anderen Muskeln verdeckt werden. Um das Ohrloch herum setzen die Knorpel der Ohren an. Auch dies ist deutlich an den Schädelknochen zu erkennen. Die Neigung der Ohren ergibt sich aus der allgemeinen

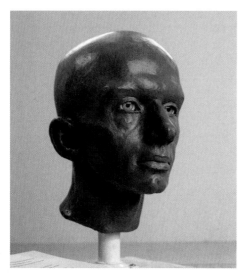

Das aufgetragene Plastilingitter wurde aufgefüllt. Theos Gesicht steht vor seiner Vollendung. Nun muss es noch harmonisch ausgeformt werden.

Theos Plastilingesicht wird abgegossen, und sein Gipskopf wird erstellt.

Richtung, in welche die Gehörgänge im Schädel zeigen, und ist quasi eine Verlängerung derselben.

Als Nächstes legen wir die Augenlider auf die Augen und Augenhöhlen und verbinden sie mit den umliegenden Muskeln. Die vorher angezeichneten Punkte markieren den Öffnungswinkel der Augen. Unten wird nun die Muskulatur des Mundes mitsamt den Lippen geformt. In seinen Grundzügen ist Theos Gesicht bereits erkennbar.

Mit dem Auftragen der Haut erhält der Plastilinkopf nun langsam ein menschliches Gesicht. Kleine Streifen aus Plastilin bilden die Haut auf dem Schädel und den Gesichtsmuskeln. Die schwierigste Aufgabe der gesamten Rekonstruktion ist es nun aber, die Gesichtszüge zu harmonisieren. Das bisher Geformte muss in ein lebendiges menschliches Gesicht verwandelt werden. Erst bei diesem Arbeitsschritt zeigt sich das Können eines Gesichtsrekonstrukteurs.

Wie zuvor vom Schädel stellen wir nun einen Gipsabguss vom fertigen Gesicht her. Dies bewahrt den Kopf vor dem Verfall, denn Plastilin ist nicht für ewige Zeiten haltbar und kann sich unter Umständen auch verformen. Auf den Gipskopf modellieren wir nun eine mögliche Haartracht. Anthropologisch lässt sich diese nicht bestimmen, weshalb wir diese Zutat mittels einer farblich leicht unterschiedlichen Gipsmasse auch deutlich als Hypothese kennzeichnen, die sich von den andern Teilen des Kopfes absetzt.

→

Die vollplastische Gesichtsrekonstruktion zeigt uns in der Gegenwart eine plausible Variante von Theos Aussehen zum Zeitpunkt seines Todes. Seine Freunde und Verwandten, lebten sie noch, würden Theo zweifellos wiedererkennen.

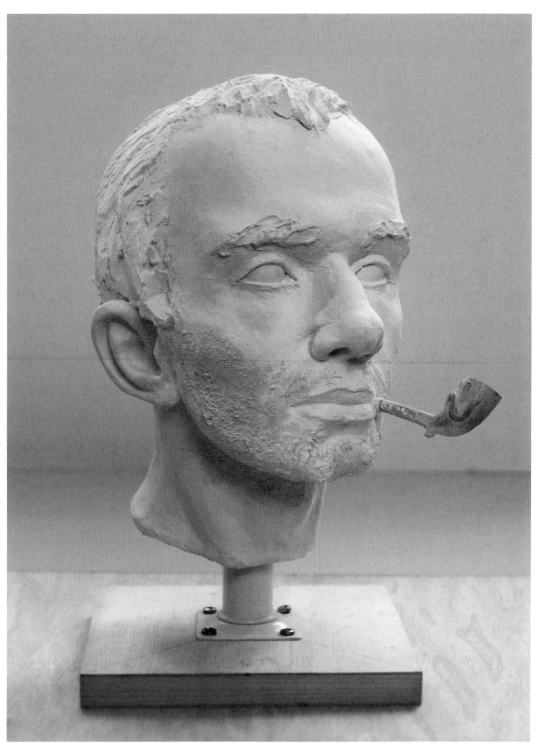

Auf Theos Gipskopf wird nun eine Haartracht modelliert.

Als stünde er vor uns ...

Gerhard Hotz

Was wissen wir über Theo?

Theo wurde mit grosser Wahrscheinlichkeit in der Stadt Basel oder in deren näherer Umgebung geboren. Aufgrund seiner Zähne lässt sich nachweisen, dass er bis zu seinem 14. Lebensjahr in Basel lebte. Über seinen weiteren Verbleib geben die Zähne keine Auskunft, da die Zahnschmelzbildung im 14. Lebensjahr abgeschlossen ist. Theo mag in Basel geblieben oder abgewandert sein. Mit letzter Sicherheit wissen wir, dass Theo am Ende seines kurzen Lebens in Basel verstarb und hier bestattet wurde. Er starb mit einer Wahrscheinlichkeit von 95 Prozent in einem Alter zwischen 28 und 32 Jahren.

Theos Skelett weist auf einen Menschen hin, der, abgesehen von den Stress-phasen in seiner Kindheit und Jugendzeit, nicht nachweisbar von chronischen Krank-heiten geplagt wurde. Nur seine Zähne haben ihm immer wieder Schmerzen bereitet, sie waren stark durch Karies geschädigt oder komplett abgestorben. Zeitweise dürfte sein Immunsystem dadurch geschwächt gewesen sein.

Theo war mit 1,60 Meter Grösse für seine Zeit ein eher klein und grazil gebau-ter Mann, der aber trotzdem anpacken konnte. Sein tägliches Brot dürfte er mit einem Handwerk verdient haben, dessen Ausübung mit einer Spezialisierung der Bewegungs-abläufe verbunden war. Er war also nicht in einer Berufsgattung tätig, die durch sehr viele Bewegungsabläufe geprägt ist, wie dies zum Beispiel bei Tagelöhnern oder Bauern der Fall ist. Eine gewisse körperliche Belastung zeigt sich auch an den leichten arthrotischen Veränderungen der Wirbelsäule, eine degenerative Schädigung, die in jungen Jahren eher selten auftritt. Da seine Ernährung ausgewogen war und auch ein gewisser Fleisch-konsum nachgewiesen werden konnte, zeigt sein Skelett wenig bis keine Anzeichen von Mangelerscheinungen, auch solche nicht, die beispielsweise in Zusammenhang mit Vitamin-C-Mangel auftreten können. Insofern entspricht es nicht dem eines Mannes, der eine entbehrungsreiche Kindheit hatte, wie man es von Mitgliedern einer sozial stark benachteiligten Bevölkerungsgruppen erwarten würde. Aber auch sein starker Tabakkonsum lässt keine gesundheitlichen Schädigungen am Skelett erkennen.

Dass sein Leben nicht stressfrei verlief, zeigen vor allem die mikroskopischen Untersuchungen. Zwischen seinem 1. und 3. Lebensjahr dürfte Theo eine Stressphase durchlebt haben. Hier kommen unterschiedliche Kinderkrankheiten oder eine in dieser Zeit erfolgte Abstillung infrage. Später, zwischen seinem 14. und 18. Lebensjahr, zeich-net sich in den Zahnzementschichten eine weitere Stressphase ab. Auch hier können wir die Ursache nicht benennen, Krankheiten, Hunger und psychische Belastungen kommen neben anderen dafür infrage. Vielleicht ging Theo in dieser Zeit aber auch auf Wanderschaft oder vollzog den Einstieg in ein noch ungewohntes Berufsleben, das mit harter körperlicher Arbeit verbunden war. Zu einem ähnlichen Schluss führen die mik-roskopischen Untersuchungen einer Knochenprobe aus dem Oberschenkel, die für sein 17. bis 21. Lebensjahr mindestens zwei Krisen anzeigen, die möglicherweise mit längerer Fehlernährung oder Hunger in Zusammenhang zu bringen sind.

Diese Knochenuntersuchungen stehen in einem gewissen Widerspruch zu den Dichtemessungen an Theos Armknochen, die auf eine ausgewogene Ernährung und Gesundheit während des Wachstums hinweisen. Die Dichtemessungen ermöglichen Aussagen über den allgemeinen Zustand über die ganze Zeitspanne des Wachstums hinweg, während bei der Probe aus dem Oberschenkelknochen und den Zähnen bestimmte Zeitabschnitte in Theos Leben angesprochen werden. Für die anthropologischen Beurteilungen eines Skeletts muss schlussendlich immer die Gesamtheit aller Untersuchungen berücksichtigt werden, die zum Teil auch widersprüchliche Aussagen beinhalten können. Diese Widersprüchlichkeit lässt sich mit der Komplexität des ‹Bioarchivs menschliches Skelett› erklären.

Verletzungen, wie zum Beispiel eine verheilte Fraktur oder die Spuren anderer körperlicher Gewalteinwirkungen, lassen sich am Skelett nicht feststellen. Wären Weichteile von einer solchen Verletzung betroffen gewesen, liessen sie sich heute nicht mehr erkennen.

Neben den charakteristischen Pfeifenusuren zeigt Theos Gebiss noch eine auffällige Zahnfehlstellung. Die Eckzähne des Oberkiefers wurden zwar vollständig ausgebildet, sind aber nie durchgebrochen, sie liegen vielmehr als sogenannte ‹retinierte› Zähne schief versteckt im Oberkiefer – eine Fehlstellung, die heute bei einem kleinen Teil der Bevölkerung noch vorkommt und vererblich ist.

Theo starb zu jung. Aufgrund seines Gesundheitszustands hätte er durchaus ein hohes Alter erreichen können. Im 19. Jahrhundert lag die durchschnittliche Lebenserwartung für einen 30 Jahre alten Mann bei 49 Jahren. Soweit es sich aufgrund der anthropologischen Daten sagen lässt, war Theo in den Jahren vor seinem Tod ein gesunder und gut ernährter Mann. Als Todesursache kommt zum Beispiel eine Infektionskrankheit infrage, deren schneller Verlauf keine erkennbaren Spuren am Skelett hinterliess. Vielleicht war der Typhus für sein frühzeitiges Hinscheiden verantwortlich. Ebenso muss ein gewaltsamer Tod infolge äusserer Gewalteinwirkung in Betracht gezogen werden. Verletzungen der Weichteile können an einem Skelett nicht nachgewiesen werden.

1 Marcus 1996; Grupe et al. 2005.
2 Schultz 2001.
3 Schultz 2001.
4 Schultz 2001.
5 Im Kollagen von Menschen und höheren Säugetieren kommt es zu einer systematischen Anreicherung des schweren Isotops ^{13}C relativ zur Nahrung.
6 Knüsel 2000; Pearson/Lieberman 2004; Ruff 2005; Ruff et al. 2006.
7 Perréard Lopreno 2007.
8 An dieser Stelle sei dem Direktor Prof. Georg Bongartz und der Technikerin Georgia Ralli herzlich gedankt.
9 Die Scans wurden mit dem medizinischen Bildbearbeitungsprogramm OsiriX® dargestellt.
10 Rosset et al. 2004.
11 Lazenby 2002; Raymond et Pontier 2004.
12 Bonjour et al. 1995.
13 Die Distanz von Theo zu den Referenzgruppen, auch wenn es sich um eine sehr kleine Referenzgruppen von nur zwei bis drei Personen handelt, ist darauf zurückzuführen, dass durch die Zusammensetzung innerhalb der Gruppen Durchschnittswerte für die Asymmetrie ermittelt werden, die tendenziell eine geringere Ausprägung der Asymmetrie zur Folge haben.
14 Turner 2003, S. 170.
15 Daniel Mathys vom Zentrum für Mikroskopie Basel (ZMB) sei für die Probenbearbeitung herzlich gedankt (Probennummer ZMB 2006/40; Gerät REM Philips XL-30 ESEM).
16 Kvaal/Derry 1996, S. 28–30.
17 Ansorge 2007, S. 11.
18 Respinger 1895, S. 13.
19 Handler/Corrucchini 1983, S. 85.
20 Kofmehl et al. 2010.
21 Knipper 2005, S. 602 ff.
22 Tütken et al. 2008, S. 25.
23 Knippers 2001.
24 Hummel 2003.
25 Jobling/Hurles/Tyler-Smith 2004.
26 Behar et al. 2007.
27 Richards et al. 2000.
28 Prag/Neave 1999, S. 14 f.
29 Grüner 1993, S. 29. – Zur Identifikation des Bach'schen Schädels durch His vgl. Ullrich 2004, S. 19–26.
30 Gerassimow 1968, S. 9; vgl. Prag/Neave 1999, S. 16.
31 Prag/Neave 1999, S. 16 f.
32 Gerassimow 1968, S. 12 f.
33 Prag/Neave 1999, S. 17.

Identifizierung

Die Suche nach Theo

Von 4334 Namen zu 12 Kandidaten

Gerhard Hotz

Am 5. Oktober 1779 vermerkte Pfarrer Johann Franz Gengenbach im Beerdigungsregister der Theodorskirche im Eintrag Nr. 71 zu Anna Hüsser-Würt von Mülhausen: «das ist die Erste, welche auf dem neuen Gottsacker oben am Kirchgässli ist begraben worden». Zuvor war, wie es der Vertrag zwischen der Obrigkeit und Remigius Merian vorsah, nach Einfuhr der letzten Weinernte sein ehemaliger Rebacker in einen Gottesacker umgewandelt worden. 53 Jahre lang sollte nun mit Unterbrechungen auf dem Merianschen Gottesacker bestattet werden. Der neu eingeweihte Friedhof, der vis-à-vis der Kirche lag, entlastete mit seinen insgesamt 440 Gräbern den alten Kirchhof.

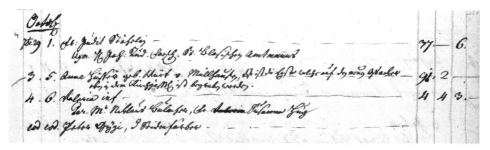

Beerdigungsregister der Theodorskirche, Eintrag vom 5. Oktober 1779: Anna Hüsser-Würt war die Erste, die auf dem neu eröffneten Merianschen Gottesacker beigesetzt wurde. Sie starb im hohen Alter von 96 Jahren.

53 Jahre später, am 11. Mai 1833, wurde der neue Gottesacker vor dem Riehentor feierlich mit einem Begräbnis eröffnet. Der 2-jährige Knabe Johann Wilhelm Gosswiller, des Handlungscommis Sohn, fand dort seine letzte Ruhestätte. Der Pfarrer vermerkte unter der Nr. 38: «Der erste, der auf dem neuen Gottesacker seine Ruhestätte empfangen hat». Eigentlich hatte die Pfarrgemeinde vorgehabt, den neuen Gottesacker bereits Ende April zu eröffnen, aber das am 27. April 1833 verstorbene Knäblein David Andreas Gottlieb Hindermann, der Sohn des Färbers, war katholischen Glaubens, und man wollte den Friedhof nicht mit einer konfessionsfremden Bestattung eröffnen. So wartete man zu.

Die Bestattungsplätze um St. Theodor. Pink ist der Merianische Gottesacker eingefärbt, grün der Kirchhof und gelb die weiteren Ersatzfriedhöfe. Ausschnitt aus dem Vogelschauplan des Matthäus Merian. Stich, 1617.

Zwischen dem 5. Oktober 1779 und dem 27. April 1833 verstarben in Kleinbasel 4334 Personen, die alle fein säuberlich mit Sterbealter und Herkunft im Beerdigungsregister aufgelistet sind. Einer von ihnen musste Theo sein. Leider fehlt im Register bei den gestorbenen Personen (abgesehen von den oben Erwähnten) der Vermerk, auf welchem der insgesamt sechs Bestattungsplätze in und um die Theodorskirche sie beigesetzt wurden.[1]

Hätte der Pfarrer oder der Sigrist jeweils den Bestattungsplatz erwähnt, wäre zweihundert Jahre später der Versuch, Theo zu identifizieren, wesentlich einfacher gewesen. So kamen aber zunächst alle 4334 Personen infrage, und von allen musste der Name, das Geschlecht, das Sterbealter und die Herkunft digital erfasst werden. In Albert und Karin Schweizer fanden wir hierfür kompetente Kooperationspartner für das Projekt. Die Schweizers hatten bereits in zehnjähriger Forschungsarbeit über hunderttausend Namen historischer Personen aus dem Kanton Basel aus der Zeit von 1600 bis 1850 in ihre ‹Datenbank historischer Personennamen› aufgenommen und dabei, soweit es möglich war, die familiären Verknüpfungen berücksichtigt. Nun ergänzten sie ihre Daten um die 4334 Personen einschliesslich aller Angaben aus dem Beerdigungsregister. Mit Unterstützung dieser Datenbank erreichte das Projekt der Identifizierung Theos eine neue Qualitätsstufe.

Die drei Grundpfeiler der Identifizierung

Um Theo identifizieren zu können, sind drei Grundinformationen von entscheidender Bedeutung: das Geschlecht von Theo, sein Sterbealter und der Zeitpunkt seiner Beisetzung. Je genauer diese drei Punkte bestimmt werden können, desto grösser ist die Chance, Theo zu identifizieren. Theos Geschlecht konnte mit hundertprozentiger Sicherheit anthropologisch festgestellt werden, wodurch 2265 Frauen und Mädchen von der Identifizierungsliste (ID-Liste) gestrichen werden konnten. 2069 Männer und Knaben blieben im Fokus. Diese reduzierte Liste hatte aber immer noch ein grosses Kürzungspotenzial.

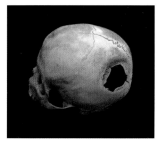

Schädel einer Wasserleiche mit typischen Abschliffspuren am Hinterkopf. Basel, Ende des 19. Jahrhunderts.

Das Sterbealter ist eine zentrale und leider problematische Grösse. Zu Beginn des Projekts wurde Theos Sterbealter auf ungefähr 37 Jahre geschätzt. Aufgrund von weiteren anthropologischen Untersuchungen wurde die Schätzung um 7 Jahre auf ein ungefähres Sterbealter von 30 Jahren korrigiert. Bei anthropologischen Sterbealtersschätzungen muss immer eine gewisse Altersspanne berücksichtigt werden, da sie zwangsläufig mit einer gewissen Unsicherheit behaftet sind. Aufgrund dieser Altersvorgabe wurden alle Männer und Knaben, die jünger als 21 oder älter als 49 Jahre alt waren, ausgeschlossen. Dies waren 1748 Personen, womit noch 321 Kandidaten verblieben. Aber nicht nur bei anthropologischen Schätzungen ist ein gewisser Unsicherheitsfaktor einzukalkulieren, auch die vom Pfarrer im Register notierten Sterbealter sind mit Vorsicht zu handhaben. Viele Personen kannten damals ihr Alter nur in einer ungefähren Grössenordnung. Aus diesem Grund war es notwendig, bei den nun noch 321 Anwärtern für die Identität Theos, das Geburtsdatum aus den entsprechenden Taufregistern herauszusuchen, um das Sterbealter zu überprüfen. Die Geburtsdatenverifikation musste mit grosser Sorgfalt durchgeführt werden, da bei jeder einzelnen historischen Person auch die Familienzugehörigkeit gewährleistet sein musste. Die Überprüfung ergab Altersabweichungen von bis zu zehn Jahren. Die Liste der 321 Kandidaten konnte nun weiter reduziert werden: Es wurden nun nur noch Männer berücksichtigt, deren Sterbealter dem von Theo mit ungefähr 30 Jahren in etwa entsprach. 187 Männer, die jünger als mit 26 oder älter als mit 34 Jahren verstorben waren, wurden so ausgeschlossen. Auf der Identifizierungsliste, die Grundlage für alle weiteren Untersuchungen, verblieben damit noch 134 Namen.

Aber noch von anderer Seite ergaben sich für das Identifizierungsvorhaben Schwierigkeiten. Das Beerdigungsregister verzeichnet zwei Einträge von anonymen ertrunkenen Personen. Die eine von ihnen wurde am 31. Juli 1818 als «ein im Rhein tot aufgefundener Körper» ohne Angaben eines Namens oder des Sterbealters vermerkt. Sollte dies (oder die andere ertrunkene Person) zufälligerweise unser Theo gewesen sein, so bestünde keine Chance, ihn zu identifizieren. Da aber der Schädel von Theo nicht die für Wasserleichen typischen Abschliffspuren aufweist, ist die Chance einer Übereinstimmung sehr gering.

Mit fortschreitenden Forschungen zu Theo konnten neue Erkenntnisse zur Bestattungsfrequenz auf den Kleinbasler Friedhöfen und auf dem Merianschen Gottesacker gewonnen werden. Unterschiedliche Quellen geben Hinweise darauf, dass Theo nicht vor 1814 beerdigt worden sein kann. Ebenso ist eine Bestattung Theos gegen Ende der Benutzungszeit des kleinen Gottesackers unwahrscheinlich. Die Quellen legen einen wahrscheinlichen Bestattungszeitraum zwischen 1814 und 1824 nahe. Mit diesen Erkenntnissen reduzierte sich die Zahl der Anwärter auf der Identifizierungsliste von 134 auf 25 verbleibende Kandidaten, die alle im Alter zwischen 26 und 34 Jahren verstarben.

Vorname	Name	Alter	Geburtsjahr	Beruf
Jakob	Walliser	26	1795	Vater: Schreiner
Johann	Burkhart	26	1788	unbekannt
Ulrich	Fiechter	26	1790	Grenadier der Kompanie Donatz
Franz Georg	Perrot	26	1793	Handelscommis
Jakob	Roth	26	1794	Handelscommis
Johann	Storrer	26	1798	unbekannt
Alexander	Mendi	27	1787	Maler
Jakob	Hediger	27	1789	Fabrikarbeiter
Johann	Riedtmann	28	1787	Schlosser
Niklaus	Lang	28	1794	Handelscommis
Johann Jakob	Ecklin	28	1795	Handelsmann
Peter	Kestenholz	29	1789	Pfannenflicker
Johann	Merian	30	1784	Vater: Seiler
Friedrich	Wohnlich	31	1783	Weissbäcker
Achilles	Itin	31	1786	Vater: Stadtsoldat
Johann	Bieler	32	1781	Vater: Metzger
Johann Jakob	Gessler	32	1782	Weissgerber
Johann Jakob	Schmid	33	1782	Mühlenmacher
Johann Heinrich	Hunziker	33	1784	Hauptmann in franz. Diensten
Christian Friedrich	Bender	33	1784	Glasermeister
Johann Jakob	Stockmeyer	33	1788	Diacon von St. Theodor
Valentin	Kunz	33	1789	Seifensieder
Rudolf	Plattner	34	1780	unbekannt
Jakob Friedrich	Siegrist	34	1787	Fabrikarbeiter
Johann	Schicklin	34	1789	unbekannt

Die 25 im Alter von 26 bis 34 Jahren verstorbenen Theo-Kandidaten, geordnet nach ihrem Sterbealter (die Altersangabe ist gerundet).

In ihrer ‹Wahrscheinlichkeitsdatenbank› berücksichtigen die Schweizers für jeden dieser Kandidaten die Grundmerkmale wie das Geschlecht, das Sterbealter und den Bestattungszeitpunkt. Beim Geschlecht etwa beträgt die Wahrscheinlichkeit für einen Mann, Theo zu sein 100 Prozent, für eine Frau liegt sie bei 0 Prozent. Die Spannbreite der anthropologischen Sterbealtersschätzung von 26 bis 34 Jahren kann als kontinuierliche Wahrscheinlichkeitsverteilung (Gauss'sche Glockenkurve) ausgedrückt werden. Je höher die Verlässlichkeit der Sterbealtersschätzung, desto kleiner ist die zu berücksichtigende Spannbreite des Altersbereichs. Mit der Berücksichtigung der drei beschriebenen Grundinformationen ist aber noch nicht das ganze Informationspotenzial der natur- und geisteswissenschaftlichen Forschung genutzt.

Anatomie und Beruf – weitere Informationsquellen

Zusätzliche Informationen konnten aufgrund der anthropologischen Untersuchungen von Geneviève Perréard (siehe Seite 51) in die Wahrscheinlichkeitsdatenbank einfliessen. Diese Untersuchungen haben gezeigt, dass Theo wahrscheinlich einen handwerklichen Beruf mit einer gewissen körperlichen Belastung ausgeübt hat. Allen Personen, die in solchen Berufen tätig waren, wird nun beim entsprechenden Berufsmerkmal eine geringfügig höhere Wahrscheinlichkeit zugewiesen. Hier müssen allerdings zwei begrenzende Faktoren berücksichtigt werden: Erstens kennen wir nicht bei allen Kandidaten den Beruf, und zweitens konnte der Beruf auch gewechselt werden, ohne dass dies aktenkundig wurde. Das Gleiche gilt für den Geburtsort. Ist Basel oder die nähere Region als Geburtsort des Anwärters nachgewiesen, so erhöht sich für ihn die Wahrscheinlichkeit, Theo zu sein, geringfügig.

Weitere Überlegungen, die zu einer zusätzlichen Priorisierung innerhalb der ID-Liste führten, basieren auf der Erkenntnis, dass Theo ein leidenschaftlicher Raucher war, der seine Pfeife, ob heiss oder kalt, selten aus dem Mund nahm. Diese jahrelange Praxis hat die auffälligen Löcher in sein Gebiss geschliffen. Bestimmte Berufe lassen sich nun aber nicht mit dieser unübersehbaren Gewohnheit vereinbaren. Beschäftigten in der Textil- und Holz verarbeitenden Branche etwa war das Rauchen strikt verboten. Obwohl natürlich auch trotz Verbot geraucht wurde, ist es doch gerechtfertigt, die Wahrscheinlichkeit, Theo zu sein, für einen Kandidaten, der einen solchen Beruf ausgeübt hat, geringfügig (um 10 Prozent) zu reduzieren. Für Angehörige von Berufen wie Gerber, Färber und Metzger, die bekannterweise mit geruchsintensiven Materialien oder Substanzen arbeiteten, erhöht sich dagegen die Wahrscheinlichkeit. Bei den Metzgern ist hier aber Vorsicht geboten. Ihnen war das Rauchen in den öffentlichen ‹Scholen› (den gemeinsamen Marktstellen der Metzger) streng verboten, was sie aber nicht davon abhielt, es trotzdem zu tun. So wurde am 25. Januar 1781 ein gewisser Jakob beim Metzger Peter Bieler mit 15 Schilling für wiederholtes Rauchen gebüsst.[2] Interessanterweise ist Peter Bieler der Vater des Theo-Anwärters Johann Bieler (Theo-Kandidat Nr. 12), und bei Jakob dürfte es sich um dessen 19 Jahre älteren Bruder handeln.

Diese und andere Parameter, die hier nicht im Einzelnen aufgezählt werden können, erhöhen oder verringern die Wahrscheinlichkeit eines Anwärters, Theo zu sein – allerdings, wie oben ausgeführt, nur in geringem Masse. Bestimmend bleiben die eingangs erwähnten drei Grundfaktoren: Geschlecht, Sterbealter und Bestattungszeitraum. In der Wahrscheinlichkeitsdatenbank können fortlaufend die neuen Forschungsergebnisse berücksichtigt werden, wodurch die Wahrscheinlichkeiten einzelner Merkmale ständig dem aktuellen Wissensstand angepasst sind.

Die Wahrscheinlichkeiten aller Merkmale werden zusammengefasst, wobei sicher zu bestimmende Merkmale deutlich höher gewichtet werden als unsichere Merkmale. Jedem der 25 Theo-Kandidaten wird also eine bestimmte ‹Gesamtwahrscheinlichkeit›, Theo zu sein, zugewiesen. Bei vielen ist diese Wahrscheinlichkeit sehr gering. In der folgenden Liste der ersten 12 Kandidaten beträgt die Wahrscheinlichkeit, dass sich Theo unter ihnen befindet, 96 Prozent. Die Liste mit 25 Namen wurde also um 13 Personen reduziert, da diese Gruppe nur mit einer Wahrscheinlichkeit von 4 Prozent Theo enthält.

ID-Nr	Vorname	Name	Alter	Geburtsjahr	Beruf
1	Christian Friedrich	Bender	33	1784	Glasermeister
2	Achilles	Itin	31	1786	Vater: Stadtsoldat
3	Peter	Kestenholz	29	1789	Pfannenflicker
4	Johann Jakob	Gessler	32	1782	Weissgerber
5	Johann	Merian	30	1784	Vater: Seiler
6	Niklaus	Lang	28	1794	Handelscommis
7	Johann Jakob	Schmid	33	1782	Mühlenmacher
8	Valentin	Kunz	33	1789	Seifensieder
9	Franz Georg	Perrot	26	1793	Handelscommis
10	Friedrich	Wohnlich	31	1783	Weissbäcker
11	Jakob	Hediger	27	1789	Fabrikarbeiter
12	Johann	Bieler	32	1781	Vater: Metzger

Rangliste der 12 Theo-Kandidaten.

Aus rein zeitökonomischen Gründen wurden die arbeitsintensiven Personen- und Familienrecherchen auf diese 12 Kandidaten beschränkt. In den unterschiedlichsten Archiven wurde nun nach Spuren dieser 12 Männer gesucht. Jede noch so kleine Fährte wurde weiterverfolgt. Dabei weiteten sich die Nachforschungen auf die ganze Schweiz, das Elsass, Deutschland und sogar bis nach Argentinien aus. In monatelanger akribischer Arbeit konnten zu jedem der 12 Kandidaten weitere Lebensspuren in den Archiven gefunden werden, aber auch zu ihren Nachfahren wurden wir fündig. Nur dank der grossartigen Unterstützung durch die ehrenamtlichen Projektmitarbeitenden konnten diese zielgerichteten Personen- und Familienrecherchen erfolgreich durchgeführt werden.

Theos Nachfahren

Marina Zulauf, Beat Stadler, Ursula Fink und Diana Gysin

Die Aufgabe des Genealogenteams bestand darin, die 12 Theo-Kandidaten und ihre Familien zu erforschen, mit dem Ziel, noch lebende Nachfahren der 12 Kandidaten zu finden. Die Nachforschungen mussten aufgrund der Ergebnisse zur mitochondrialen DNA über die weibliche Linie erfolgen, also von der Mutter zur Tochter zur Enkelin. Für dieses anspruchsvolle Unterfangen benötigte man alle Personenangaben über den jeweiligen Theo-Kandidaten sowie über seine Eltern und Geschwister. Eine wichtige Rolle spielte auch der Bürgerort der Kandidaten, weil nur dort die Familienregister aufbewahrt werden. Informationen zu Gross- oder Urgrosseltern und Nachfahren waren eine zusätzliche Hilfe.

Taufeintrag von Maria Sara Itin, der jüngsten Schwester von Achilles Itin, im Kirchenbuch von St. Theodor vom 15. August 1835 mit dem Zusatzvermerk «Beruf des Vaters: Stadtsoldat».

Familienforschung – Detektivarbeit im Staatsarchiv

Die Familienangaben, die seitens der ‹Datenbank historischer Personennamen› vorlagen, wurden zunächst kontrolliert. Dies geschah vor allem in den Staatsarchiven Basel-Stadt und Baselland. Je nach Quellenlage wurde mit den originalen oder mit mikroverfilmten Dokumenten gearbeitet. Das Herz eines Familienforschers schlägt aber höher, wenn er mit den alten Registern arbeiten kann. Da jede Nutzung der Dokumente mit einer Belastung derselben einhergeht, ist ein sorgfältiger Umgang mit den wertvollen Akten von grosser Bedeutung.

Die Kontrolle begann immer bei den Eltern und wurde bei den Geschwistern fortgesetzt. Alle Taufeinträge wurden herausgesucht und gelesen, da sie interessante Details zu den einzelnen Personen enthalten konnten. War ein Säugling oder Kleinkind verstorben, so vermerkte der Pfarrer oft das Todesdatum im Taufbuch. Da aber bei jugendlichen oder erwachsenen Personen das Todesdatum selten im Taufbuch festgehalten wurde, mussten in einem nächsten Schritt die Konfirmationslisten der einzelnen Kirchgemeinden in Basel oder der verschiedenen Ortschaften im Baselbiet geprüft werden. In der Regel fand sich, ausgehend vom Geburtsdatum, ungefähr sechzehn Jahre später ein Vermerk zur Konfirmation der gesuchten Person. Damit konnte die Suche weitergehen.

Wichtige Hilfsmittel befinden sich im ‹Genealogen-Saal› des Staatsarchivs Basel-Stadt: eine umfangreiche Kartei und die sogenannten ‹grossen schwarzen Bücher›. Kartei und Bücher geben vor allem Auskunft über Eheschliessungen, aber auch über Taufen und Bestattungen. Mit den Karteikarten und den Büchern lassen sich die Nachfahren einer Familie einfacher finden als über die vielen verschiedenen Heirats- und Taufregister. Zudem sind auf der Rückseite der ‹Ehekarte› des Mannes seine eventuellen Kinder vermerkt. Auch diese Angaben mussten Punkt für Punkt anhand der entsprechenden Kirchenbücher kontrolliert werden, weil immer wieder falsche Daten vermerkt wurden, die die Nachforschungen hätten in die Irre führen können. Erschwert wurden die Recherchen zudem durch die Tradition der Weitergabe des väterlichen Vornamens an den ältesten Sohn. Wertvolle Dienste leistete ein in der Bibliothek der Genealogisch-Heraldischen Gesellschaft der Regio Basel aufbewahrtes Verzeichnis, in welchem fast alle in Basel und Umgebung zwischen 1730 und 1819 geschlossenen Ehen aufgeführt sind.

Um alle Kinder einer Familie zu finden, mussten auch im Staatsarchiv Basel-land die Taufbücher sorgfältig durchgesehen werden. Meistens wurde man schon ein bis zwei Monate nach der Eheschliessung fündig. Familienblätter sind in einzelnen Ortschaften im Baselbiet schon früh vom Pfarrer erstellt worden, teilweise bereits ab 1770. Auch eine eventuelle zweite Ehe des Mannes wurde darauf eingetragen. Zudem sind alle Kinder der Eheleute notiert. Im Glücksfall befindet sich bei den verheirateten Töchtern ein Vermerk zum Namen des Ehemannes. In der Regel wird aber nur bei den Söhnen der Name der Braut erwähnt oder eine Seitenzahl, die auf das neue Familien-blatt verweist.

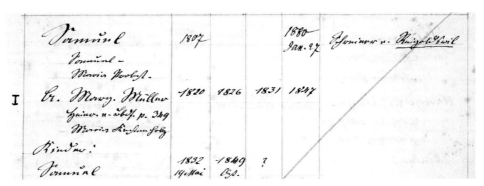

Familienblatt aus dem Familienregister Bubendorf. Eintrag der Ehe von Samuel Bürgin und Anna Margaretha Müller, der Nichte von Peter Kestenholz, im Jahr 1831, Reigoldswil.

Von der Mutter über die Tochter zur Enkelin

Den Genealogen oblag es nun, zu allen 12 Theo-Kandidaten noch lebende Nachfahren aufzuspüren. Mittels eines DNA-Abgleichs liesse sich dann zweifelsfrei feststellen, ob einer der potenziellen Nachfahren Theos mit diesem wirklich verwandt ist. Wie bereits im Beitrag ‹Molekulargenetisches Profil› auf Seite 66 dargestellt, konnte aus zwei Backenzähnen Theos die mitochondriale DNA extrahiert werden. Eine Besonderheit dieser DNA liegt darin, dass sie durch Ver-erbung von der Mutter an ihre Kinder weiter-gegeben wird, von denen aber wiederum nur die Töchter in der Lage sind, sie der nächs-ten Generation zu vererben. 5 der 12 Theo-Kandidaten haben geheiratet und hatten Kinder. Diese direkten Nachfahren konnten aber für unsere Recherche nicht berücksich-tigt werden, da die (männlichen) Theo-Kandidaten ihre mitochondriale DNA nicht ihren Kindern weitergeben konnten. Aus diesem Grund musste sich die Suche nach heute noch lebenden Nachfahren von Theo auf die weibliche Linie konzentrieren – eine der schwierigsten Aufgaben, die einem Genealogen gestellt werden kann, denn mit jeder Generation ändert sich durch die Heirat der Name der Frau und meistens auch der Heimatort. Mit jedem Generationenwechsel beginnt die Suche wieder von vorne. Bei den Nachforschungen zu den 12 Theo-Kandidaten, die über sechs bis acht Generationen geführt wurden, mussten schliesslich fast achtzig neue Familiennamen berücksichtigt werden.

Die Suche begann also immer bei den Schwestern der Theo-Kandidaten. Hatten wir nun bei einem Kandidaten seine weiblichen Verwandten gefunden, kam es vor, dass nach der vierten Generation keine weiteren weiblichen oder männlichen Nachfahren ermittelt werden konnten und die Linie abbrach. Manchmal brach die weibliche Linie ab, und es gab nur männliche Nachkommen, die wir aus den erwähnten Gründen nicht weiterverfolgten. Häufig starben die weiblichen Nachfahren bereits als Kinder, oder sie blieben ledig. Mitunter fanden wir uneheliche Kinder, die dann meistens auch wieder uneheliche Kinder zur Welt brachten; die Überlebenschance dieser Kinder war sehr gering. Die Kindersterblichkeit war im Allgemeinen sehr hoch. Im 19. Jahrhundert starb ein Viertel der Kinder vor der Vollendung des ersten Lebensjahres, und die Hälfte aller Kinder erlebte ihren fünften Geburtstag nicht. So starben zum Beispiel elf der siebzehn Geschwister von Peter Kestenholz (Theo-Kandidat Nr. 3) noch im Kindesalter.

Wenn die Nachforschungen zu den Schwestern der Theo-Kandidaten ergebnislos blieben oder die weiblichen Linien abbrachen, mussten wir uns den Schwestern der Mutter unseres Kandidaten, also dessen Tanten, zuwenden. Die Familien erforschende Tätigkeit begann wieder von vorne. Führte auch dieser Ansatz zu keinem Ergebnis, so blieben als letzte Hoffnung die Schwestern der Grossmutter, also Theos Grosstanten mütterlicherseits. Bei sechs Kandidaten musste in dieser Weise recherchiert werden. Die Nachforschungen führten bis nach Südamerika, zur Familie Gideon Spitteler und Lidia Bürgin aus Oberdorf / BL, Verwandte des Kandidaten Nr. 3, Peter Kestenholz. Die Familie war 1864 mit zwei kleinen Kindern nach Argentinien ausgewandert. In den Büchern und Akten im Staatsarchiv Baselland konnten nähere Einzelheiten gefunden werden. Fünf weitere Kinder, die in den neu gegründeten schweizerischen Niederlassungen Baradero, Esperanza und San Carlos in Argentinien geboren wurden, konnten ausfindig gemacht werden, ebenso Angaben zu Heirat und Tod derselben. In San Jeronimo (Provinz Santa Fe, Puerto Gaboto) lebt heute noch ein Nachfahre der männlichen Linie, der Ururururururgrossneffe von Peter Kestenholz; die Recherchen sind noch nicht abgeschlossen.

Eine genealogische Suche erweckt Namen und Daten zum Leben. Wir nehmen teil an dem oft kurzen Erdendasein der Menschen, an ihren glücklichen Momenten und auch an den Tragödien. So erfahren wir zum Beispiel das tragische Ende der Familie des Kandidaten Nr. 9, Franz Georg Perrot. Dessen Familienangehörige starben zwischen dem 22. November 1819 (sein Bruder Jakob Friedrich) und dem 1. März 1820 (der zweite Bruder Carl Ludwig). Der Kandidat selbst starb am 17. Dezember 1819, am gleichen Tag wie seine 15-jährige Schwester Juliane. Der Vater, ein Handelsmann aus Biel, folgte ihnen am 16. Februar 1820. So starben fünf Mitglieder und damit die ganze Familie innerhalb von etwas mehr als drei Monaten aus (die Mutter war bereits vor 1820 gestorben).

Mit den genealogischen Nachforschungen wurden die Spuren der Nachfahren der 12 Theo-Kandidaten bis fast in die Gegenwart verfolgt. Bei einzelnen Kandidaten konnten die Nachfahren fast lückenlos ermittelt werden, bei anderen brachen die weiblichen Linien bereits früh ab. So verstarb zum Beispiel 1985 der 1904 geborene Max Wüthrich, Nachfahre des Theo-Kandidaten Achilles Itin (Theo-Kandidat Nr. 2) in der fünften Generation. Sein Grab wurde 2008 auf dem Basler Friedhof Hörnli aufgehoben. Max Wüthrich war unverheiratet und hatte keine Nachfahren. Am 10. März 2010 wurden der Presse die 12er-Kandidatenliste, sowie 15 Namen potenzieller Nachfahren von Theo mitgeteilt. Die Nachfahren waren alle zwischen 1890 und 1910 geboren und in der Regel zwischen 1950 und 1980 verstorben.

Vorname	Name	Geburts- und Sterbejahr	Ort
Otto	Brogli	1887–1924	Mühlhausen
Adelheid	Bürgin	1875–?	Frankfurt/Montreux
Emma	Catelli-Sacher	1896–1972	Sissach
Bertha	Cavaignac-Spitteler	1874–1948	Argentinien
Albert	Erni	1880–1955	Rothenfluh
Maria	Erni	1886–1964	Rothenfluh
Frieda	Sacher	1902–1979	Gelterkinden
Rosa	Sacher	1894–1965	Gelterkinden
Heinrich	Senn	1887–1949	Basel
Johannes	Senn	1883–1960	Basel
W. Eugen	Spitteler	1866–1937	Baradero, Argentinien
W. Theophil	Spitteler-Zocu	1870–1927	San Carlos, Argentinien
Adolf	Wirz	1907–1984	Basel
Karl	Wüthrich	1906–1984	Basel
Max	Wüthrich	1904–1985	Basel

Nachfahrenliste der Theo-Kandidaten.

Die Hoffnung war nun, dass noch lebende Nachfahren auf diesen durch die Medien publizierten Listen einen Verwandten erkennen würden. Einmal mehr berichteten Fernsehen, Rundfunk und Printmedien ausführlich und über die Landesgrenzen hinaus über die Suche nach Nachfahren von Theo. Insgesamt 20 potenzielle Nachkommen meldeten sich in der Folge. Es handelte sich bei den meisten von ihnen tatsächlich um Nachfahren der Theo-Kandidaten. Dies konnte aufgrund der Stammbäume zweifelsfrei nachgewiesen werden. Leider waren es durchwegs Nachfahren der männlichen Linie, die darum nicht Träger des mitochondrialen DNA-Segments von Theo waren. Daher konnte bisher kein DNA-Abgleich durchgeführt werden. Die Hoffnung bleibt aber bestehen, dass noch lebende Nachfahren der weiblichen Linie gefunden werden, deren DNA mit derjenigen von Theo verglichen werden kann. Leserinnen und Leser, die in der Nachfahrenliste oben oder in der Kandidatenliste auf Seite 82 einen Vorfahren entdecken, mögen bitte mit dem Projektleiter Kontakt aufnehmen.

1 Von den 4334 im Beerdigungsregister verzeichneten Toten wurden 86 nicht in Kleinbasel beerdigt. Die korrekte Zahl von 4248 Person als Gesamtpool für Theo wird im Folgenden aber nicht weiter vermerkt, da sonst wegen der aus früheren

Publikationen bekannten Gesamtzahl von 4334 Personen Verwirrung entstehen könnte.

2 StABS Zunftarchive Metzgern 10. Protokoll III (1771–1781).

Wer war Theo?

Gerhard Hotz, Albert Spycher-Gautschi, Rolf Hopf, Philipp Senn, Beat Stadler und Marina Zulauf

In fast dreijähriger Forschungsarbeit konnte der Personenkreis um Theo von 4334 Anwärtern auf 12 Kandidaten reduziert werden. Von diesen weisen die 3 Topkandidaten Christian Friedrich Bender, Achilles Itin und Peter Kestenholz die höchste Wahrscheinlichkeit auf, mit Theo identisch zu sein. Diese drei Männer stimmen in den meisten Punkten mit dem von Theo erstellten Profil überein.

Die folgenden Lebensläufe und Beschreibungen der familiären Umfelder der 3 Topkandidaten für Theos Identität beruhen einerseits auf gezielten Personenrecherchen ehrenamtlicher Mitarbeiter, die mit der Namensliste der 12 Kandidaten gezielt in verschiedenen Archiven recherchierten. Andererseits sind sie das Ergebnis aufwändiger genealogischer und berufsspezifischer Nachforschungen. Die Erkenntnisse beruhen also auf Dokumenten, die immer in direktem Zusammenhang mit den Kandidaten stehen. Es ist ein grosses Glück, dass so viele Dokumente in den Archiven gefunden werden konnten. Das Leben der 3 Topkandidaten wird in unterschiedlicher Ausführlichkeit beschrieben. Hier spielt der Zufall der Überlieferung – die Quellenlage und der Erhaltungszustand der Dokumente – eine massgebliche Rolle. Im Unterschied zu den anderen Kapiteln werden in diesem Beitrag alle Quellen angegeben.

Theo hiess mit grosser Wahrscheinlichkeit mit bürgerlichem Namen Christian Friedrich Bender, Achilles Itin oder Peter Kestenholz. Die sichere Identifikation eines der 3 Topkandidaten als Theo war uns leider nicht vergönnt. Bei keinem von ihnen konnten über die weibliche Linie lebende Nachfahren gefunden werden. Die abschliessende Beweisführung, bei der die über eine Speichelprobe gewonnene DNA eines noch lebenden Nachfahren mit der DNA von Theo hätte abgeglichen werden können, konnte deshalb nicht erfolgen. Die Frage der Identifikation muss also offen bleiben. Wir lassen dem Leser die Wahl. Als Entscheidungsgrundlage geben wir ihm zusätzlich zu den anthropologisch erarbeiteteten Informationen zu Theos Lebenskonditionen (siehe Beitrag auf Seite 74) im Folgenden die Lebensläufe und die Beschreibung der familiären Situation der 3 Topkandidaten an die Hand.

Die drei Lebensläufe zeichnet eine Gemeinsamkeit aus: Die Kandidaten haben alle einen ‹Migrationshintergrund›, der auf das Wohlstandsgefälle zwischen Stadt und Land hinweist. Der Elsässer Christian Friedrich Bender liess sich als Erwachsener in Basel nieder. Der Vater von Achilles Itin zog von Buckten nach Basel, wo Achilles 1786 geboren wurde. Peter Kestenholz kam als Kind mit seiner Familie aus Bubendorf nach Basel. Zu jener Zeit suchten viele Menschen ihr Glück in der Stadt, da sie sich dort eine bessere wirtschaftliche Zukunft erhofften. Zwar blieben die meisten von ihnen auch in Basel arm und waren auf Unterstützung angewiesen, aber oft war ein solches Leben in der Stadt immer noch besser als das Leben auf dem Land. Die Behörden bemühten sich derweil, die Zuwanderung zu begrenzen. Von den drei Kandidaten schaffte es nur der gelernte Handwerker Bender, sich in Basel eine solide Existenz aufzubauen.

Bemerkenswert ist, dass zwei der 3 Topkandidaten durch Selbstmord aus dem Leben schieden. Selbstmord war im 19. Jahrhundert ein Vergehen und wurde gesellschaftlich geächtet. Selbstmörder wurden in der Regel an gesonderten Stellen beigesetzt, in Basel geschah dies auf dem Elisabethenfriedhof. Im ersten Drittel des 19. Jahrhunderts wurde diese Regelung aufgeweicht (siehe Abschnitt ‹Sonderbestattungen› auf Seite 214), und Selbstmörder wurden auf den regulären Friedhöfen beerdigt, wenn auch in aller Stille. Mitte des 19. Jahrhunderts wurde dieser veränderte Umgang mit Selbstmördern dann auch juristisch geregelt. Christian Friedrich Bender, dessen Selbstmord man im Zusammenhang mit seiner Schwermut beurteilte, wurde unserer Meinung nach in Kleinbasel beigesetzt. Wegen seiner Schwermütigkeit galt er als nicht voll verantwortlich für sein Vergehen. Bei Peter Kestenholz kann eine Bestattung in Kleinbasel weder ausgeschlossen noch bestätigt werden. Trotz dieser Unsicherheit besteht zwischen Kestenholz und dem Profil Theos eine grosse Übereinstimmung.

Christian Friedrich Bender

* 23. Dezember 1783 † 16. November 1816

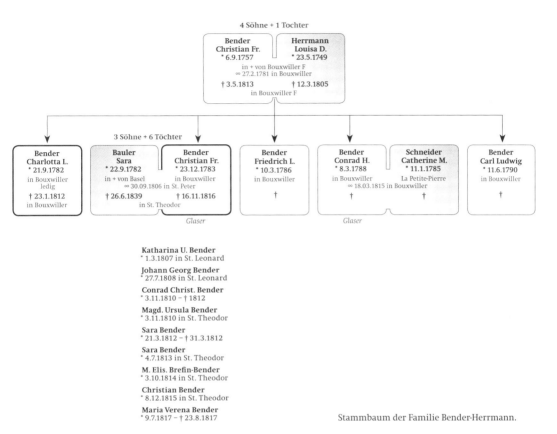

4 Söhne + 1 Tochter

Bender Christian Fr.
* 6.9.1757

Herrmann Louisa D.
* 23.5.1749

in + von Bouxwiller F
∞ 27.2.1781 in Bouxwiller

† 3.5.1813   † 12.3.1805
in Bouxwiller F

3 Söhne + 6 Töchter

Bender Charlotta L.
* 21.9.1782
in Bouxwiller
ledig
† 23.1.1812
in Bouxwiller

Bauler Sara
* 22.9.1782
in + von Basel
∞ 30.09.1806 in St. Peter
† 26.6.1839
in St. Theodor

Bender Christian Fr.
* 23.12.1783
in Bouxwiller

† 16.11.1816

Glaser

Bender Friedrich L.
* 10.3.1786
in Bouxwiller

†

Bender Conrad H.
* 8.3.1788
in Bouxwiller
∞ 18.03.1815 in Bouxwiller
†

Schneider Catherine M.
* 11.1.1785
La Petite-Pierre

†

Glaser

Bender Carl Ludwig
* 11.6.1790
in Bouxwiller

†

Katharina U. Bender
* 1.3.1807 in St. Leonard

Johann Georg Bender
* 27.7.1808 in St. Leonard

Conrad Christ. Bender
* 3.11.1810 – † 1812

Magd. Ursula Bender
* 3.11.1810 in St. Theodor

Sara Bender
* 21.3.1812 – † 31.3.1812

Sara Bender
* 4.7.1813 in St. Theodor

M. Elis. Brefin-Bender
* 3.10.1814 in St. Theodor

Christian Bender
* 8.12.1815 in St. Theodor

Maria Verena Bender
* 9.7.1817 – † 23.8.1817

Stammbaum der Familie Bender-Herrmann.

Der als Sohn eines Glasers im unterelsässischen Bouxwiller geborene Christian Friedrich Bender wurde aufgrund einer Niederlassungs- und Gewerbsbewilligung im Oktober 1808 als Glasermeister in die Zunft zum Himmel aufgenommen, wofür er eine Gebühr von 24 Franken für die Zunft und 1 Franken für die Meisterschaft zu entrichten hatte.[1] Über seine Herkunft und seine Familie im Elsass ist einiges bekannt, jedoch wissen wir nicht, wann und aus welchen Gründen er Bouxwiller verliess und nach Basel kam. Am 30. September 1806 heiratete er Sara Bauler, die Tochter eines gut situierten Schneidermeisters aus Basel – eine gute Partie. Die Familie Bender wohnte in einem schmalen zweistöckigen Haus an der Rheingasse 31. Im Verlauf der Jahre kamen neun Kinder zur Welt. Zum Zeitpunkt des Ablebens von Christian Friedrich Bender lebten noch fünf von ihnen,[2] das jüngste war knapp ein Jahr, das älteste zehn Jahre alt.

Dank der dichten Quellenlage konnte Benders tragisches Schicksal genau erforscht werden. Christian Friedrich Bender nahm sich am 16. November 1816, einem Samstag, früh am Morgen zwischen sechs und sieben Uhr mit seinem eigenen Rasiermesser das Leben. Ein Selbstmord wurde in der damaligen Zeit als schreckliche Tat angesehen, als ein Vergehen gegen Gott. Ein Selbstmord musste obrigkeitlich abgeklärt werden, und so fanden noch am selben Tag drei behördliche Untersuchungen statt, die durch drei Protokolle dokumentiert wurden – den Bericht der Wundschau (heute Gerichtsmedizin), der Polizei und des Statthalters. Die offizielle Wundschau, die vom Stadtarzt Johann Roschedt geleitet wurde, gibt uns einerseits einen guten Überblick über den Tathergang, andererseits wird auch die Person Benders sehr detailliert beschrieben, sowohl was sein Äusseres, als auch was seine körperliche und seelische Befindlichkeit betrifft. Die Aussagen über Letztere stammen naturgemäss nicht von ihm selbst, sondern aus dem Mund seiner Ehefrau Sara. Auch von seiner Bekleidung und der Wohnung liegen detaillierte Beschreibungen vor. Durch den Unglücksfall erhalten wir eine seltene Innensicht in das Wohnhaus einer durchschnittlichen Familie im 19. Jahrhundert.

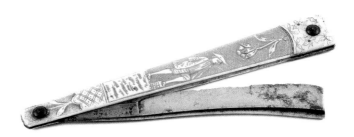

Mit einem solchen Rasiermesser könnte sich Christian Friedrich Bender entleibt haben.

Sara Baulers Aussage zum Tathergang wird von Johann Bachofen, einer Amtsperson der Polizei, wiedergegeben:

«Die Frau war noch im Bette und schlief, er der Mann aber sey schon frühzeitig aufgestanden gewesen. Als sie denselben von dem ersten Schnitt röcheln hörte, sey sie sogleich aus dem Bett gesprungen und wollte ihme zu Hülfe eilen; allein er stiess sie mit Gewalt von ihren wegg, wo Er sich sogleich noch einen zweyten Schnitt machte, und dann in ihre Arme zurückfiel.»[3]

Ergänzend erfahren wir aus dem dritten Protokoll seitens der Statthalterei:

«... bey seinem ersten Schnitt den sie wahrgenommen, auf ihn zu gesprungen, allein zu schwach gewesen sey, die That zu verhindern, bey welcher sie selbst einen Schnitt in den Daum der linken Hand erhalten habe, den sie verbunden verweist.»[4]

Die Wundschau ergibt einen detaillierten Bericht zur tödlichen Wunde:

«Die lethale Wunde befand sich am vordern Theile des Halses gleich unter dem Kinn und erstreckte sich von einer Seite zur andern, und in die Tiefe bis auf die Hals Wirbel, so dass alle dazwischen liegende Theile, als die Haut, der breite – Hals Muskel, der Schlund gerade über dem Kehlkopf. ... Auf der rechten Seite dieser ungeheuren Wunde war der Kopf ... [unleserliche Stelle] durchschnitten; Auf der linken hingegen war aber dieser Muskel grössten theils ganz.»[5]

Die Tatsache, dass der Halsmuskel auf der linken Seite fast unversehrt blieb, auf der rechten aber vollständig durchtrennt wurde, deutet darauf hin, dass der tödliche

Schnitt von der rechten nach der linken Seite durchgeführt wurde. Auffällig ist die Tatsache, dass der Schnitt mit einer derartigen Kraft und Entschlossenheit ausgeführt wurde, dass dieser bis auf die Halswirbel ging:

«Die ganze Wunde klaffte dergestalten von einander dass 3. Querfinger in Sie gelegt werden konnte».[6]

Im Wundbericht werden detailliert «nebst den Hals Narben» und «auf den beiden Armen und Beinen … Spuhren von Schröpfstellen» aufgeführt.[7]

Trotz ausführlicher Beschreibung der Halsregion und der dortigen alten Narben werden aber keine weiteren Schnittwunden, sogenannte ‹Probierschnitte›, erwähnt, die ein sicheres Anzeichen für einen Selbstmord wären. Selbsttötungen mit scharfer Klinge fallen in der Regel durch zögerlich und in mehreren Ansätzen geführte Schnitte auf.

Die Schnittführung bis auf den Knochen und das Fehlen von Probierschnitten sprechen stark für eine Fremdeinwirkung und würden heute zu weiteren Abklärungen führen. Auch erfahren wir aus den drei Protokollen, dass der Tatort stark verändert wurde. Benders Leiche wurde vom Boden des Schlafzimmers auf das Bett im Nebenraum, im sogenannten ‹Sommerhaus›, gebracht. Die Tatwaffe wurde auf den Fenstersims gelegt, welcher auf die Strasse hinausgeht.

Auffallend ist nun, wie in den drei voneinander unabhängig aufgenommen Protokollen konsequent ein Fakt von Sara Bauler hervorgehoben wird. Die Ehefrau gibt den untersuchenden Beamten gezielt eine Erklärung für den Selbstmord Benders.

«Die Ursache dieser wiedernatürlichen That soll, dessen Frauen Aussage nach, eine Gemüths-Krankheit gewesen seyn, und diesen Armen Mann an seiner Seligkeit gezweifelt haben, ohngeacht Ihro Wohlhochwürden Herr Pfarrer Fäsch diese Woche schon zum zweyten Male ihme allen möglichen Trost eingesprochen habe.»[8]

Auch im Protokoll der Statthalterei wiederholt sie diese Aussage und führt, um deren Glaubwürdigkeit zu unterstreichen, die Autorität des Pfarrers an:

«Der Grund seiner Schwermuth wird religiösen Zweifeln und Aengstlichkeit zugeschrieben über welche Herr Pfarrer Fäh Kenntnis habe.»[9]

Diese Aussage kann nun ganz einfach der Tatsache entsprochen haben. Sie kann aber auch auf andere Weise interpretiert werden. Zum einen war ein Selbstmord, wie bereits angeführt, ein schweres und gesellschaftlich geächtetes Vergehen, welches zur Stigmatisierung der ganzen Familie führen konnte. Schwermütigkeit und ein daraus resultierender Selbstmord hätten zu einer milderen öffentlichen Beurteilung geführt. Insofern hätte die Äusserung Sara Baulers nur dem Schutz ihrer Familie gedient. Ihre Aussagen lassen sich aber auch als Manipulation interpretieren: Sara Bauler gibt den Untersuchungsbehörden bereits im Voraus eine Antwort auf die im Raum stehende Frage, warum sich Bender umgebracht habe: Schwermut. Ihre Beeinflussung war derart effektiv, dass selbst die Mediziner glaubten, aufgrund einer absonderlichen Konsistenz in Benders Eingeweiden auf eine Melancholie schliessen zu können:

> **5. Frau Wittib Bender in No. 31 an der Rheingaß, berichtet E. E. Publikum und ihre E. Kunden, daß sie mit einem tüchtigen Glaser-Gesellen versehen ist und jedermann bestens bedienen kann; sie bittet daher um geneigten Zuspruch, mit der Zusicherung exacter und billiger Bedienung.**

Eine Woche nach dem Tod ihres Mannes inserierte Sara Bender im Avis-Blatt, um den Kunden den Fortbestand des Betriebs anzuzeigen.

«Die durch die Section gefundene wieder natürliche Beschaffenheit einiger Eingeweide des Unterleibes deuten darauf hin, dass eine krankhafte Disposition in dem Körper gelegen, so wie wir auch nach Aussage der Verwandten vernommen dass derselbe mit melancholischen Anwandlungen behaftet gewesen sey.»[10]

Vieles deutet auf eine Fremdeinwirkung beim Ableben Benders hin. Der verletzte Daumen kann auf einen Rettungsversuch, er kann aber auch auf eine Verteidigungsreaktion Benders hinweisen. Auffällig ist auch, dass Sara Bauler betont, dass sie und ihr Ehemann alleine gewesen seien:

«Die Frau Bender giebt ferner an, dass sie als die That geschehen, sie noch im Bette und sonst gar niemand gegenwärtig gewesen.»[11]

War es möglich, dass die Tat in der Nacht oder in den frühen Morgenstunden geschah? Die Wundschau kommt in Bezug auf die Tatwaffe zu folgendem Schluss:

«... da die Verletzung eine reine Schnittwunde ist, so glauben wir, dass dieselbe von dem auf der Fensterbank gefundenen Scheermesser, welches früher auf dem Boden gelegen hatte, gemacht worden sey.»[12]

Noch weitere Punkte bleiben suspekt. Warum war der Wundarztgeselle Schuhmacher so schnell zur Stelle, als Bender morgens zwischen sechs und sieben Uhr in den letzten Zügen lag? Warum wurde der Leichnam mithilfe von Schuhmacher aus dem Schlafzimmer hinausgeschafft und auf ein Bett im Sommerhaus gelegt, wodurch man noch eine weitere Bettstatt mit Blut verunreinigte? Warum waren die Leintücher im Schlafzimmer voller Blut? Warum hatten die beiden Ehepartner jeder eine eigene Bettstatt? In der Regel teilten sich im 19. Jahrhundert mehrere Personen ein Bett.

Ein weiteres Verdachtsmoment ist die Führung der Tatwaffe, die am Hals oben rechts angesetzt und nach links unten gezogen wurde. Sollte Bender mit Theo identisch sein, wäre eine Schnittführung von links oben nach rechts unten zu erwarten gewesen, weil die anthropologischen Untersuchungen eine Rechtshändigkeit Theos ergeben haben. Da aber eine Identifizierung Theos als Bender bisher nicht durchgeführt werden konnte, dürfen wir dieses Verdachtsmoment nicht berücksichtigen.

Viele Fragen bleiben offen, und es soll jetzt auch nicht posthum Sara Bauler oder einer anderen beteiligten Person eine Schuld zugeschoben werden. Fast zweihundert Jahre nach der Tat lassen sich viele Zusammenhänge nicht mehr abklären. Zum Charakter von Sara Bauler lässt sich aber sagen, dass sie eine Frau war, die sich in einer ihr eher feindlich gesinnten Umwelt durchzusetzen wusste. Kaum war Bender zu Grabe getragen, musste sich Sara Bauler gegen die missgünstige Konkurrenz der Glasermeister wehren. Die Handwerksordnung gestattete den Witwen von Glasermeistern, den Betrieb mit einem Gesellen weiterzuführen. Witwe Bender bat denn auch acht Tage nach dem Selbstmord ihres Mannes die Kundschaft per Zeitungsinserat «um Zuspruch, ihr tüchtiger Geselle könne jedermann bestens bedienen».[13] Die Vorgesetzten der Himmelzunft hatten zwar Mitleid mit Frau Bender, forderten aber vom Stadtrat, dass ihr die Gewerbsbewilligung entzogen werde. Als Begründung wurde das Erlöschen des Stadtbürgerrechts der Witwe sowie die schlechte Beschäftigungslage im Glasergewerbe genannt.[14] Sara Bender konnte sich aber mit einem ‹Stadtratserkanntnis› ihr Bürgerrecht bestätigen lassen und so das Gewerbe zusammen mit ihrem Gesellen weiter betreiben. Am 17. August 1818 heiratete sie den Glasermeister Adam Uehlinger.[15] Sara Uehlinger, verwitwete Bender, gebar zwei weitere Kinder und starb am 26. Juni 1839 im 56. Lebensjahr. Anzumerken ist noch, dass das Kind, welches zeitnah zu Benders Tod gezeugt worden sein musste, das am 23. Juli 1817 geborene Töchterchen Verena, bereits eineinhalb Monat nach der Geburt verstarb.[16]

Panoramablick auf die Kleinbasler Rheinfront. Christian Benders Haus war das fünfte Haus von links; es steht leicht zurückgesetzt. Aquarellierte Federzeichnung von Anton Winterlin, um 1842/43 (Ausschnitt).

Die durchsetzungsfähige und geschäftstüchtige Frau hinterliess laut Inventar vom 26. August 1839 einen geordneten mittelständischen Haushalt. Einem Vermögen von knapp zwanzigtausend Franken standen lediglich Schulden in Höhe von zweieinhalbtausend Franken gegenüber. Der Witwer Adam Uehlinger beanspruchte für sich das aus Fenster- und Tafelglas, Rahmenholz und Werkzeug bestehende Werkstattinventar im Wert von rund tausend Franken, der Rest des Nachlasses ging an die Kinder.[17]

Für Benders Identifizierung wichtig ist die bei der Wundschau festgestellte Körpergrösse: «Die Länge des Körpers war ohngefehr 5. Schuh. 4. Zoll.»[18] Je nach verwendetem Mass entspricht dies einer Körperlänge von etwa 1,60 Meter. Dies ist genau die für Theo berechnete Grösse, der für seine Zeit ein eher kleiner Mann war. Theos Halswirbelsäule hat sich leider nicht erhalten, sonst liesse sich aufgrund einer eventuell vorhandenen Schnittspur die Identität mit Christian Friedrich Bender beweisen.

Achilles Itin

* 2. März 1786   † 14. November 1816

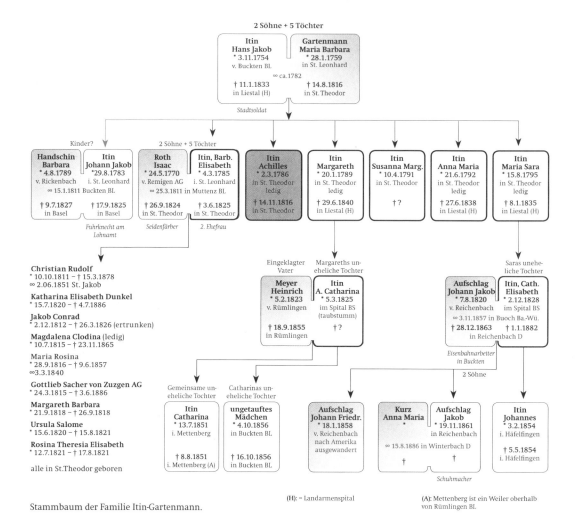

2 Söhne + 5 Töchter

Itin
Hans Jakob
* 3.11.1754
v. Buckten BL

Gartenmann
Maria Barbara
* 28.1.1759
in St. Leonhard

∞ ca.1782

† 11.1.1833
in Liestal (H)

† 14.8.1816
in St. Theodor

Stadtsoldat

Kinder?

2 Söhne + 5 Töchter

Handschin
Barbara
* 4.8.1789
v. Rickenbach
∞ 15.1.1811 Buckten BL
† 9.7.1827
in Basel

Itin
Johann Jakob
*29.8.1783
i. St. Leonhard
† 17.9.1825

Fuhrknecht am Lohnamt

Roth
Isaac
* 24.5.1770
v. Remigen AG
∞ 25.3.1811 in Muttenz BL
† 26.9.1824
in St. Theodor

Seidenfärber

Itin, Barb.
Elisabeth
* 4.3.1785
i. St. Leonhard
† 3.6.1825
in St. Theodor

2. Ehefrau

Itin
Achilles
* 2.3.1786
in St. Theodor
ledig
† 14.11.1816
in St. Theodor

Itin
Margareth
* 20.1.1789
in St. Theodor
ledig
† 29.6.1840
in Liestal (H)

Itin
Susanna Marg.
* 10.4.1791
in St. Theodor
† ?

Itin
Anna Maria
* 21.6.1792
in St. Theodor
ledig
† 27.6.1838
in Liestal (H)

Itin
Maria Sara
* 15.8.1795
in St. Theodor
ledig
† 8.1.1835
in Liestal (H)

Christian Rudolf
* 10.10.1811 – † 15.3.1878
∞ 2.06.1851 St. Jakob

Katharina Elisabeth Dunkel
* 15.7.1820 – † 4.7.1886

Jakob Conrad
* 2.12.1812 – † 26.3.1826 (ertrunken)

Magdalena Clodina (ledig)
* 10.7.1815 – † 23.11.1865

Maria Rosina
* 28.9.1816 – † 9.6.1857
∞3.3.1840

Gottlieb Sacher von Zuzgen AG
* 24.3.1815 – † 3.6.1886

Margareth Barbara
* 21.9.1816 – † 26.9.1818

Ursula Salome
* 15.6.1820 – † 15.8.1821

Rosina Theresia Elisabeth
* 12.7.1821 – † 17.8.1821

alle in St.Theodor geboren

Eingeklagter Vater

Meyer
Heinrich
* 5.2.1823
v. Rümlingen
† 18.9.1855
in Rümlingen

Margareths un-
eheliche Tochter

Itin
A. Catharina
* 5.3.1825
im Spital BS
(taubstumm)
† ?

Saras unehe-
liche Tochter

Aufschlag
Johann Jakob
* 7.8.1820
v. Reichenbach
∞ 3.11.1857 in Buoch Ba.-Wü.
† 28.12.1863
in Reichenbach

Itin, Cath.
Elisabeth
* 2.12.1828
im Spital BS
† 1.1.1882
in Reichenbach D

Eisenbahnarbeiter in Buckten

2 Söhne

Gemeinsame un-
eheliche Tochter

Itin
Catharina
* 13.7.1851
i. Mettenberg
† 8.8.1851
i. Mettenberg (A)

Catharinas uns-
eheliche Tochter

ungetauftes
Mädchen
* 4.10.1856
in Buckten BL
† 16.10.1856
in Buckten BL

Aufschlag
Johann Friedr.
* 18.1.1858
v. Reichenbach
nach Amerika
ausgewandert
†

Kurz
Anna Maria
*
∞ 15.8.1886 in Winterbach D
†

Aufschlag
Jakob
* 19.11.1861
in Reichenbach
†

Itin
Johannes
* 3.2.1854
i. Häfelfingen
† 5.5.1854
i. Häfelfingen

Schuhmacher

(H): = Landarmenspital

(A): Mettenberg ist ein Weiler oberhalb von Rümlingen BL

Stammbaum der Familie Itin-Gartenmann.

Achilles Itin wurde als drittes von sieben Kindern der Ehegatten Hans Jakob Itin und Maria Barbara Gartenmann in Basel geboren.[19] Bei Achilles Geburt wohnte die Familie neu im Bezirk der Kirchgemeinde St. Theodor in Kleinbasel; zuvor hatte sie im Kirchenbezirk von St. Leonhard gelebt.[20] Der Vater stammte aus dem Oberbaselbieter Dorf Buckten am Fuss des Unteren Hauensteins, er war von 1794 bis 1798 Stadtsoldat (‹Harschier›)[21] und starb 1833 im Landarmenspital zu Liestal.[22] Womit er vor, während und nach jenen Dienstjahren seine Familie ernährte, ist nicht bekannt – möglicherweise durch Tätigkeiten, wie sie der Stadtchronist Paul Koelner beschreibt:

«Der dienstfreien Mannschaft der Stadtgarnison blieb es unbenommen, anderweitigem Verdienst nachzugehen. Doch war den Stadtsoldaten die Ausübung zünftiger Berufsarten verboten; sie mussten sich darum mit Holzhacken, Taglöhnerarbeiten und mit dem Besorgen von Botengängen begnügen.»[23]

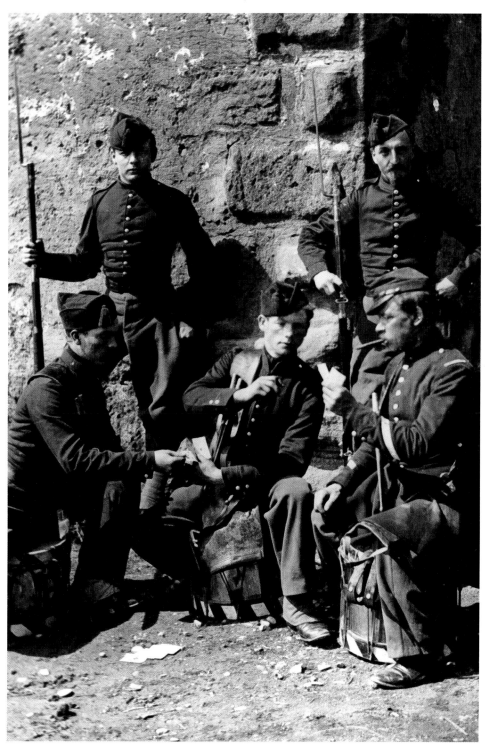

Soldaten der Basler Standestruppe beim Kartenspiel, vor 1857.

Taufeintrag des Jakob Conrad Roth im Taufregister von St. Theodor mit dem Hinweis auf seinen tragischen Tod: «ist am Ostertag 1826 auf der Rückfahrt von Grenzach nach Basel im Rhein verunglückt u. ertrunken. Man hat seinen Leichnahm nicht mehr gefunden.»

Achilles' Mutter starb 1816 als 57-Jährige in Basel.[24] Sein einziger Bruder, Hans Jakob, war verheiratet, arbeitete als Fuhrknecht beim städtischen Lohnamt und kehrte zu seiner Heirat ins Heimatdorf Buckten zurück. Er starb 1825 mit 42 Jahren in Basel.[25] Seine Ehefrau Maria Barbara starb zwei Jahre später, gerade einmal 38 Jahre alt; die Ehe scheint kinderlos geblieben zu sein.[26]

Die Itins müssen in ärmlichen Verhältnissen gelebt haben. Der Vater hatte als Stadtsoldat nur einen Monatsverdienst von 10 Franken, um seine neunköpfige Familie zu ernähren. Inwieweit seine Ehefrau neben den häuslichen Arbeiten und den sieben Kindern noch Zeit fand, um mit Zusatzarbeiten wie Nähen oder Sticken einen Nebenverdienst beizusteuern, ist nicht bekannt. Als Familie eines Stadtsoldaten standen den Itins allerdings gewisse Vergünstigungen zu, wie zum Beispiel der Bezug von Brennholz. Obwohl sie ums Überleben kämpfen mussten, finden sich keine Unterstützungsgesuche in den Unterlagen der Kirchgemeinde St. Theodor,[27] was aber nicht zwangsläufig bedeutet, dass sie keine solchen Gesuche gestellt hatten. Auch in den Adressbüchern der Stadt Basel findet sich kein Eintrag zu den Itins.[28] Die Familie wohnte wahrscheinlich zur Untermiete in zwei oder drei Zimmern, eine Wohnsituation, wie wir sie aus Beschreibungen der städtischen Behörden kennen. Achilles dürfte als lediger Sohn zusammen mit der Familie gelebt haben, ebenso seine ledig gebliebenen Schwestern. Einzig die ältere Schwester Elisabeth scheint, was die Familiengründung betrifft, eine glückliche Hand gehabt zu haben. Sie heiratete 1811 in Muttenz den Witwer und Seidenfärber Isaac Roth und gebar sieben Kinder, fünf Töchter und zwei Söhne. Isaac Roth starb 1824 mit 54 Jahren in der Gemeinde St. Theodor, seine Frau folgte ihm 40-jährig im Jahr darauf.[29] Ihre sieben Kinder wurden alle im Kirchenbezirk von St. Theodor geboren.[30] Die drei jüngsten Kinder, alles Mädchen, starben als Kleinkinder, der zweite Sohn, Jakob Conrad Roth, ertrank nur gerade 13 Jahre alt im Rhein.[31] Die älteste Tochter Clodina blieb ledig und starb mit 50 Jahren in Kleinbasel, während ihre jüngere Schwester nach Zuzgen in den Aargau heiratete und sieben Kindern das Leben schenkte.

Wenn wir die Fakten zusammentragen, erhalten wir das Bild einer Familie, die es schwer hatte im Leben, die aus einem Bauern- und Posamenterdorf in die Stadt gespült wurde und sich dort nie ganz zurechtfand. Zwei der fünf Schwestern von Achilles gebaren je eine uneheliche Tochter. Eines dieser Mädchen, Anna Catharina,

Achilles Itins Eintrag im Taufbuch der Theodorskirche vom 2. März 1786. Achilles hatte illustre Paten: den Theologieprofessor Jakob Meyer und den Grossrat Achilles Miville.

kam gehör- und sprachlos auf die Welt. Anna Catharina gebar später zwei uneheliche Kinder, die beide kurz nach der Geburt starben.[32] Drei der vier unverheiratet gebliebenen Schwestern von Achilles starben wie ihr Vater im Liestaler Landarmenspital. Ob sie und der Vater armengenössig oder krank wurden und deshalb in einer Krankenfuhre auf die Landschaft abgeschoben wurden, oder ob sie in den Wirren um die Kantonstrennung zurück nach Baselland kamen, wissen wir nicht. Diese Frage muss für spätere Forschungen offen bleiben.

Bei der Taufe von Achilles Itin in der St. Theodorskirche ist erstaunlich, dass der Theologieprofessor Jakob Meyer sowie der Färbermeister und Grossrat Achilles Miville als Paten anwesend waren – vielleicht eine Geste der Wohltätigkeit für die bedrängte Familie.[33] Über des Täuflings spätere Berufstätigkeit ist nichts bekannt. Achilles Itin blieb ledig und starb im Alter von 30 Jahren, ein Vierteljahr nach seiner Mutter, am 14. November 1816.[34]

Peter Kestenholz

* 10. März 1789 † 9. Juni 1818

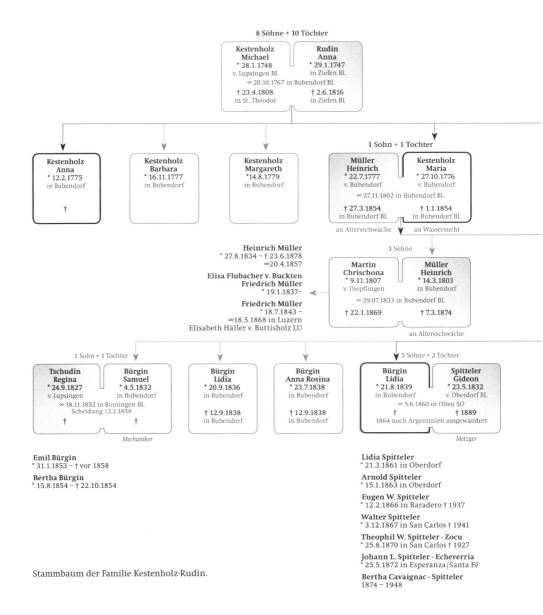

8 Söhne + 10 Töchter

Kestenholz Michael
* 28.1.1748
v. Lupsingen Bl.
∞ 20.10.1767 in Bubendorf BL
† 23.4.1808
in St. Theodor

Rudin Anna
* 29.1.1747
in Ziefen BL
† 2.6.1816
in Ziefen BL

Kestenholz Anna
* 12.2.1775
in Bubendorf
†

Kestenholz Barbara
* 16.11.1777
in Bubendorf

Kestenholz Margareth
*14.8.1779
in Bubendorf

1 Sohn + 1 Tochter

Müller Heinrich
* 22.7.1777
v. Bubendorf
∞ 27.11.1802 in Bubendorf BL
† 27.3.1854
in Bubendorf BL
an Altersschwäche

Kestenholz Maria
* 27.10.1776
v. Bubendorf
† 1.1.1854
in Bubendorf BL
an Wassersucht

Heinrich Müller
* 27.8.1834 – † 23.6.1878
∞20.4.1857

Elisa Flubacher v. Buckten
Friedrich Müller
* 19.1.1837–

Friedrich Müller
* 18.7.1843 –
∞18.5.1868 in Luzern
Elisabeth Häller v. Buttisholz LU

3 Söhne

Martin Chrischona
* 9.11.1807
v. Diepflingen
∞ 29.07.1833 in Bubendorf BL
† 22.1.1869

Müller Heinrich
* 14.3.1803
in Bubendorf
† 7.3.1874
an Altersschwäche

1 Sohn + 1 Tochter

Tschudin Regina
* 24.9.1827
v. Lupsingen
∞ 18.11.1852 in Binningen BL.
Scheidung 12.2.1858
†

Bürgin Samuel
* 4.5.1832
in Bubendorf
†

Mechaniker

Bürgin Lidia
* 20.9.1836
in Bubendorf
† 12.9.1838
in Bubendorf

Bürgin Anna Rosina
* 23.7.1838
in Bubendorf
† 12.9.1838
in Bubendorf

5 Söhne + 2 Töchter

Bürgin Lidia
* 21.8.1839
in Bubendorf
∞ 5.6.1860 in Olten SO
†
1864 nach Argentinien ausgewandert

Spitteler Gideon
* 23.5.1832
v. Oberdorf BL
† 1889

Metzger

Emil Bürgin
* 31.1.1853 – † vor 1858

Bertha Bürgin
* 15.8.1854 – † 22.10.1854

Lidia Spitteler
* 21.3.1861 in Oberdorf

Arnold Spitteler
* 15.1.1863 in Oberdorf

Eugen W. Spitteler
* 12.2.1866 in Baradero † 1937

Walter Spitteler
* 3.12.1867 in San Carlos † 1941

Theophil W. Spitteler - Zocu
* 25.8.1870 in San Carlos † 1927

Johann L. Spitteler - Echeverria
* 25.5.1872 in Esperanza / Santa Fé

Bertha Cavaignac - Spitteler
1874 – 1948

Stammbaum der Familie Kestenholz-Rudin.

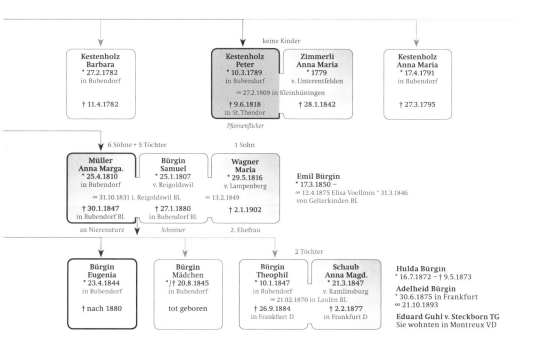

keine Kinder

| Kestenholz Barbara | Kestenholz Peter | Zimmerli Anna Maria | Kestenholz Anna Maria |

Kestenholz Barbara
* 27.2.1782
in Bubendorf

† 11.4.1782

Kestenholz Peter
* 10.3.1789
in Bubendorf

∞ 27.2.1809 in Kleinhüningen

† 9.6.1818
in St. Theodor

Pfannenflicker

Zimmerli Anna Maria
* 1779

v. Unterentfelden

† 28.1.1842

Kestenholz Anna Maria
* 17.4.1791
in Bubendorf

† 27.3.1795

6 Söhne + 5 Töchter   1 Sohn

Müller Anna Marga.
* 25.4.1810
in Bubendorf

∞ 31.10.1831 i. Reigoldswil BL

† 30.1.1847
in Bubendorf BL

an Nierensturz

Bürgin Samuel
* 25.1.1807
v. Reigoldswil

† 27.1.1880
in Bubendorf BL

Schreiner

Wagner Maria
* 29.5.1816
v. Lampenberg

∞ 13.2.1849

† 2.1.1902

2. Ehefrau

Emil Bürgin
* 17.3.1850 –
∞ 12.4.1875 Elisa Voellmin * 31.3.1846
von Gelterkinden BL

2 Töchter

Bürgin Eugenia
* 23.4.1844
in Bubendorf

† nach 1880

Bürgin Mädchen
*/† 20.8.1845
in Bubendorf

tot geboren

Bürgin Theophil
* 10.1.1847
in Bubendorf

∞ 21.02.1870 in Laufen BL

† 26.9.1884
in Frankfurt D

Schaub Anna Magd.
* 21.3.1847
v. Ramlinsburg

† 2.2.1877
in Frankfurt D

Hulda Bürgin
* 16.7.1872 – † 9.5.1873

Adelheid Bürgin
* 30.6.1875 in Frankfurt
∞ 21.10.1893

Eduard Guhl v. Steckborn TG
Sie wohnten in Montreux VD

Peter Kestenholz, in Bubendorf geboren, war das sechzehnte von insgesamt achtzehn Kindern. Er hatte zehn Schwestern und sieben Brüder. Elf seiner siebzehn Geschwister starben noch im Kindesalter. Als Peter am 10. März 1789 geboren wurde,[35] lebten von seinen vielen Geschwistern nur noch drei Brüder und zwei Schwestern, alle zwischen 13- und 21-jährig sowie der 6-jährige Bruder Jakob, welcher aber zweieinhalb Jahre später verstarb. Zwei Jahre nach Peters Geburt kommt am Palmsonntag seine Schwester Anna Maria zur Welt, sie stirbt aber bereits vier Jahre später. 1793 wird der jüngste Sohn Hans Jakob geboren.

Im Jahr 1792, als Peter 3-jährig war, heiratete sein ältester Bruder Michael. Die Spuren von Michael finden sich 1811 im Adressbuch von Kleinbasel; dort arbeitete er als Pfannenflicker. 1815, beim Taufeintrag seines jüngsten Sohnes Karl Niklaus, ist er als Tagelöhner verzeichnet.[36] Er lebte zu dieser Zeit mit seiner Familie an der Unteren Rheingasse 361.[37] Insgesamt hatten er und seine Frau sechs Kinder.[38] Mit 73 Jahren starb Michael als Blechschmied.[39]

Die Wohnung der Familie Kestenholz lag im engen Badergässlein. Fotografie um 1900,
kurz nach der Aufschüttung des Teicharmes.

> **Amtliche Auskündung.**
>
> 4. Wer an den hier wohnhaft gewesenen und sich absentirten Joh. Jak. Kestenholz, den Kesselflicker von Lupsingen, welcher anmit gerichtlich ausgekündet wird, wegen Schulden, Bürgschaften oder sonsten irgend eine Anforderung zu machen hat, soll sich innert den nächsten 6 Wochen vom 26. May 1818 angerechnet in unterzeichneter Schreiberey behörig angeben und einschreiben lassen.
>
> **Gerichtschreiberey des mehrern Basels.**

Öffentliche Bekanntmachung: Forderungen an Johann Jakob Kestenholz mögen innerhalb von sechs Wochen dem Gericht gemeldet werden.

Der Bruder Heinrich und auch seine Schwester Maria heirateten in Bubendorf und gründeten dort Familien. Wahrscheinlich zogen die Eltern zusammen mit der fast erwachsenen Schwester Anna und den drei Kleinkindern Anna Maria, Peter und Hans Jakob zwischen 1793 und 1795 nach Basel. Wo die Familie in Basel lebte, ist unbekannt. 1808 starb der Vater Michael Kestenholz im Alter von 60 Jahren; er wurde auf einem der Friedhöfe der Theodorskirche beigesetzt.

Peter heiratete ein Jahr später, am 27. Februar 1809, in Kleinhüningen als 20-Jähriger die zehn Jahre ältere Anna Maria Zimmerli; ihre Ehe blieb kinderlos. Peters Geschwister waren alle wesentlich älter, als sie heirateten, nämlich zwischen 24 und 30 Jahre alt. 1815 erscheint Peter Kestenholz im ‹Verzeichnis sämtlicher Häuser› als Spengler im Badergässlein 329.[40]

Am 9. Juni 1818, erfahren wir aus den wöchentlichen Polizeirapporten,

«wurde Peter Kestenholz von Lupsigen in seinem Logis erhänglich gefunden. Der hohen Regierung ist von Seite der Stadtpolizey geziemende Anzeige über diesen Gegenstand gemacht worden.»[41]

Warum sich Peter Kestenholz erhängte, wird aus den Protokollen nicht ersichtlich. Auch findet sich in den Akten zu den Selbstmorden kein Dossier zu seiner Person.[42] Bittere Armut dürfte nicht der Grund gewesen sein. Laut Nachlassinventar enthielt sein Haushalt von wenigen Ausnahmen abgesehen aber nur das Notwendigste. Das Ehebett bestand aus Bettstatt, Strohsack, Deckbett sowie Kissen samt Bettwäsche und wurde mit einem Wert von 6 Franken beziffert. Der Hausrat lässt mit einem Küchenkasten, einer Kommode, zwei Tischen, einer ‹Wälderuhr›, einem Spiegel, einer Kaffeemühle und sechs Strohsesseln einen bescheidenen Wohlstand erkennen; sein Wert wurde mit 37 Franken angegeben. Die Grösse der Wohnung im engen

Namen u. Beruf.	Zeit und Ort				
	der Geburt.	der Taufe.	der Confirmat."	der Copulat."	des Todes.
Ehemann Spitteler, Gideon, Minist's, Schwärzeis / Metzger / von ... O.	1832. Mai 23. 0.	1832. Mai 26. St.	1849. IV.5 J. Ostern W.	1860 Juny 5. Olten. (Kath. Kirche)	
Ehefrau Bürgin, Lydia, Samuels, Schweizers / gew. Dienstmagd / von Reigoldswyl, in Bubendorf / (früher in Biere, k. Waadt.)	1839. Aug. 21. Bubendorf	1839. Aug. 25. Bubendorf	1854. J. Weihnacht Bubendorf	1860. Juny 5. Olten. (Kath. Kirche)	

Familienblatt von Gideon und Lidia (Lydia) Spitteler-Bürgin, der Grossnichte von Peter Kestenholz. Familienregister Oberdorf.

Badergässlein lässt sich aus dem alten Stadtplan erschliessen. Es war eine kleine Wohnung mit einer Grundfläche von ungefähr sieben auf fünf Metern, einen Abort (Toilette) gab es offensichtlich nicht.[43]

Detailliert werden die vorhandenen Kleidungsstücke aufgeführt: ein grauer und ein schwarzer Rock, ein paar Hosen, vier Vestons, drei gute Hemden und ein altes Hemd, drei Paar Strümpfe, zwei ‹Nasentücher› und ein runder Hut im Gesamtwert von 35 Franken. Bargeld war keines im Haus, aber es bestand ein Guthaben an verliehenem Geld in Höhe von 241 Franken, denen Schulden in Höhe von 135 Franken gegenüberstanden. Bemerkenswert ist noch der Schuldbetrag von 21 Franken Hauszins an Johann Häusler. Zur Erbteilung blieb ein Gesamtbetrag von 153 Franken, der unter der Witwe und den fünf noch lebenden Geschwistern aufgeteilt wurde. Sein jüngerer Bruder Hans Jakob, der gerade in Konkurs gegangen war, erhielt wie die anderen einen Betrag von 26 Franken.[44] Der Erbteil seiner Schwester Anna wurde an den Spitalpfleger des Landarmenspitals in Liestal überwiesen.[45] Anna Kestenholz konnte also nicht selbst über den Beitrag verfügen. Warum sie im Spital war, bleibt im Dunkeln. Sie ist jedoch nicht dort verstorben. Während Peter Kestenholz in den Zivilstandsakten als Pfannenflicker erscheint, weist ihn das ‹Verzeichnis sämtlicher Häuser und Gebäude› vom Jahr 1815 als Spengler aus. Im Ratsprotokoll wird sein Selbstmord ebenfalls notiert, und wir erfahren eine weitere Berufsbezeichnung: Kesselflicker.[46] Peter Kestenholz schied im Alter von nicht einmal 30 Jahren aus dem Leben. Seine Witwe Anna Maria heiratete vier Jahre später den Schuhmachermeister Johann Jakob Sulger; auch diese Ehe blieb kinderlos.

Bei der Erforschung der weiblichen Linien in der Verwandtschaft von Peter Kestenholz stiess man auf seine Grossnichte Lidia Bürgin von Bubendorf. Diese wanderte 1864 zusammen mit ihrem Ehemann, dem Metzger und Badwirt Gideon Spitteler,[47] sowie zwei Kleinkindern nach Argentinien aus. In Buenos Aires angekommen fielen Vater und Sohn vom Schiff ins Wasser und wurden von einem nach Uruguay auslaufenden Boot aufgefischt. Lidia Bürgin betrat den argentinischen Boden allein und musste mehrere Monate auf die Ankunft ihres Gatten und ihres Sohnes warten. Die ältere Tochter Lidia wird nicht mehr erwähnt, wir gehen davon aus, dass sie die lange Überfahrt im Gegensatz zu ihrem jüngeren Bruder Arnold nicht überlebt hat. Der Ehe entsprossen noch vier Söhne, Eufemio, Walter, Teofilo und Juan Luis, sowie eine Tochter, Berta. Arnold scheint nach Uruguay ausgewandert zu sein, und Walter blieb unverheiratet. Die anderen Geschwister heirateten; ihre Nachfahren leben heute vor allem in Buenos Aires. Zu ihnen dauern die Nachforschungen noch an.

Wir hoffen, dass die genealogischen Recherchen zu noch lebenden Nachfahren der weiblichen Linie von Theo führen werden. Mit einem DNA-Abgleich liesse sich dann womöglich der endgültige Beweis von Theos Identität erbringen.

Dies sind die 3 Kandidaten, die mit sehr hoher Wahrscheinlichkeit als Theos Identitäten infrage kommen. Wir hoffen, dass uns die noch laufenden Recherchen zu lebenden Nachfahren und der Abgleich ihrer DNA mit der von Theo zu einem endgültigen Beweis führen wird.

1 StABS Zunftarchive Himmel 9. Protokoll III, Register (1808), S. 53.
2 StABS Straf und Polizei AA 31, Erstechen, Oeffnung der Adern u. dg. Wundschau.
3 StABS Straf und Polizei AA 31, Erstechen, Oeffnung der Adern u. dg. Protokoll von Bachofen.
4 StABS Straf und Polizei AA 31, Erstechen, Oeffnung der Adern u. dg. Protokoll von Hey.
5 StABS Straf und Polizei AA 31, Erstechen, Oeffnung der Adern u. dg. Wundschau.
6 StABS Straf und Polizei AA 31, Erstechen, Oeffnung der Adern u. dg. Wundschau.
7 StABS Straf und Polizei AA 31, Erstechen, Oeffnung der Adern u. dg. Wundschau.
8 StABS Straf und Polizei AA 31, Erstechen, Oeffnung der Adern u. dg. Protokoll von Bachofen.
9 StABS Straf und Polizei AA 31, Erstechen, Oeffnung der Adern u. dg. Protokoll von Hey.
10 StABS Straf und Polizei AA 31, Erstechen, Oeffnung der Adern u. dg. Wundschau.
11 StABS Straf und Polizei AA 31, Erstechen, Oeffnung der Adern u. dg. Protokoll von Hey.
12 StABS Straf und Polizei AA 31, Erstechen, Oeffnung der Adern u. dg. Wundschau.
13 Wöchentliche Nachrichten aus dem Basler Berichthaus v. 21.11.1816, freundlicher Hinweis von Rolf Hopf.
14 StABS Handel und Gewerbe YY 3, Glaser (1816).
15 StABS Zunftarchive Himmel 9. Protokoll III, Register (1818), S.53.
16 StABS Protokolle Kleiner Rat 185 (1816). Straf und Polizei AA 31 ...; Taufen Band A–E 1801–1868, S. 39.
17 StABS Gerichtsarchiv PP 1.180 (1864).
18 StABS Straf und Polizei AA 31, Erstechen, Oeffnung der Adern u. dg. Wundschau.
19 StABS Kirchenarchiv CC 11.4. St. Theodor, Taufregister (1786).
20 StABS Kirchenarchiv BB 24.8. St. Leonhard, Tauf- und Konfirmandenregister (1748–1790), Eintrag von seiner Schwester Barbara Elisabeth.
21 StABS Militär R 8. Stadtgarnison, Zahlrödel für Soldzahlung (1794–1798).
22 StABL Liestal 31b, E 9.1.47.31, auswärtige Tote (1812–1834).
23 Koelner 1929, S. 78; so auch bei Ramseyer 1955, S. 78.
24 StABS Kirchenarchiv CC 16.3. St. Theodor, Beerdigungsregister (1816).
25 StABS Kirchenarchiv BB 34.2. St. Leonhard, Beerdigungsregister (1825).
26 StABS Kirchenarchiv V 51. Münstergemeinde, Beerdigungsregister Münster Neuer Gottesacker (1827).
27 StABS Kirchenarchiv CC 4.1 2. St. Theodor, Bannprotokolle (1786–1816) und StABS, Armenwesen U 1. Einzelne Unterstützungen (1786–1816).
28 Adressbuch der Stadt Basel 1811.
29 StABS Kirchenarchiv CC 16.3. St. Theodor, Beerdigungsregister (1816).
30 StABS Kirchenarchiv CC 11.5. St. Theodor, Taufregister (1788-1835).
31 StABS Kirchenarchiv CC 11.5. St. Theodor, Taufregister (1788-1835).
32 StABL, E 0.1.69.04, Rümlingen 4a, Taufen 1817–1854, Tod unter Taufeintrag notiert. Gleichzeitig noch StABL E 9.1.69.04 Rümlingen 4f, Tote 1817–1854. Angaben für Catharina Itin.
33 StABS Kirchenarchiv CC 11.4. St. Theodor, Taufregister (1786).
34 StABS Kirchenarchiv CC 16.3. St. Theodor, Beerdigungsregister (1816).
35 StABL, E 9.1.17.03, Bubendorf 3, Taufen (1759–1795).
36 StABS Kirchenarchiv CC 11.5. St. Theodor, Taufregister (1789).
37 Sägergässlein 4, Adressbuch der Stadt Basel 1862.
38 StABS Kirchenarchiv BB 25. St. Leonhard, Taufen (1790–1826).
39 Adressbuch der Stadt Basel 1841.
40 Bäumleinhofweg 3, Adressbuch der Stadt Basel 1862.
41 StABS Straf und Polizei M 7. Wöchentliche Polizeirapporte (1818). Rapport der Woche 7.6.–14.6.1818.
42 StABS Straf und Polizei AA 29, Hängen (1818).
43 Badergässlein 3 (alt 329) ‹Zum kleinen Löwen› (Falkner-Plan von ca. 1870), Adressbuch der Stadt Basel 1862.
44 StABS Gerichtsarchiv PP 1.49 (1833 II). Erbe von P. Kestenholz.
45 StABS Gerichtsarchiv PP 1.49 (1833 II). Erbe von P. Kestenholz.
46 StABS Protokolle Kleiner Rat 187 vom 10.6.1818.
47 StABL, E 9.1.80.20, Waldenburg – St. Peter 20, Familienregister Oberdorf (1859–1883).

Lebensraum und Alltag

Theos Welt

Basel um 1800

Philipp Senn

Das wirtschaftliche Leben Basels ist seit jeher vom Rhein geprägt, der als Verkehrsweg und Fischgewässer eine zentrale Rolle für die Stadt spielte.[1] Zu Theos Zeit gab es hier mit der alten Rheinbrücke den einzigen festen Flussübergang in der Region. Basel war ein Zentrum von Handel und Verkehr, und in Kriegszeiten, so 1795 und 1813/14, waren die Stadt und die Brücke auch strategisch von Bedeutung. Das am rechten Rheinufer gelegene Kleinbasel war seit dem Mittelalter Teil der Stadt, blieb aber durch seine besondere Lage in vielerlei Hinsicht eigenständig.

Im Jahr 1779 zählte man in Basel 15 040 Einwohner in 3569 Haushaltungen, die sich auf 2120 Häuser verteilten. Zu der sesshaften Bevölkerung kam noch eine unbekannte Anzahl von Kurzaufenthaltern, beispielsweise Tagelöhner, Bauern und Händler aus dem Umland sowie Reisende. Je nach Saison, Konjunktur und politischen Umständen (Kriege) änderte sich die Grösse und Zusammensetzung dieser Gruppe. Um 1800 besass nur gut die Hälfte der Stadtbewohner das Bürgerrecht.[2]

Blick von Osten rheinabwärts auf die Grossbasler (links) und Kleinbasler Seite. Rechts am Bildrand steht die St.Theodorskirche. Umrissradierung von Christian von Mechel, um 1795 (Ausschnitt).

Grossbasel erstreckte sich um 1800 über drei markante Naturräume: den Hügel um das Münster und St. Martin, den Höhenzug zwischen St. Leonhard und St. Peter sowie das dazwischen gelegene Tal des Birsig. Dieser kleine Fluss nahm praktisch die gesamten Abwässer der ‹mehreren› Stadt auf, weshalb er von Zeitgenossen auch als ‹grosse Kloake› bezeichnet wurde. Die massive Verschmutzung verursachte vor allem in der warmen Jahreszeit einen üblen Gestank. Überdies trug sie massgeblich zum Ausbruch von Krankheiten wie Cholera und Typhus bei, da das seichte, langsam fliessende Gewässer die Fäkalien sowie die Schlachtabfälle, welche die Metzger im Birsig entsorgten, nicht ausreichend fortschwemmte.

Zwischen den inneren und äusseren Stadtmauern lagen die Vorstädte, die bis in die Mitte des 19. Jahrhunderts nicht sehr dicht bebaut waren. Um 1800 bestanden noch rund vierzig Prozent des Stadtgebiets aus überwiegend landwirtschaftlich genutzten Freiflächen (hauptsächlich aus Gärten und Rebbergen, die der städtischen Oberschicht gehörten). Die altertümlichen, schlecht unterhaltenen Stadtmauern mit den bewachten Toren, den Türmen und Bastionen gaben Basel ein fast mittelalterliches Gepräge und schlossen die Stadt physisch von der Umgebung ab. Nachts wurden die Tore geschlossen, und in den Gassen und auf den Plätzen war es ziemlich finster, da nur einige Ölfunzeln ein spärliches Licht warfen. Noch vor Mitternacht wurden sie gelöscht und in mondhellen Nächten aus Spargründen gar nicht erst angezündet.[3]

Wer es sich leisten konnte, wohnte im oder nahe am Stadtzentrum, etwa beim Korn- oder beim Fischmarkt, am Münsterplatz oder am Nadelberg. Gewerbetreibende mit gutem Einkommen (zum Beispiel Metzger oder Gerber) hatten sich etwas weiter vom Zentrum entfernt und an den Verkehrsachsen in der Spalen- und Aeschenvorstadt niedergelassen, während die anderen Vorstädte mehrheitlich von ärmeren Handwerkern bewohnt waren (beispielsweise von Webern in der Steinen- und von Fischern in der St. Johannsvorstadt).[4] «Das Stadtbild des 19. Jahrhunderts prägten noch immer schmale Häuser, deren Grundrisse sich auf den mittelalterlichen Parzellen in die Tiefe erstreckten.»[5] Allerdings entstanden da und dort in den Vorstädten, am Rheinsprung und in der Rittergasse mehrere «aristokratische Palais»[6] von reichen Kaufleuten und Bankiers.

Der Basler Wachtmeister Heinrich Fuhrer. Kolorierte Radierung von Franz Feyerabend, 1792.

Kleinbasel war zum einen geografisch durch den Rhein von Grossbasel getrennt, zum andern hob es sich auch politisch und wirtschaftlich von den übrigen Basler Vorstädten ab. Beispielsweise besass es einen eigenen Schultheiss, der vom Basler Kleinen Rat jeweils auf Lebenszeit gewählt wurde, sowie eine weitgehend eigenständige Gerichtsbarkeit.[7] Durch diese Besonderheiten bildete Kleinbasel quasi eine Stadt in der Stadt.

Gesellschaft im Wandel

Politik und Gesellschaft Basels vor 1798 waren geprägt vom Gegensatz zwischen einer konservativen Regierung und einer sich immer stärker modernisierenden Wirtschaft. Kapitalwirtschaft und Politik wurden von einigen wohlhabenden, einflussreichen Familien kontrolliert, deren Kreise seit Generationen nach aussen praktisch abgeschlossen waren. Die höchsten Stadtämter und die Mitgliedschaft im Kleinen Rat (die eigentliche Regierung) blieben den Angehörigen dieser Handels-, Fabrikanten- und Bankiersdynastien vorbehalten, ebenso die wichtigsten Aufsichtsorgane, nämlich das ‹Direktorium der Kaufmannschaft› (Manufakturen, Handel, Postwesen) und die ‹Haushaltung› (Finanzen).[8]

Dass das überkommene politische System den Anforderungen der Zeit nicht genügte, zeigte sich etwa bei Ernährungskrisen wie der von 1770/71, als nach mehreren schlechten Ernten in Folge alle wichtigen Nahrungsmittel (vor allem Getreide, Käse und Fleisch) massiv verknappt waren und ihre Preise auf ein Mehrfaches anstiegen. Dass weite Teile der Bevölkerung nicht mehr in der Lage waren, sich ausreichend zu versorgen, konnte von der Obrigkeit nicht verhindert werden. Dennoch blieb die alte Führung vorerst an der Macht, denn die Mehrheit der Bürger profitierte von der althergebrachten Abschottung der städtischen Wirtschaft, die einen etablierten Handwerksmeister vor Konkurrenz von aussen schützte.

In der dünnen Oberschicht gab es durchaus Reformkräfte, deren Exponenten wie etwa Isaak Iselin meist im Ausland studiert hatten und sich der Aufklärung ver-

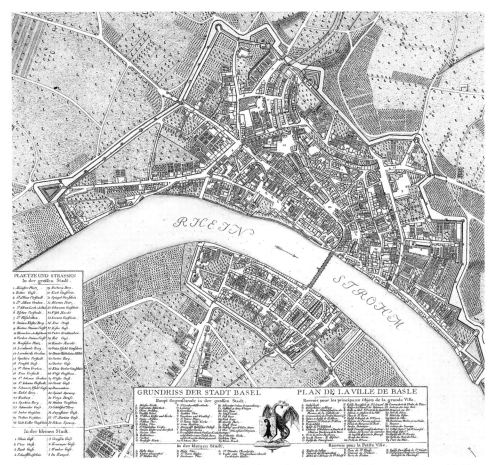

Grundriss der Stadt Basel, erfasst im Jahr 1784 von Samuel Ryhiner.
Druckgrafik von Christian von Mechel, 1786 (Ausschnitt).

pflichtet fühlten. Sie bildeten eine Minderheit, die sich in standesübergreifenden Vereinen organisierte (zum Beispiel ab 1777 in der Gesellschaft zur Aufmunterung und Beförderung des Guten und Gemeinnützigen, GGG). Unter dem Eindruck der Französischen Revolution von 1789 verschärfte sich der Gegensatz zwischen reformerisch eingestellten Aufklärern und konservativ-religiösen Kräften immer mehr, sodass die Basler Bürgerschaft in zwei politische Interessengruppen gespalten war: revolutionsfreundliche ‹Patrioten› und konservative ‹Aristokraten›.

Im Ersten Koalitionskrieg (ab 1792) zeigte sich die exponierte Stellung Basels zwischen den Mächten Frankreich und Österreich. Zu militärischen Auseinandersetzungen kam es im näheren Umkeis der Stadt zwar nicht, in wirtschaftlicher Hinsicht hatten Revolution und Krieg aber spürbare Auswirkungen. Auf der einen Seite wurde im französischen Bürgerkrieg Lyon zerstört, dessen Textilindustrie eine unbequeme Konkurrentin für die von Basel war. Zudem versprach das Unterlaufen der Wirtschaftssperre, mit der die Kriegsgegner Frankreich belegt hatten, gute Gewinne. Auf der anderen Seite machte die Rohstoff- und Nahrungsmittelknappheit Basel zu schaffen. «Dass es

Zeremonie zur Pflanzung des Freiheitsbaums am 22. Januar 1798.
Druckgrafik von Friedrich Ludwig Kaiser, 1798.

also einige Kriegsgewinnler unter den Basler Händlern gegeben haben muss, liegt auf der Hand. Insgesamt gesehen stellte der Handelskrieg gegen Frankreich jedoch für viele Händler und vor allem für die Basler Bevölkerung eine grosse Härte dar.»[9] 1798 lebten offiziell nur noch 14 678 Einwohner in der Stadt.

Helvetik und Mediation

Zu Beginn des Jahres 1798 kam es zu einer unblutigen Revolution, die von den ‹Patrioten› angeführt und aus Frankreich unterstützt wurde. Am 22. Januar auf dem Münsterplatz und am 25. Januar in Kleinbasel fanden revolutionäre Verbrüderungsfeiern statt. Auch in der ‹minderen› Stadt errichtete man als Symbol des Wandels einen Freiheitsbaum, obwohl die meisten Bürger hier an der alten Ordnung hingen, von der sie als mittlere und einfache Handwerker besonders profitiert hatten. In den folgenden Wochen wurde eine neue Ordnung geschaffen, an deren Ausarbeitung sich auch gemässsigte und pragmatische ‹Aristokraten› der alten Führung beteiligten, die sich so ihre Macht erhalten konnten.

Mit der Gründung der Helvetischen Republik wurde die Schweiz zum Einheitsstaat, Basel vom souveränen eidgenössischen Ort zum Verwaltungs- und Wahlkreis. Für die Bevölkerung galten, angelehnt an die Werte der Französischen Revolution, neu etliche allgemeine Grundrechte: Wahlrecht, Meinungsfreiheit, Religionsfreiheit, Gewerbefreiheit etc. Manche dieser politischen Veränderungen wirkten sich bald im Basler Alltag aus: Die bis dahin diskriminierten Katholiken beispielsweise gründeten eine eigene Kirchgemeinde und durften ab 1801 in der Clarakirche Gottesdienste abhalten. Kleinbasel wurde so zum Zentrum der katholischen Minderheit. Andere Reformen griffen dagegen in der Praxis kaum: Der Zunftzwang wurde zwar aufgehoben, sodass nun theoretisch auch Nichtbürger und Zuzüger in Basel ein Geschäft eröffnen oder ein Haus kaufen durften; jedoch konnten nur wenige Menschen diese Rechte auch tatsächlich einfordern, da die immer noch einflussreichen ‹Aristokraten› sich mit aller Macht gegen die Neuerungen stemmten und die Helvetische Republik schon 1802 unterging. Für die einfache Bevölkerung waren die Auswirkungen des Zweiten Koalitionskrieges (1799–1802) viel prägender als die neue Wirtschaftsordnung. Jener wurde weitgehend auf Schweizer Boden ausgetragen und brachte auch den Baslern wieder Entbehrungen und materielle Not.

‹Die politische Schaukel›, Karikatur zur Mediation. David Hess alias ‹Gilbray junior›, 1803, nach Franz Feyerabend, 1792 (Ausschnitt).

Napoleon versuchte mit der von ihm diktierten Mediationsakte, einen Ausgleich zwischen ‹Aristokraten› und ‹Patrioten› zu finden. Ab Dezember 1803 waren in Basel die Zunftgesetze wieder in Kraft, wodurch für auswärtige Gewerbetreibende, zu denen auch die Bewohner des Baselbiets gehörten, der Zugang zum städtischen Markt eingeschränkt wurde. Der Grosshandel und die Textilindustrie waren ab 1806 von der französischen ‹Kontinentalsperre› gegen England betroffen. Diese beschnitt die Einfuhr von Rohstoffen (zum Beispiel Baumwolle) und den Warenexport, was manches Handelshaus in den Bankrott trieb und dessen Angestellte die Arbeitsstelle kostete.

Dennoch war die Zeit der Mediation verglichen mit der vorangegangenen Helvetik ziemlich ruhig. Diese Stabilität trug dazu bei, dass gemässigte Reformen, etwa zur Verbesserung des Bildungswesens, umgesetzt werden konnten. Die Anstrengungen auf dem Gebiet der Armutsbekämpfung waren dagegen weniger erfolgreich, denn die Zahl der Hilfsbedürftigen stieg durch die Kriegsjahre und das Bevölkerungswachstum erheblich an. «Aufs Ganze gesehen genügten die privaten Initiativen der GGG, die halbstaatliche Mittelverteilung der Armenanstalt und die im Wesentlichen restriktiven armenpolizeilichen Mittel der Regierung zu keiner Zeit, um der Armut und dem damit verbundenen Bettelwesen effizient Einhalt zu gebieten.»[10]

Nach der Niederlage Napoleons im Russlandfeldzug nahmen auf dem Weg nach Frankreich am 21. Dezember 1813 gegen zwanzigtausend österreichische, preussische und russische Soldaten Quartier in der Stadt.[11] Basel, das damals knapp sechzehn-

Kleinbasler Richthaus und alte Rheinbrücke bei Hochwasser, 1876.

tausend Einwohner zählte, platzte aus allen Nähten. Die Versorgung dieser vielen Menschen (bis Juni 1814 fielen rund 800 000 Verpflegungstage an) stellten die Armeen sicher, indem sie Basel und die Umgebung ausplünderten. Dies brachte die ohnehin geschwächte Wirtschaft an ihre Belastungsgrenze und ruinierte die Staatsfinanzen. Die katastrophalen hygienischen Bedingungen in den Krankenlagern förderten die Ausbreitung des Flecktyphus, dem etwa achthundert Basler und unzählige Soldaten zum Opfer fielen. Die massive Präsenz der antirevolutionären Alliierten gab den konservativen Kräften in der Regierung Auftrieb.

Restauration

Am 4. März 1814 endete die Mediationszeit. Die an diesem Tag erlassene neue Verfassung hatte zum Ziel, wesentliche Elemente der alten Ordnung aus der Zeit vor 1798 wiederherzustellen – zu ‹restaurieren›. Extreme Forderungen der reformierten Kirche (zum Beispiel der Ausschluss von Katholiken und Juden) und der bürgerlichen Handwerker (zum Beispiel die Wiedereinführung der Leibeigenschaft) blieben zwar unerfüllt. Allerdings wurden beispielsweise die Zunftrechte wieder in Kraft gesetzt, womit auch formell die letzten Reste der helvetischen Gewerbefreiheit beseitigt waren. Um 1815 lebten nach der amtlichen Zählung 16 674 Menschen in Basel.

Nach zwei aufeinanderfolgenden Missernten kam es 1816/17 noch einmal zu einer schweren Teuerungskrise. Seit 1812 waren wegen der Requisitionen und Verwüstungen durch die Kriegsparteien sowie aufgrund mässiger Ernten die Preise immer weiter gestiegen. Da die Vorräte und Ersparnisse vieler Menschen aufgebraucht waren, reichte die Abgabe von verbilligtem Getreide durch die Obrigkeit nicht mehr aus, um die Verelendung in den Griff zu bekommen. Deshalb förderte man die Auswanderung der ärmeren Teile der Bevölkerung nach Russland und Amerika.

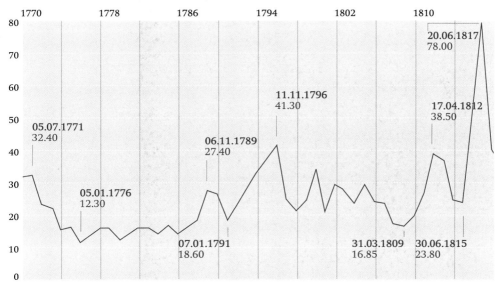

Entwicklung des Weizenpreises im Basler Kornhaus von 1770–1818. Preisangabe in Franken pro Sack Getreide (ein Sack Getreide entsprach 137 l, ca. 100 kg)

In die Spätzeit der Restauration fällt der Beginn der Industrialisierung, welche sich insbesondere auf Kleinbasel stark auswirkte. Bereits ab 1824 nahm die Basler Textilindustrie durch den Einsatz der neuen Technik der Florettseidenspinnerei einen neuen Aufschwung. Mit der Einführung der Fabrikproduktion begann die Bevölkerung deutlich zu wachsen: 1835 zählte man in Basel 21 219 Menschen.

1 Dieser Beitrag basiert auf einer Lizenziatsarbeit am Historischen Seminar der Universität Basel, Senn 2009. Ein PDF der Arbeit kann beim Autor bezogen werden.
2 Vgl. Mauersberg 1960, S. 27 f.
3 Vgl. Burckhardt 1957, S. 83.
4 Vgl. Berner 2008, S. 101 f.
5 Brunner 1999, S. 39.
6 Eppens 1965, S. XIV.
7 Vgl. Meyer 1992, S. 21 f.
8 Vgl. Burckhardt 1957, S. 82; Burghartz 2000, S. 129.
9 Opitz 2000, S. 159.
10 Opitz 2000, S. 175.
11 Opitz 2000, S. 176.

Leben und Arbeiten in Kleinbasel
Philipp Senn

In Kleinbasel war um 1800 keiner der reichen Seidenfabrikanten ansässig, und mit dem Hattstätterhof gab es hier nur einen einzigen Patriziersitz.[1] Dennoch war es kein typisches Armeleutequartier, sondern es wurde grösstenteils von mittelständischen Gewerblern, ihren Familien, Gesellen und Hausangestellten bewohnt.[2] Vertreter ‹unehrlicher› Berufe (etwa Abdecker oder Lumpensammler) und andere Randgruppen der Gesellschaft konzentrierten sich dagegen seit jeher am Kohlenberg in Grossbasel. Die Volkszählung von 1779 ergab für Kleinbasel 2989 Menschen. Damit war die ‹mindere› Stadt für damalige Verhältnisse sehr dicht besiedelt, vor allem in der Nähe der Rheinbrücke und an den Verkehrsachsen. Bis zum Jahr 1798 sank die Einwohnerzahl auf 2492, stieg danach aber wieder stark an und lag 1837 bei 4250.[3] Hinzu kam eine nicht näher bestimmbare Anzahl von Nichtzünftigen, Tagelöhnern, Manufakturarbeiterinnen und Durchreisenden, die von der Obrigkeit nicht systematisch erfasst wurden.

Der Teich

Die Lebensader Kleinbasels war der Teich, ein Netz von Gewerbekanälen. Das Wasser, welches man aus der Wiese abzweigte, diente seit jeher als Antrieb zahlreicher Mühlen. Um ein Haus mit einem Wasserrad und den dazugehörigen Gerätschaften unterhalten

Riehenteich, Waschanstalt am Mattweg oberhalb der Heusler'schen Bleiche.
Aquarell von Johann Jakob Schneider, 1874.

zu können, musste man über ein gewisses Kapital verfügen. Da der Antriebsmechanismus mit relativ geringem Aufwand von einer Produktionskette auf eine andere umgerüstet werden konnte, waren die Unternehmen, die über ein Wasserrad verfügten, ziemlich flexibel und konnten sich konjunkturellen Schwankungen anpassen. Zudem waren sie offen für die Verarbeitung neu aufkommender Massenprodukte. So entwickelte sich Basel im 18. Jahrhundert rasch zum führenden Produzenten von Tabakerzeugnissen in der Schweiz. Auch ausserhalb der Stadtmauern wurde der Teich vielfältig genutzt, etwa zum Fischfang, bei der Holzverarbeitung und der Textilproduktion. Wilhelm Linder (1721–1801) beschrieb ihn in seiner Kleinbasler Chronik wie folgt:

«Der Canal nimmt seinen Anfang aus dem Wiesenfluss in dem Stettemer Dorfbann, under St. Bläsy-Matten kommt noch eine grössere Menge Wasser dazu; lauft also mit dem Riehenteich vereinbart bis auf den Holzplatz, da scheidet sich der Canal in zwei Ärme, der kleinere nimmt seinen Lauf gegen den Dratzug und treibt da eine Mahlmühle, Strumpfwalke und Saflorstampfe [Saflor = Färberdistel], auch Gibsreibe.

Der grössere Arm des Canals lauft neben dem Riehenthor vorbey, treibt die obrigkeitliche Sägen gegenüber des Iselins Blaicher Walke, ein Sägen und Materialstampfe. Bei ersterer Sägen wird ein kleiner Bach aus dem Canal genommen, welcher durch ein gewölbten Gang under der Strass durchfliesst, und durch Herrn Dreierherr München Rebgarten offen durch das Riehenthor durchlauft, oben an der Räbgass einen Ast seines Wassers, an der Uthengass den zweiten, und an der Rheingass

Mittlerer Teich, Blick teichaufwärts beim Haus Ochsengasse 14, um 1890.

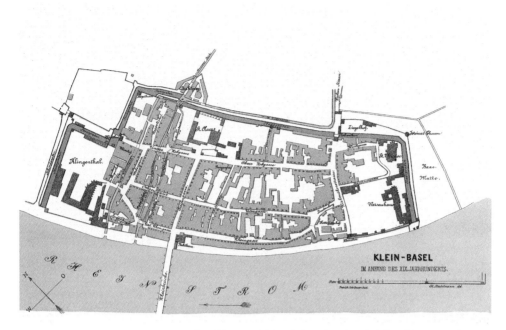

Grundriss von Kleinbasel. Gut erkennbar sind die Teiche. 19. Jahrhundert.

den dritten Rest des Wassers abgiebt, wodurch nicht nur alle Unreinigkeiten des grösten Theils der Stadt abgeführt, bei grosser Hitz eine angenehme Kühle verursacht, viele in diese drei Bäch gelegte Deuchel den Gewerben das nötige Wasser ins Haus schafft und auch in Feuersgefahr das üblichste Mittel zur Rettung darreicht.

Dieser obstehende grössere Canal lauft neben dem Riechenthor an der Stattmauer vorbey, treibt ein von Gerichtsherr Ritter aufgeführtes ganz neues Gewerb zu einer Tabakreibe auf dem Dratzug, wo sich beide Canal wider vereinbahren und gleich darauf in drei Äste under der gewölbten Stadtmauer durchlaufen.»[4]

   Die Wasserläufe – Teicharme und offene Strassenbäche – wurden von einer Vielzahl von Handwerksbetrieben mit hohem Wasserbedarf genutzt: Gerberei und Färberei waren Ende des 18. Jahrhunderts die wichtigsten Wirtschaftszweige Kleinbasels. Daneben diente das Teichwasser als Antriebskraft für Stampfen, Walken, Reiben, Mühlen und Sägen. 1823, auf dem Höhepunkt seiner Nutzung, wurden am Teich 64 Wasserräder betrieben. 34 von ihnen liefen in zwölf Getreidemühlen, ausserdem gab es «sechs Tabakstampfen, vier Sägen, drei Gipsmühlen, vier Farbholzmühlen, vier Ölmühlen, je zwei Bleichewalken, Farbholzschneiden, Giftmühlen, Sandelstampfen, Schleifen und je eine Wollentuchwalke, Gewürzmühle, Indigomühle, Lohstampfe, Strumpfwalke, Walkfass für Leder, Hammer zum Bedarf der Gerber».[5] Ähnlich wie der Birsig auf der Grossbasler Seite war der Kleinbasler Teich durch Abwässer der Färbereien und Gerbereien sowie durch Fäkalien stark verunreinigt, aber erst zwischen 1907 und 1917 wurde er in Etappen aufgehoben.

Der Schneider. Kupferstich von Christoph Weigel, 1698.

Kleinbasel abseits der Teicharme

Der vom Teich nicht erschlossene südliche bis östliche Teil der ‹minderen› Stadt war weniger dicht bebaut. Dies verlieh ihm einen vergleichsweise dörflichen Charakter. Auf dem Ryhinerplan von 1784/86 sind die Obstanlagen und Gärten gut zu erkennen. Hier, nahe beim Riehentor und den Feldern vor den Stadtmauern, arbeiteten viele Kleinbasler in der Landwirtschaft und als Weinbauern, manche auch als Schiffleute.[6] An der Verkehrsachse zwischen Riehentor und Rheinbrücke waren Werkstätten und natürlich Wirtshäuser angesiedelt. Einer der wichtigsten Gasthöfe Kleinbasels war der Rote Ochsen. Diese sogenannte ‹Herrenwirtschaft›, in der aber auch Gäste niederen Standes (zum Beispiel Fuhrleute) bedient wurden, erfüllte auch eine wichtige Funktion als Herberge der wandernden Handwerksgesellen.

Direkt bei der Brücke und vis-à-vis des Richthauses befand sich die ‹Schol› oder ‹Metzig›, das Schlachthaus. Die dortigen Verkaufsstände (Metzgerbänke) waren sehr begehrt, ihre Anzahl war auf fünf beschränkt. Unweit der Brücke und an den Hauptverkehrswegen war auch das übrige Kleinbasler Lebensmittelgewerbe (Bäcker, Fischer) angesiedelt, zudem gab es dort Geschäfte, welche Konsumgüter des täglichen Bedarfs herstellten und vertrieben, also Gremper (Kleinhändler), Schneider und Schuhmacher.[7]

Vielfalt der Berufe, Konkurrenz der Handwerke

Durch das Zunftwesen waren die meisten Berufe reglementiert, so zum Beispiel das Schneidermetier. Die eigentlichen Schneider durften auf den von ihnen hergestellten Kleidungsstücken keine Stickereien anbringen, da dies nur ihren Zunftgenossen, den Seidenstickern, zustand. Das Flicken abgetragener Kleider war ihnen grundsätzlich verboten, da mit dieser Arbeit die sogenannten ‹Käufler› ein bescheidenes Auskommen fanden. Diese waren aber einer anderen Zunft angegliedert, der Zunft der Kürschner (Pelzverarbeiter). Handeln durfte ein Schneider nur mit Altkleidern. Wollte er neue Gewänder auf dem Markt verkaufen, musste er zusätzlich Mitglied der Zunft zum Schlüssel sein, der die Tuchhändler angehörten; ansonsten arbeitete er ausschliesslich auf Kundenbestellung. Dieses System von Regelungen wurde im Alltag ständig unterlaufen, da ein tüchtiger Schneider das ganze Spektrum seines Berufs beherrschte. Durch Übertretung der Zunftordnung konnte er zusätzliche Einkünfte erzielen. Das führte zu ständigen Streitereien innerhalb der Zunft und mit den ‹benachbarten› Zünften.

Eine Besonderheit der Schneidernzunft war, dass sie offiziell und bereitwillig ‹Zunftschwestern› aufnahm, das heisst nicht nur die Witwen verstorbener Meister, sondern auch ledige Frauen. Diesen Brauch sollte man allerdings nicht als frühe Gleichstellung der Geschlechter missverstehen, der Grund dafür lag vielmehr darin, dass Näh- und Stickarbeiten häufig von Frauen ausgeführt wurden, die so die ohnehin zahlreichen Schneider (um 1780 gab es in Basel 77 aktive Meister mit 91 Gesellen und Lehrjungen) konkurrenzierten. Durch die Ausdehnung des Zunftzwangs auf die Frauen versuchte man, diese auf bestimmte Arbeiten festzulegen, beispielsweise auf das Anfertigen von Hemden und Tüchlein, während man ihnen die Verarbeitung von Wolltuch, Barchent und anderen schweren Stoffen verbot. Obwohl der Markt prinzipiell durch die Zunftschranken reguliert war, mussten die Schneider aufgrund der Konkurrenzsituation um Kunden kämpfen. Es entwickelte sich bei ihnen – wie auch bei den Schuhmachern und anderen einfachen Handwerken – als Vertriebssystem die sogenannte ‹Stör›: Die Gesellen wurden zu den Kunden nach Hause geschickt, um Arbeiten gleich vor Ort zu erledigten.[8]

1   Dieser Beitrag basiert auf einer Lizenziatsarbeit am Historischen Seminar der Universität Basel, Senn 2009. Ein PDF der Arbeit kann beim Autor bezogen werden.
2   Vgl. Meyer 1992, S. 32.
3   Vgl. Gschwind 1977, S. 138.
4   Burckhardt-Finsler 1907, S. 5.
5   Lutz 2004, S. 33.
6   Vgl. Berner 2008, S. 102.
7   Vgl. Guyer 2009, S. 19.
8   Vgl. Wanner 1970, S. 18 f.

Die Zünfte

Philipp Senn

Zunftwesen und Bürgertum

Im Ancien Régime war die Zunftmitgliedschaft Voraussetzung für die Aufnahme ins Bürgerrecht.[1] Wer in Basel selbstständig ein bestimmtes, von einer Zunft reguliertes Gewerbe, sei es ein Handwerk oder ein Handelsgeschäft, betreiben wollte, war gut beraten, sich der entsprechenden Zunft anzuschliessen, da diese darum bemüht war, die eigenen Mitglieder zu beschützen und zu bevorteilen sowie unzünftige Mitbewerber auszuschalten. Handel und Handwerk waren oft nicht scharf zu trennen, da Herstellung und Verkauf von Waren in vielen Gewerben eng miteinander verbunden waren. Ein gutes Beispiel dafür sind die Fischer: Während überwiegend jüngere Fischer den eigentlichen Fischfang betrieben, betätigten sich die älteren eher im Fischhandel. Mischformen waren – da die (Familien-)Betriebe oft recht klein waren – eher die Regel denn die Ausnahme.

Die Mitgliedschaft in einer Zunft war an das Befolgen der Zunftordnung gebunden. Diese legte einen Verhaltenskodex und beim Handwerk Qualitätsstandards, Betriebsgrössen und Produktionsmengen fest. Nur die Mitglieder der Zunft waren in der Stadt zur Ausübung des jeweiligen Berufs zugelassen. Das begrenzte den Konkurrenz-

Ansicht von Basel rheinaufwärts. Im Vordergrund Flösser und ein Fischer.
Zeichnung von Emanuel Büchel, vor 1747 (Ausschnitt).

druck und sicherte den Zünftigen ein gewisses Einkommen. Die mächtigen, exportorientierten Textilfabrikanten konnten das starre Zunftsystem allerdings aushebeln, indem sie im Verlag von Heimarbeitern auf der Landschaft produzieren liessen (in der Stadt also nur als Kapitalgeber und Grosshändler auftraten) beziehungsweise nichtzünftige Produktionsformen wie die Manufaktur einführten.

Der Erwerb des Zunftrechts kostete eine hohe Eintrittsgebühr, die den städtischen Meistersöhnen zur Hälfte erlassen wurde, und war an Bedingungen geknüpft: Nachweis von Lehre und Wanderschaft, Besitz – beziehungsweise finanzielle Mittel für den Kauf – der Ausrüstung für den Militärdienst und andere Bürgerpflichten, in manchen Handwerkszünften auch die Anfertigung eines Meisterstücks, welches die fachliche Qualifikation des neuen Meisters belegen sollte. Der Glasermeister Christian Friedrich Bender (Theo-Kandidat Nr.1) bezahlte im Oktober 1808 für seine Aufnahme in die Zunft zum Himmel den stattlichen Betrag von 25 Franken.[2]

Ausserdem galten zunächst noch strikte Aufnahmebedingungen, die die eheliche Geburt, das Basler Bürgerrecht und somit das Bekenntnis zur reformierten Konfession umfassten; nach 1798 genügte dann eine Niederlassungs- und Gewerbsbewilligung. Im 18. Jahrhundert wurde das Bürgerrecht fast ausschliesslich an Söhne aus Basler Bürgerfamilien verliehen, die es – und somit die Zunftfähigkeit – in väterlicher Linie erbten. Die damit verbundenen Vorrechte und insbesondere der gesellschaftliche

Schlachthaus hinter der ‹Schol›. Aquarell von Johann Jakob Schneider, 1869.

Status (Bürgerstand) erstreckten sich auch auf die Angehörigen (Kinder, Ehefrau). Da Hintersassen (Einwohner, die von der Basler Landschaft gebürtig waren) und Aufenthalter das Bürger- und somit das Zunftrecht in der Regel nicht erwerben konnten (ein zünftiges Handwerk auszuüben, war ihnen damit verboten), hatte mit ihnen und ihren Familien um 1780 fast die Hälfte der Einwohnerschaft keinen Anteil an den entsprechenden Privilegien. Sie durften weder Haus- noch Grundeigentum erwerben und hatten keine politischen Rechte. Die Gesellen, Dienstboten, Mägde etc. unter ihnen waren als Aufenthalter meist nur für die Dauer ihrer Anstellung einem bürgerlichen Haushalt angeschlossen. Immerhin gut ein Viertel der Stadtbevölkerung bestand aber aus dauerhaft niedergelassenen Hintersassen, die mangels Alternativen grösstenteils als Tagelöhner oder – mit fortschreitender Industrialisierung – als Arbeiterinnen und Arbeiter in Manufakturen und Fabriken arbeiteten.[3]

Die Mitgliedschaft in einer Zunft bestand auf Lebenszeit, doch mussten jährlich Abgaben für die Heizung der Zunftstube und die Ausrichtung von Festessen bezahlt werden. Grundsätzlich war im ausgehenden Ancien Régime – mit wenigen Aus-nahmen und im Gegensatz zum Mittelalter – das Zunftrecht Männern vorbehalten; Meisterwitwen ‹erbten› es jedoch und konnten so den Betrieb weiterführen, um sich und allfällige Kinder zu versorgen. In fachlicher Hinsicht war die Weiterführung meist unproblematisch, da fast alle Meistersfrauen auf die eine oder andere Art im Betrieb engagiert waren und eine entsprechende Kenntnis des Metiers hatten. In der Regel bestand wegen der wandernden Gesellen auch kein Mangel an qualifiziertem Personal. In der Ausübung ihrer Rechte waren die Witwen allerdings nicht frei, viel-mehr wurde ihnen als Vormund ein sogenannter ‹Vogt›, ein anderer Meister der Zunft, beigestellt.

Auch die Witwe von Christian Friedrich Bender hatte die Absicht, den Glaserbetrieb ihres Mannes nach dessen Tod zu übernehmen. Artikel 6 der Handwerks-ordnung gestattete es den Witwen von Glasermeistern, den Betrieb mit einem Gesellen weiterzuführen. Sara Bender bat denn auch die Kundschaft per Zeitungsinserat «um Zuspruch, ihr tüchtiger Geselle könne jedermann bestens bedienen»[4]. Der Vorstand der Himmelzunft versuchte jedoch, ihr durch den Kleinen Rat die Gewerbsbewilligung entziehen zu lassen. Er argumentierte mit der Unterbeschäftigung im Glasergewerbe und führte ein vermeintliches Erlöschen von Frau Benders Bürgerrecht nach dem Tod des Ehemanns ins Feld. Der Stadtrat bestätigte ihr aber das Bürgerrecht. Sara Bender bestimmte nun ihren Vater Andreas Bauler zu ihrem Vogt und konnte so ihr Geschäft behalten. Am 17. August 1818 heiratete sie schliesslich den Glasermeister Adam Uehlinger, wodurch die Bevormundung wieder aufgehoben wurde.[5]

Zu den Kompetenzen der Zunftvorstände gehörte neben der erwähnten Organisation des Vormundschaftswesens auch die Gerichtsbarkeit in gewerblichen Fragen und bei kleineren Vergehen, wie es in den Zunftprotokollen nachzulesen ist. Bei den Metzgern betraf dies etwa die Durchsetzung des Rauchverbots auf der ‹Schol› (der gemeinsamen Marktstelle der Metzger mit angegliedertem Schlachthaus), das aus ordnungspolitischen und feuerpolizeilichen Gründen für alle öffentlichen Ge-bäude galt:

13. März 1773
«Nachfolgende Meister und Knaben wurden wegen Tabakrauchen fürgefordert und ihnen vorgestellt, dass solches ihnen oftmalen untersagt worden: Hr. Jakob Senn, Hans Jakob Lotz, Hug jünger, Heinrich Fininger, Hrn. Meister Vesten Knecht, Sebastian Oser, Johannes Müller, Philipp Kern, Rudolf Bier-mann, Heinrich Bauler. Erkannt: Solle jeder 1 Pf. Straff erlegen und bey doppelter Straff unterlassen.»[6]

Einige Metzger und ihre Angestellten waren offenbar auch durch wiederholte Geldstrafen nicht von dieser Gewohnheit abzubringen, weshalb sie über Jahre immer wieder in den Protokollen erscheinen. Die Vorstände nahmen einerseits Klagen von dritter Seite gegen Angehörige der Zunft entgegen, bei den Metzgern etwa des Öfteren wegen ihrer scharfen Hunde:

8. April 1779
«Es wurde Jakob bei Herrn Meister Münch vorgehalten, was mit seinem Hund letzthin an der Grenzacher Strasse vorgegangen, als er dene gehetzt. Antwortet: Der mit dem Wägelein habe gegen den Hund geschlagen. Erkannt: Solle in Zeit 14 Tagen den Hund bei 4 Gulden Strafe wegtun.»[7]

Andererseits gingen sie bei Verdacht im Auftrag ihrer Zunftgenossen gegen unzünftige Konkurrenz vor:

28. Juli 1785
«Frau Wittich Burckhardt, Zuckerbeckin, in deren Namen ihre Tochter Fr. Fürstenberger erschienen, questionirt, sie treibe in ihrem Haus eine Niederlage fremden Fleisches, so bey derselben abgewögen und allerorten verschickt werde. Frau Fürstenberger sagt, ihre Mamma habe von einem fremden Metzger ein wälsch Brätlein bestellt, und als sie solches erhalten, habe der fremde Metzger sein annoch bey sich gehabtes Fleisch ausgepackt, und mit ihrer Erlaubniss eine Weile in ihrem Hause liegen lassen. Unterdessen sei Jakob Munzinger der Schlager in ihr Hauss gekommen und habe alles vorgefundene Fleisch weggetragen. Sie gestehe, das ihre Mamma gefehlt und unterwerfe sich, was

Der Weissgerber. Kupferstich von Christoph Weigel, 1698.

M. Hg. H. diesfalls vornehmen werden. Erkannt: Weilen allzu bekannt, dass Fr. Burckhardt solche schlechten Handlungen schon öfters begangen, so solle dieselbe 10 Pf. per Strafe erlegen, und hoffen M. Hg. H., sie werde sich in Zukunft dergleichen niederträchtigen Sachen enthalten.»[8]

1798 wurden die Zünfte als politische Institutionen zwar abgeschafft, und per Dekret wurden von der Helvetischen Regierung zwei Promille ihres Vermögens eingezogen,[9] jedoch wurden sie bereits 1803 als Wahlkörperschaften wieder eingeführt. Die Vorstände nahmen ihre gewerbepolizeiliche Funktion wieder auf, durften Verstösse aber nicht mehr selbst ahnden, sondern mussten sie vor die städtischen Behörden bringen.

«Jeder Bürger ... war gehalten, eine Zunft anzunehmen; die Handwerker diejenige, zu der ihr Beruf sie wies, die übrigen die Zunft ihrer Väter. Die Zunftgemeinde wählte zehn Vorgesetzte und zwei Meister, die jährlich im Vorsitz abwechselten. Fremde, die hier ein Gewerbe trieben, wurden ebenfalls den betreffenden Zünften zugeteilt. Sie hiessen Zunftverwandte und hatten keinen Anteil an den Zunftrechten.»[10]

Handwerk

Den Mitgliedern der Zünfte zu Schuhmachern und Gerbern war die Lederbearbeitung als Arbeitsgrundlage gemeinsam. Da Tierhäute als Ausgangsstoff für verschiedene Gewerbe dienten und tendenziell knapp waren, kam es regelmässig zu Auseinandersetzungen unter Zunftmitgliedern sowie mit den Kürschnern, Handschuhmachern und Pergamentern. Die Schuhmacherei, ein typisches Massenhandwerk, übten um 1780 in Basel 108 Meister mit insgesamt 169 Gesellen und Lehrjungen aus. Sie unterhielten bis gegen Ende des 19. Jahrhunderts durch ihre Gesellenbruderschaft eine sogenannte ‹Krankenlade›, eine Frühform einer Kranken- und Sterbeversicherung. Die Rotgerber verarbeiteten hauptsächlich schwere Rinderhäute zu rötlichem Hartleder, welches von den Abnehmern beispielsweise für Stiefel oder Löscheimer verwendet wurde. Weissgerber hingegen fertigten aus Kalb-, Schaf- und Ziegenhäuten helles, weiches Leder für Handschuhe, Taschen und Ähnliches. Die Verkaufsstände der Rotgerber befanden sich in der Gerberlaube (Ecke Gerbergasse und Gerberberg), in deren näherem Umkreis – am

Der Fleischer. Kupferstich von Christoph Weigel, 1698.

Birsig und am Rümelinsbach – die meisten Gerber wegen des hohen Wasserbedarfs ihre Betriebe unterhielten. Hier sowie an den Teichen im Kleinbasel standen auch etliche Lohstampfen, welche die Gerber mit Lohe (zerkleinerter gerbstoffreicher Baumrinde) versorgten. Sie wurden als abgewandelte Mühlen meist von gelernten Müllern betrieben.

Die Müller gehörten von alters her der Schmiedenzunft an (wahrscheinlich wegen ihres hohen Bedarfs an metallenen Werkzeugen und Bauteilen). Natürlich waren in dieser Zunft aber in erster Linie die Huf- und Nagelschmiede, Kessler, Schlosser und Uhrmacher vereint. Da nur die Schmiede zum Handel mit Eisenwaren berechtigt waren, traten auch viele Kaufleute in die Zunft ein. Wie praktisch alle zünftischen Gewerbe hatten die Schmiede eine der Zunft angegliederte, aber ansonsten eigenständige Bruderschaft, welche sich um die Belange der Gesellen kümmerte, etwa um die Krankenfürsorge.

Die Goldschmiede, Juweliere und verschiedene Metallgiesser bildeten eine eigene Zunft, die Hausgenossen- oder Bärenzunft, der sich auch Gelehrte wie Isaak Iselin und einige Fabrikanten anschlossen. Die wichtigste Aufgabe der Zunft im städtischen Wirtschaftsleben war die Teilnahme am ‹Messumgang›, bei dem jedes Jahr während der Basler Messe die Masse der auswärtigen Händler kontrolliert wurde. Der Zunft oblag auch die Prüfung und Eichung (das sogenannte ‹Fechten›) der auf dem Markt verwendeten Waagen und Gewichte sowie des Feingehalts der angebotenen Metallwaren.

In der Spinnwetternzunft waren die Bauleute vereinigt, unter anderem Zimmerleute, Maurer, Gipser, Schreiner, Holzhändler, Säger, Ziegler und Dachdecker. Hinzu kamen weitere Holzverarbeiter wie Wagner, Fassbinder, Wannenmacher und Becherer, ausserdem seit dem 18. Jahrhundert die Kaminfeger, die zuvor als ‹unehrlich› angesehen worden waren. Wie es ihrer beruflichen Qualifikation entsprach, versammelten sich die Spinnwetterer bei Feuersbrünsten nicht wie die anderen Zünfte auf dem Kornmarkt, sondern eilten als ‹schnelle Eingreiftruppe› mit Äxten und Eimern direkt zum Brandherd.

Künstlerische und kunsthandwerkliche Berufe fanden sich in der Zunft zum Himmel, so die Maler, Glaser, Schnitzer, Reitsattler und Kupferstecher. Auch der Bereich der Hygiene und der praktischen Medizin wurde bis ins 19. Jahrhundert als Handwerk angesehen. Die Bader, Barbiere und Wundärzte waren daher in der Scherernzunft vereint, die auch zum Goldenen Stern hiess. Um 1780 gehörten ihr siebzehn, um 1814 fünfzehn Wundärzte an. Die Vorgesetzten der Zunft formierten das sogenannte ‹Collegium chirurgicum›, das die städtische Wundschau (Gerichtsmedizin) unter sich hatte und das Abschlussexamen der Lehrjungen durchführte. «Auch ein [studierter] Arzt, der als Chirurg praktizieren wollte, hatte eine Prüfung vor diesem Kollegium zu bestehen.»[11] Im Basler Militärwesen mussten die Zunftbrüder die feldärztlichen Pflichten übernehmen. Als 1813/14 die alliierten Truppen in Basel einquartiert waren, hatten die Wundärzte alle Hände voll zu tun.

In der Zunft zu Webern waren reiche Band- und Indiennefabrikanten, aber auch weniger wohlhabende Seidenweber und -färber zusammengeschlossen. Da die ‹Bändelherren› im Verlagssystem auf der Landschaft und die Indiennedrucker in Manufakturen produzieren liessen, um zünftische Standesregeln und die Betriebsgrösse einschränkende Regulierungen zu umgehen, wurde das Weberhandwerk in der Stadt nach und nach marginalisiert. Um 1780 zählte man dort bescheidene achtzehn Posamenter (Bandweber), zehn Woll- und zwei Leinenweber, zwölf Seidenweber und achtzehn Seidenfärber (die meisten gehörten der Schneidernzunft an). Der grösste Teil der von ihnen gefertigten Textilerzeugnisse ging in den Export, aber auch in der Stadt wurden sie von vielen Menschen weiterverarbeitet.

Lebensmittelgewerbe

Da Brot für alle Bevölkerungsschichten das Grundnahrungsmittel schlechthin war, wurde der Brot- und Getreidemarkt umständlich reglementiert. Entsprechend lag die Zunft zu Brotbecken ständig mit dem Kleinen Rat im Clinch. Dieser versuchte vor allem in Krisenzeiten, den Brotpreis durch verschiedene Bestimmungen zu drücken. Im Gegensatz zu den Regelungen bei anderen Handwerken war nichtzünftischen fremden Becken der Brotverkauf in der Stadt erlaubt. Wenn der Getreidepreis besonders hoch war, wurde die Produktion von Weissmehlerzeugnissen (Kuchen, Wecken) manchmal sogar verboten. Die Obrigkeit wollte durch diese Massnahme die verfügbare Menge von billigerem Ruchmehl erhöhen, damit sich die Bevölkerung günstiger mit Brot versorgen konnte. Dagegen protestierten die Becken jeweils, da sie um ihr Einkommen fürchteten.

Ebenfalls zur Grundversorgung der Stadt trug der Fleischmarkt bei. Entsprechend war auch das Metzgergewerbe stark obrigkeitlich reguliert, was – ähnlich wie bei den Brotbecken – regelmässig zu Meinungsverschiedenheiten zwischen dem Rat und der Metzgerzunft führte. Der im Berufsalltag zentrale Ort für die Metzger waren die sogenannten ‹Scholen›, von denen es eine am Korn-markt über dem Birsig (‹Grosse Schol›), eine in der Weissen Gasse (‹Neue Metzg›) und eine beim Kleinbasler Richthaus gab. Sie dienten als öffentliche Verkaufsgebäude, in denen die Metzger ihre Stände (‹Bänke›) unterhielten. Geschlachtet wurde im an die Schol angebauten ‹Schinthaus›. Die Zunft war für die tägliche Qualitätskontrolle, die Fleischbeschau, verantwortlich. Auf einer Bank angebotene Fleischteile mussten ordentlich deklariert, und verschiedene Sorten durften nicht vermischt werden. Minderwertiges Fleisch musste auf die sogenannte ‹finnige› Schol (Finnen = Bandwurmlarven) gebracht werden, wo es verbilligt abgesetzt wurde. Gänzlich verdorbenes Fleisch und Schlachtabfälle landeten auf Grossbasler Seite im Birsig und auf Kleinbasler Seite im Rhein. Die Kleinbasler Schol war mit nur vier oder fünf Bänken mit Abstand die kleinste, wodurch die dort ansässigen Metzger einen grossen Konkurrenzvorteil hatten. Auf das geschlachtete Fleisch erhob

Der Zimmermann. Kupferstich von Christoph Weigel, 1698.

die Obrigkeit mit dem ‹Metzgerumgeld› eine Steuer. Um in Teuerungszeiten die Preise zu drücken, richtete der Rat regelmässig eine ‹Fremdenschol› ein. Dort konnten auswärtige Metzger ihr Fleisch zum Verkauf anbieten, was ihnen sonst verboten war. Um 1780 lebten in der Stadt siebzig aktive Metzger sowie fünfzig Gesellen und Jungen. Ein Meister verfügte in der Regel über eine eigene Bank. Da die Scholen aber als öffentliche Gebäude der Stadt gehörten, waren auch die Bänke nicht Eigentum der Metzger, sondern wurden von diesen gepachtet. Das Recht auf eine Bank war erblich, sodass der Sohn oder allenfalls der Schwiegersohn eines Meisters dessen Stelle auf der Schol übernehmen konnte.

Ein weitverbreitetes Nahrungs- und Genussmittel war der Wein, mit dessen Herstellung und Verkauf eine Vielzahl von Berufen verbunden war. Es gab zwar Reblagen in und vor der Stadt, den meisten Umsatz generierte aber der Handel mit auswärtigen Tropfen. Basel fungierte dabei als Drehscheibe zwischen Anbaugebieten wie dem Burgund oder dem Elsass und den Absatzgebieten in der Innerschweiz. Der Weinleutenzunft als Vereinigung der Weinhändler und reicheren Wirte oblag die Überwachung des Weinmarktes und die Qualitätskontrolle. Trotz aller Bemühungen und hoher Strafen war das Strecken des Weins mit Wasser und allerlei Substanzen jedoch weitverbreitet. Der Zunftvorstand war ausserdem für das ‹Fechten› der in der Stadt benutzten Weinmasse zuständig. Die Basler Weinbauern gehörten dagegen der Rebleutenzunft an. Da sich die Rebfläche der Stadt aufgrund der obrigkeitlichen Bodenpolitik (Ausstocken von Reben, um Acker- und Weideland zu gewinnen) immer weiter verkleinerte, gaben um 1800 die meisten Rebleute ihren Beruf nach und nach auf.

1780 gab es in Basel fünfzehn Berufsfischer mit Zunftrecht. Die Zunftordnung enthielt detaillierte Bestimmungen über Fang- und Schonzeiten, über erlaubte Fanggeräte und die Organisation des Fischmarkts. Wie bei den anderen Ernährungsgewerben musste auch hier die Zunft Qualitätskontrollen durchführen und dafür sorgen, dass verdorbener (‹grüner›) Fisch nicht in den ordentlichen Handel gelangte. Fisch war für die Bevölkerung eine wichtige Ergänzung ihres Speisezettels, und in Notzeiten war er eine gute Alternative zum teureren Fleisch. Dennoch lebten die Fischer ziemlich bescheiden, da sie von den ‹Grempern› (Kleinhändlern) konkurrenziert wurden, die im Kaufhaus mit beliebten Meerfischen handelten. Wie beim Fleisch und beim Brot versuchte die Regierung auch beim Fisch, die Verkaufspreise möglichst niedrig zu halten, unter anderem über die Zulassung fremder Fischverkäufer. Die Fischmarkt-Ordnung vom 12. Mai 1773 beispielsweise sah vor,

«dass die fremden Fisch = Verkäufer, so da Karpfen, Lachs, Salmen und andere Fische zum Verkauff anhero bringen in dieser Zufuhr von Lebens = Mitteln nicht nur nicht gehindert, sondern darinn vielmehr gefördert und begönstiget werden; so solle Einer E. Zunfft zu Fischern, oder ihren Fisch = Käuffern, aller Aufkauff der anhero gebrachten Fischen verboten bleiben, und denen fremden = Fisch = Verkäuffern erlaubet seyn, ihre Fische zu allen Zeiten auf dem hiesigen Fischmarkt feil zu haben». [12]

Handel

Der Warenumschlag von Textilerzeugnissen war der bedeutendste Basler Wirtschaftszweig. Der Handel mit Stoffen war traditionell zwischen Kaufleuten- und Safranzunft aufgeteilt. Erstere hatte das Monopol auf Brokat- und Seidenstoffe, Letztere jenes auf Leinen- und Baumwollstoffe. Darum kauften sich viele Fernkaufleute und Tuchhändler in beide Zünfte ein, sodass sie alle Arten von Geweben verkaufen konnten. Da die Produktion grösstenteils ausserhalb des Stadtgebiets lag, gab es in dieser Branche nur wenige gewerbliche Vorschriften. Sie beschränkten sich auf das korrekte Abmessen der Stoffe und die ehrliche Herkunftsdeklaration.

Zur Safranzunft gehörten auch die Krämer, welche mit einer Vielzahl von importierten Waren handelten (zum Beispiel mit Gewürzen), die Apotheker (mit Arzneien) und ‹Materialisten› (mit Kolonialwaren und Farbstoffen). Von den vielen gewerbepolizeilichen Kompetenzen dieser Zunft ist besonders das ‹Fechten› der Masse und Gewichte für den Kleinhandel zu erwähnen, unter anderem die amtliche Überprüfung der in vielen Gewerben rege benutzten Ellen.

Die Zunft zu Gartnern fungierte als Sammelzunft für Fuhrleute, ärmere Wirte, Obst- und Kleinhändler (‹Gremper›) sowie für etliche andere Gewerbe. Die wenigen eigentlichen Gartner oder Gärtner bewirtschafteten ihr eigenes Land und pflegten gegen Bezahlung die Parkanlagen der wohlhabenden Familien. Die Gremper verkauften Nahrungsmittel aller Art, wie Eier, Käse, Salz, Geflügel, ebenso Gegenstände

Der Materialist. Kupferstich von Christoph Weigel, 1698.

des täglichen Gebrauchs, zum Beispiel Kerzen, Talg, Glaswaren etc. Der Gremperberuf war aufgrund der verschiedenen möglichen Handelswaren und des geringen Kapitalbedarfs sehr verbreitet und wurde nicht selten von Frauen ausgeübt. Die Gartnernzunft stand Frauen grundsätzlich offen, die politischen Rechte blieben aber den Männern vorbehalten.

Geselligkeit

Jede Zunft besass ein Zunfthaus in guter Lage und unterhielt darin eine eigene Trinkstube für ihre Mitglieder. Diese diente als Versammlungsort bei offiziellen Anlässen wie auch der Geselligkeit unter Zunftbrüdern, ja sie umrahmte ein ganzes Bürgerleben. Sowohl die Tauf- und Hochzeits-, als auch die Begräbnisfeierlichkeiten wurden auf der Zunftstube abgehalten. Dass es dort mitunter hoch hergehen konnte, lässt sich schon aufgrund der Stubenordnungen ermessen, die eine ganze Reihe von Verhaltens- und Benimmregeln enthielten. Wie die vielen Einträge in den Zunftprotokollen zeigen, wurden diese Regeln im Alltag oft nicht befolgt, worauf sich der Zunftvorstand der Sache annehmen musste. Meist handelte es sich um Beschimpfungen und Schlägereien, die sich aus hitzigen Diskussionen oder aus einer umstrittenen Situation beim Karten- oder Würfelspiel ergaben. Daneben werden aber auch ausgefallenere ‹Tatbestände› beschrieben, wie Erbrechen auf der Stube infolge übermässigen Alkoholkonsums oder auch üble Streiche:

22. Dezember 1774
«Joseph Divin klagt wider Konrad Keller, wegen Ungebühren, auch dass er ihme Schnupftabak in die Suppe getan. Erkannt: Solle Konrad Keller nebst scharfem Zuspruch ohne Nachlass 5 Pfund erlegen.»[13]

Besagter Schnupftabak war weitverbreitet und wurde mengenmässig erst nach 1800 vom Rauchtabak als meistkonsumiertes Tabakprodukt abgelöst. Dennoch spielte im Zunftleben neben dem Essen und Trinken auch das gemeinschaftliche Rauchen eine wichtige Rolle. Wo es möglich war, zog man sich zu diesem Zweck in speziell dafür reservierte Räumlichkeiten zurück. Unter anderen unterhielten etwa die Hausgenossen und Spinnwetterer in ihrem Zunfthaus seit dem 18. Jahrhundert ein separates ‹Tabackkämmerlein›.[14]

Während sich die Geselligkeit der Stadtbürger im Mittelalter und bis weit in die Frühe Neuzeit hinein grösstenteils innerhalb der Zunftschranken abgespielt hatte, änderte sich dies im Laufe des 18. Jahrhunderts allmählich. Für die Oberschicht wurde die häusliche Geselligkeit immer wichtiger, man lud zu Salons und Bällen in Privathäuser. So gab etwa Lukas Sarasin am 22. Januar 1798 in seinem Haus am Rheinsprung einen Ball aus Anlass der Basler Revolution.[15] Anderseits gewannen die zunft- und standesübergreifenden Vereine aufklärerischen Zuschnitts zunehmend an Bedeutung. Diese «Knotenpunkte eines kommunikativen Netzwerks, das zur überlokalen Konstituierung der bürgerlichen Gesellschaft»[16] des 19. Jahrhunderts massgeblich beitrug, beispielsweise der Club zum Bären, nutzten in den Jahrzehnten um 1800 aber bezeichnenderweise oft die Zunftstuben als Versammlungsort.

Wirtschaftliche Auswirkungen des Zunftwesens

Die Vorteile des Zunftwesens für die Klein- und Grossbasler Handwerker lagen vor allem in der Stabilisierung des Marktes, die ihnen ein relativ konstantes Einkommen und damit eine sichere Existenz garantierte. Die Mehrheit der Stadtbewohner und natürlich die meisten Bürger profitierten also materiell vom herrschenden System. Die zünftische Regelung des Ausbildungswesens mit verbindlichen Lehrzeiten, -inhalten und Zertifikaten (Lehr- und Gesellenbriefe) war auch im 19. Jahrhundert unumstritten. Sie wurde vom modernen Staat im Prinzip übernommen, wenn dabei auch bestimmte Voraussetzungen wie etwa die eheliche Geburt fallen gelassen wurden. Daneben wurde aber auch eine schulische Berufs- und Allgemeinbildung zunehmend als wichtig erachtet, wie die zahlreichen privaten Schulgründungen jener Zeit zeigen. Viele von diesen privaten Schulen gingen später in die öffentliche Hand über, genauso wie die Zunftgerichtsbarkeit in gewerblichen Fragen (zum Beispiel bei der Einhaltung von Qualitätsstandards), welche durch staatliche Handelsgerichte ersetzt wurde.

Nachteile des Zunftwesens sind darin zu sehen, dass nicht bürgerliche Kreise (zuwandernde Landleute, Hintersassen) vom Meisterrecht der Zunft ausgeschlossen waren. Auch begünstigten die langen Lehr- und Gesellenjahre die Ausbeutung junger Arbeitskräfte, da diese oft in ihrem Lehrlings- oder Gesellenstatus verharrten, obwohl sie längst ‹ausgelernt› hatten. Weiterhin förderte das regulierte Zunftsystem eine gewisse innovationsfeindliche Tendenz, wodurch Entwicklungen ausserhalb der Zunft teilweise verschlafen wurden. Dies führte dann zu Konkurrenznachteilen gegenüber Zentren, in denen sich diese Entwicklungen vollzogen. Ein Beispiel hierfür ist der anfängliche Widerstand des Handwerks gegen die Einführung des Kunststuhls im Textilgewerbe – die sich langfristig jedoch als der entscheidende Faktor für den Aufschwung der Basler Bandproduktion erwies.

1 Dieser Beitrag basiert auf einer Lizenziatsarbeit am Historischen Seminar der Universität Basel, Senn 2009. Ein PDF der Arbeit kann beim Autor bezogen werden.
2 Vgl. StABS Zunftarchiv Himmel. Protokoll III (1795–1859); der Verfasser dankt Albert Spycher für den freundlichen Hinweis.
3 Vgl. Guyer 2009, S. 12.
4 Wöchentliche Nachrichten aus dem Basler Berichthaus, 21. November 1816; der Verfasser dankt Rolf Hopf für den freundlichen Hinweis.
5 Vgl. StABS Handel und Gewerbe YY 3–5. Glaser (1583–1910); der Verfasser dankt Albert Spycher für den freundlichen Hinweis.
6 StABS Zunft zu Metzgern 10. Protokoll III (1771–1781).
7 StABS Zunft zu Metzgern 10. Protokoll III (1771–1781).
8 StABS Zunft zu Metzgern 11. Protokoll IV (1781–1789).
9 Vgl. Burckhardt 1950, S. 166.
10 Koelner 1942, S. 191.
11 Wanner 1971, S. 18.
12 StABS Fischerei A4. Fischhandel, Fischmarkt: «Fischmarkt = Ordnung» vom 12. Mai 1773.
13 StABS Zunft zu Metzgern 10. Protokoll III (1771–1781).
14 Vgl. Burckhardt 1950, S. 150; Wanner 1971, S. 13–15.
15 Vgl. Simon 1998, S. 17.
16 Maentel 1996, S. 153.

Die Berufe der Theo-Kandidaten

Albert Spycher-Gautschi

Im Folgenden wird versucht, ein lebendiges Bild der Berufswelten der 3 Kandidaten zu skizzieren, die als Identitäten von Theo, dem Pfeifenraucher, infrage kommen. Als ungedruckte Quellen dienten dem Verfasser in erster Linie Dokumente aus den Bereichen ‹Handel und Gewerbe› sowie Zunftakten des Staatsarchivs. Beim Durchforsten dieser Quellen zeigte sich, dass während der bewegten Epoche der Aufhebung und Wiedereinführung der Zunftherrschaft, in die die Lebenszeit Theos fällt, die Protokolle grosse Lücken aufweisen. So musste beispielsweise bei der Eruierung von Arbeitslöhnen auf Nachrichten zurückgegriffen werden, die bis in die Mitte des 18. Jahrhunderts zurückreichen.

Christian Friedrich Benders Beruf: Glaser

Über Christian Friedrich Benders Tätigkeit als Glasermeister sind uns leider fast keine Angaben überliefert, aber in einem Dokument tritt er prominent in Erscheinung. Acht Glasermeister erneuerten am 7. Mai 1810 in der Vorgesetztenstube der Zunft zum Himmel den ‹Handwerks-Artikel des E.E. Glaser-Handwerks in Basel›. Dieses Dokument regelte das Lehrlings- und Gesellenwesen, die Wege zur Meisterschaft, die Rechte der

Kesselflicker. Kolorierte Lithografie (Ausschnitt).

Witwen wie auch den Handel mit hohlem und flachem Glas. Unterzeichner waren alt Bottmeister Johannes Locher sowie verschiedene Meister, unter ihnen auch Christian Bender – einer der 3 Theo-Kandidaten.[1]

Von Johann Locher ist eine Rechnung an die Metzgernzunft vom 18. November 1813 für das «Verbleÿen zweÿer Fenster samt 3 Scheiben und Stangen [Bleifassungen]» im Wert von 3 Schillingen und 6 Pfennigen erhalten geblieben.[2] Dieser Einzelmeldung stehen Abrechnungen für Arbeiten gegenüber, die Meister Lukas Keller im Holsteinerhof, dem Wohnsitz des Stadtschreibers Peter Ochs, ausgeführt hatte. Zum Einsatz kamen nur erstklassige Glasqualitäten, zum Beispiel böhmisches Tafelglas, das in Formaten von circa 55 × 65 oder 85 × 95 Zentimetern bundweise in strohumwundenen Kisten gehandelt wurde, sowie auch spezielles ‹Spiegelglas›, das bei der Herstellung von Spiegeln verwendet wurde. Beim Einbau der Fenster benutzte man ‹Pariser Fensterkitt›, der aus einer Mischung aus Leinöl, Umbra (Erdfarbe), Wachs, gemahlener Kreide und Bleiweiss (künstlich hergestelltes Pigment) bestand.[3] Laut Sammelfaktura für das Jahr 1795 über den Betrag von 132 Gulden, 3 Schillingen und 4 Pfennigen liess Peter Ochs im Juni drei Glastüren mit «12 Stück böhmischen Tafeln» verglasen, die aber wieder «aussen gemacht» werden mussten, weil er Spiegel bevorzugte. Im November galt es an den Vorfenstern 16 böhmische Tafeln einzusetzen und zu verkitten, das Stück zu 8 Schillingen und 4 Pfennigen. Selbst für die Reparatur einer «mössingenen» Laterne war nur solches Glas gut genug. Bemerkenswert ist, dass Meister Keller nicht nur Facharbeit verrichtete, sondern dem Stadtschreiber Ochs auch Trinkgläser verkaufte, das Dutzend zu 1 Gulden. Übergriffe auf andere Gewerbszweige waren an der Tagesordnung. Kunsthändler Theodor Mieg beispielsweise musste sich im Jahr 1788 dafür rechtfertigen, dass er an der Chaise eines Durchreisenden im Hotel 3 Könige eine Scheibe ersetzt hatte, für welche Arbeit am späten Abend kein Glasermeister mehr hatte aufgeboten werden können. Mieg kam ungeschoren davon. Nicht so Ludwig Nicolai, der sein Gewerbe als Glaser und Fensterrahmenmaler «als Kunst, und nicht als Handwerk» ungestört ausgeübt hatte, bis er 1808 «wegen Treibung zweier Handwerke» mit einer Busse von 18 Franken belegt wurde.[4] Die Glasermeister Johannes Locher Vater und Sohn, die sich auch als Glashändler und Gremper (Kleinhändler, Trödler) ausgaben, waren nicht in der Himmelzunft zugelassen und hatten auf obrigkeitliche Weisung hin die Wahl, die Krämerzunft zu Safran oder die für Gremper zuständige Gartnernzunft zu beziehen, in welch Letzterer wir sie im Jahr 1816 verzeichnet finden.[5] Obschon sich das Glaserhandwerk stets gegen Fremdeinflüsse wehrte, war es italienischen Glas- und Fenstermachern erlaubt, auf der Landschaft «unverdächtigen Handel zu treiben». Laut einer undatierten Zollordnung für das Äschentor zahlte «ein tragender Glaser im Ein- und Ausgehen» zwei Pfennige.[6]

Die von Christian Bender mitunterzeichnete Handwerksordnung zur Witwenregelung. Benders Unterschrift ist die zweite von unten.

Achilles Itins mögliche Berufe: von Fuhrknechten, Spannern und Spettern

Achilles Itins Beruf bleibt ein Geheimnis. Keine der zahlreichen durchforschten Quellen gibt eine Berufsbezeichnung preis. Sein Vater war von 1794 bis 1798 Stadtsoldat in Basel, womit ihm die Ausübung eines zünftigen Berufs verschlossen blieb. Aufgrund der Herkunft der Familie Itin vom Oberbaselbieter Passfussdorf Buckten und der Tatsache, dass der Bruder Fuhrknecht war, ist es nicht abwegig, sich auch Achilles Itin in diesem Berufsumfeld vorzustellen – zum Beispiel bei den ‹Spannern›, auch ‹Karrenzieher› genannt, die als Lader und Ablader im städtischen Kaufhaus arbeiteten. Ihnen standen die ‹Spetter› als Hilfskräfte und Handlanger mit allgemeinen Aufgaben zur Seite. Tüchtige Spetter konnten es bis zum ‹Spettermeister› bringen. Viele dieser Handwerker waren in Kleinbasel ansässig. Laut ‹Verzeichnis der Häuser und Gebäude› aus dem Jahr 1806 wohnte ein Spettermeister Niklaus Scherb an der Greifengasse 144, die Spanner Heinrich Grether und Heinrch Scherb an der Rheingasse 43 beziehungsweise an der Rebgasse 166.

Um «Missbräuche» abzustellen, «zur Beybehaltung der guten Ordnung» und «zum Nutzen und Frommen der Stadt» nahmen die Kaufhausherren im Jahr 1791 ihr Personal mit einer «Publikation» in die Pflicht:

«Es braucht eine angemessene Anwendung der Authoritet von Seite derer, die zu befehlen haben, und strenger Gehorsam der Untergebenen. Beydes ist unumgänglich nöthig; und darum versehen sich auch Meine Gnädig Hochgeacht und Hochgeehrteste Herren auf das Bestimmteste, dass diejenige die zu befehlen haben, ohne Schonung befehlen, und die so zu gehorchen haben, ohne Einwendung gehorchen werden.»

«Widerspenstigen» wurden «schärfere Massnahmen» angedroht. Die Spanner waren gewarnt, «den Unwillen nicht noch mehr zu reizen, dagegen ermahnt, ihre Pflichten zu beobachten, demnach sich ihres gesetzten Lohnes zu begnügen und sich aller Abforderungen gänzlich zu enthalten». Zur Sicherstellung eines reibungslosen Arbeitsablaufs wurde bestimmt,

«dass drey Spanner innen im Kaufhaus zum abladen und zwey zum versorgen der Güter vorhanden sein sollen, welche letztere zwey alsdann alles Gut so durch den Tag abgeladen und abgewogen wird, nicht liegen lassen, sondern bestens versorgen sollen, damit man des andern Tags das Gut gleich wieder finde, und anderseits den nöthigen Platz gewinne, um ohngehindert fortarbeiten zu können».[7]

Peter Kestenholz' Berufe: von Pfannenflickern, Kupferschmieden und Spenglern

Für Peter Kestenholz sind uns drei Berufsbezeichnungen aus den Akten überliefert. Einmal wird er als Pfannenflicker, dann als Kupferschmied und im Adressverzeichnis der Stadt als Spengler verzeichnet.

Der Glaser. Kupferstich von Christoph Weigel, 1698.

«Gebletzt und verzinnt»: Pfannenflicker, Kessler und Kaltschmiede

Um ein Bild des von Peter Kestenholz ausgeübten Berufs zu entwerfen, müssen sowohl die Kupfer bearbeitenden Gewerbe als auch der Spenglerberuf berücksichtigt werden. Bei Pfannenflickern oder Kesslern denkt man an Wanderhandwerker, die zum Verdruss des zünftigen Handwerks von Ort zu Ort zogen und bereits im 16. Jahrhundert, so zum Beispiel vom Satiriker Johannes Fischart, als «Pfannenbletzer» verspottet wurden. Konnte sich ein Kessler als Kesselschmied niederlassen, zählte er schon im Kleinbasel des 13. Jahrhunderts zu den ehrbaren Leuten («erber lûte»).[8] Die Kupferschmiede erscheinen in den Akten der Schmiedenzunft seit alters her als «Kaltschmiede». Dass diese auch Pfannenflicker- und «heisse» Arbeit verrichteten, zeigt die Rechnung des Kaltschmieds Hans Ulrich Faesch an Ratsschreiber Peter Ochs vom Oktober 1782 für das «Bletzen» (Flicken) und Verzinnen von «Casserolen und Kunstpfannen».[9] Für das Verzinnen eines Kessels samt Henkel aus den Beständen der Webernzunft forderte Meister Christoph Faesch 3 Gulden, 3 Schillinge und drei Pfennige.[10] Bis gegen Ende des 18. Jahrhunderts bezogen die Kupferschmiede zumindest einen Teil ihres Rohmaterials bei den im unteren Kleinbasel und in der Neuen Welt angesiedelten Drahtzugwerkstätten und Kupfer-Hammerschmieden.

Am 16. Oktober 1747 hielten die Kupferschmiede fest, wie sie ihre Erzeugnisse den ambulanten Kesslern für den Vertrieb auf dem Lande nach Gewicht verkaufen wollten: Ohrenkessel, Kunstpfannen, Zuber und Deckelhäfen, Brennhäfen mit und ohne Auslauf zu Preisen zwischen 8 und 16 Schillingen das Pfund. Im Gegenzug nahmen die Kupferschmiedemeister das Pfund Altkupfer für 11 Schillinge entgegen, das zuvor zur Qualitätskontrolle mit dem Hammer geschlagen und «visitirt» worden war.[11] Anfang des

19. Jahrhunderts verloren die Kupferhämmer an Bedeutung und gingen ein. So wurde der Betrieb der Herren Benedikt und Emanuel Staehelin zwischen 1806 und 1811 in eine Eisenwarenhandlung umfunktioniert. Kupferschmiede begannen ihre Erzeugnisse in den ‹Wöchentlichen Nachrichten aus dem Basler Berichthaus› anzuzeigen, sei es «ein soviel als neuer kupferner Badkasten» oder «eiserne Pfannen mit doppelten Böden, die nicht färben».[12]

«Dopplet gelöthet und was fehlt geflickt»: Spengler

Der Stadtchronist Paul Koelner schrieb einen repräsentativen Abriss der Geschichte des Basler Spenglerhandwerks, die im Folgenden nachgezeichnet werden soll. Während im Mittelalter Dachkänel (Dachtraufen) von den Kannengiessern hergestellt wurden, erwuchs aus der Fertigung von Metallbeschlägen, Schnallen und Spangen ein neuer Beruf: der Spengler. Diese gehörten in Gemeinschaft mit den Gürtlern der Krämerzunft zu Safran an und bearbeiteten laut einer Handelsvereinbarung aus dem Jahr 1418 Messing und Zinn. Aus einer Beschwerdeschrift erfahren wir, was die Spengler (ungestört von fahrenden Kesslern, die auch ‹Stümpeler› oder ‹Pfuscher› genannt wurden) herstellten und verkauften: Messerscheiden, kleine und grosse ‹stürzene› (aus Eisenblech gefertigte) Trichter und Laternen. Die Fertigung von Bleirohren, blechernem Schreibzeug samt Tintenfass und Sandstreuer, Milchhäfen, Reibeisen und Lichtstöcken blieb damals aber den Scheidenmachern vorbehalten. Noch im Jahr 1702 war es der Scheidenmacher Leonhard Wick, der die Dachkänel des Zunfthauses zum Safran «mit zween sauberen Drachenköpfen» versah.[13]

Zu Theos Zeit waren die Spengler einer am 14. Juni 1804 erlassenen Handwerksordnung verpflichtet. Wir greifen §6 heraus, der die Bedingungen für die Aufnahme eines Meisters regelte, der «keines hiesigen Meisters Sohn» war und nicht vier Jahre Wanderschaft hinter sich gebracht hatte. In einem solchen Fall bezahlte der Bewerber 8 neue französische Taler à 40 Batzen Gebühr – so geschehen am 5. Oktober 1812, als Vorgesetzte und Gesellen zusammensassen und den Spengler Hans Jakob Waser «eincorporirten». Das Protokoll unterschrieben die Meister Emanuel Fischer als Ältester, Johann Jakob und Emanuel Sandreuter, Kaspar Glatz, der soeben ins Handwerk aufgenommene Waser sowie acht Gesellen, die aus Riga, Lemberg, Bremen, Leipzig, Dresden und dem westfälischen Wernigerode kamen. Ein Geselle bezahlte beim «Auf- und Abdingen» eine Eintritts- beziehungsweise Austrittsgebühr von 9 Batzen. Endlich angestellt musste er jederzeit damit rechnen, einer verwitweten Meistersfrau zugeteilt zu werden. Für Beschimpfungen und Schlägereien in Wirtshäusern setzte es eine Strafe von einem Gulden. Fand sich ein Geselle nicht vorschriftsgemäss um 22 Uhr im Meisterhaus ein oder machte die ganze Nacht durch, war eine Busse von einem halben Gulden fällig. Die Handwerksordnung hält auch in komplizierten Formulierungen fest, unter welchen Umständen dem Gesellen der Wochenlohn vorenthalten werden konnte – Lohnsummen werden aber nicht genannt. Zog der Geselle vor Ablauf eines Vierteljahrs nach seiner Ankunft weiter, hatte er dem Meister oder der arbeitgebenden Witwe die «Verschreibungs-Unkosten» zu erstatten.[14]

Ob Peter Kestenholz als Pfannenflicker, Kesselflicker oder Spengler arbeitete, liess sich weder in Zunft- und Gewerbeakten noch in Gerichts- und Privatakten ermitteln. Sein fester Wohnsitz ist indes ein Indiz dafür, dass er kein Wanderhandwerker

Handwerksbursche. Schwarz-Weiss-Lithografie, Mitte 19. Jahrhundert.

war. Möglicherweise verrichtete er aber als Tagelöhner oder als Gelegenheitsarbeiter auf eigene Rechnung Hilfsarbeiten. Vielleicht zählte er auch zum heranwachsenden namenlosen Heer der Fabrikarbeiterschaft.

Von Löhnen und Arbeitsbedingungen, vom Wohnen und Beherbergen

Für die zweite Hälfte des 18. Jahrhunderts gibt es nur wenige Dokumente über Arbeits- und Lohnverhältnisse der Kupferschmiedegesellen. Bemerkenswert ist das gedruckte Formular einer solchen «Kundschaft»[15], das «stille, rechtschaffene und ehrliche Kupferknaben» den Meistern des Kupferschmiedehandwerks weiterempfehlen soll. Geradezu ein Kuriosum ist ein undatierter Brief des Kupferschmieds Andreas Faesch (um 1795), mit dem er sich beim Bottmeister Steiger von einem «Handwerk» (Versammlung) entschuldigen lässt, weil er mit seiner Ehefrau ausgehen musste, die das ganze Jahr nicht von den Kindern wegkam. Gleichzeitig beklagte sich Faesch über seinen Gesellen, der «auf eine ohnverschämte Art» 28 Batzen Wochenlohn gefordert habe.[16] Während die im Rahmen dieser Arbeit untersuchten Handwerke Anfang des 19. Jahrhunderts ihre Statuten erneuerten, fehlt ein solches Dokument in den Akten der Schmiedezunft. Überraschenderweise versteckt es sich als ‹Handwerks-Artikel der Kupferschmiede› vom 28. Oktober 1837 in einem anonymen Privatarchiv – es stammt aus einer Zeit, als die Basler Zunftherrschaft in Auflösung begriffen war. Dass die in Schönschrift abgefasste und mit Siegel und schwarz-weisser Quaste versehene Ordnung an frühere Vereinbarungen anschloss, geht aus § 1 hervor:

«Die Kupferschmiede sind wie bis dahin ausschliesslich der Schmidtenzunft einverleibt, bilden aber unter sich ein besonderes Handwerk, und wählen sich einen Bottmeister, der die Geschäfte leitet.»

§ 15 regelt die Anstellungs- und Lohnbedingungen für Gesellen:

«Jeder Meister stellt seine Gesellen auf 14 Tage Probezeit ein; für diese Probezeit soll der Meister gehalten seyn, dem Gesellen 25 Batzen per Woche zu vergüten.»

Bei längerer Anstellung erhielt der Geselle zweifellos ein paar Batzen mehr.[17] Dass jene Forderung von 28 Batzen an Meister Andreas Faesch vier Jahrzehnte früher im Vergleich zu andern Berufen tatsächlich «ohnverschämt» war, ist zu bezweifeln.

Da für das Kupferschmiedehandwerk nur ansatzweise Lohnangaben gefunden werden konnten, sind wir auf Vergleichszahlen angewiesen. Die in der Spinnwetternzunft vereinigten Zimmer-, Steinmetz-, Maurer- und Gipsergesellen verdienten im Vergleich zur Forderung von Faeschs Gesellen fast doppelt so viel. Die Staatskanzlei bestätigte am 15. Juni 1793 eine «Ordnung wegen Arbeitszeit und Lohn» vom 3. Februar 1767. Mit Rücksicht auf die Teuerung bezogen die Meister in der Sommersaison 9, die Gesellen 7 1/2 und die Handlanger 6 Batzen Taglohn. Lehrlinge erhielten in der ersten Hälfte der dreijährigen Lehre täglich 5 1/2 Batzen, in der zweiten aber den Gesellenlohn. Nach alter Ordnung reichte man den Arbeitern um 8 Uhr morgens einen Schoppen Wein (0,36 Liter) und einen Vierling Brot (etwa 120 Gramm), um 3 Uhr «abends» eine Mass Wein (1,42 Liter) und ein Pfund Brot (etwa 480 Gramm). Im Jahr 1793 konnte anstelle des Naturallohns der Gegenwert in bar ausbezahlt werden. Die Arbeitsbedingungen waren hart. Zwischen «Peter Stuhlfeyr» (24. Februar) und «Gallentag» (16. Oktober) mussten Gesellen, Jungen und Handlanger

«von Morgens sechs Uhr bis halb Zwölf Uhr unausgesetzt an der Arbeit bleiben, und den Morgentrunk stehenden Fusses geniessen; des Nachmittags um Ein Uhr die Arbeit wieder anfangen, und bis um Acht Uhr fortfahren, inzwischen von Drey bis Vier Uhr ihre gewöhnliche Abendstund halten».[18]

Werfen wir noch einen Blick in die Ordnung der Schreinergesellen aus dem Jahr 1789, die letztmals 1834 erneuert wurde. Anno 1789 arbeiteten die Gesellen entweder im Stück- oder im Wochenlohn. Die Arbeitszeit dauerte die ganze Woche hindurch (!) von morgens 5 bis abends 8 Uhr. Das Rauchen war in den Werkstätten streng verboten. Für den «Morgentrunk» stand den Gesellen eine halbe Stunde, zum «Abendtrunk» nur eine Viertelstunde zur Verfügung. Dafür hatten sie das Recht, einen «guten Montag» oder einen «blauen Montag» (einen freien Tag) zu machen, wie es schon die

Sporer- und Schlossergesellen um 1424 zu Ostern, Pfingsten und in der Weihnachts-
woche gehalten hatten.[19]

Wer nicht beim Meister wohnte, war auf Wirtshäuser oder Armenherbergen
angewiesen. Laut einem Dokument aus dem Jahr 1895 verteilten die Stadttorwächter
durchreisenden Gesellen Ausweise, mit denen sie bei Gastwirten um Logis fragen
konnten. Solche «Thor- und Nachtzedul» sollten vor allem während der belebten Messe-
zeiten die Kontrolle über auswärtige Aufenthalter verbessern. Wachtmeister Sulger vom
St. Albantor rapportierte allerdings am 26. November 1805 dem Stadtratspräsidenten,
dass Handwerker in Wirtshäusern häufig abgewiesen worden waren und in der Armenherberge im Mönchshof an der heutigen Herbergsgasse hatten Unterschlupf suchen
müssen.[20] Von 1800 bis 1812 liessen sich jährlich bis zu siebzig auswärtige Gesellen im
Kontrollbuch der Meisterschaft der Kupferschmiede eintragen. Jedes Jahr wurde ein
‹Zeichenmeister› ernannt, der für die Abgabe oder Verlosung von ‹Zeichen› (Gutschei-
nen für Kost, Übernachtung und Reisepfennig) verantwortlich war.[21]

Auf Anfrage der Stadtratskanzlei St. Gallen berichtete Herbergsmeister Faesch
am 29. September 1824, wie die fremden Handwerksgesellen in der Basler Armenherberge betreut wurden. Jeder freiwillig Angemeldete erhielt mittags und abends «eine
gute schmackhafte Suppe» und ein halbes Pfund Brot. Übernachtenden wurden am
folgenden Morgen zwei Batzen als Zehr- oder Reisepfennig ausbezahlt. Wer sich längere
Zeit erfolglos um eine Arbeitsstelle bemüht hatte, konnte mit einer Zulage rechnen
sowie mit «einem Paar noch brauchbaren Schuhen und einem Hemd». Kranke und nicht
«transportable» Gesellen verpflegte man auf Kosten der Armenherberge im Bürgerspital
an der oberen Freien Strasse. Herbergsmeister Faesch betonte, dass die Durchreisenden
den Zehr- oder Reisepfennig unabhängig von «Geschenken» ihrer Meister oder aus der
Lade ihrer Meisterschaft erhielten.[22] Solche Geschenke flossen aus speziellen Fonds, die
mit Lohnabzügen und Zuschüssen der Meister gespeist wurden.

1 StABS Handel und Gewerbe YY 3, Glaser (1583–1910).
2 StABS Zunftarchive Metzgern 29, Ausgabenbuch (1802–1870).
3 Krünitz Johann Georg: Ökonomisch-technologische Enzyklopädie,
   Bd. 18/1779, S. 672, Bd. 12/1777, S. 592; – freundliche
   Auskunft von Frau Pamela Jossi.
4 StABS Handel und Gewerbe YY 3, Glaser (1583–1910).
5 StABS Zunftarchive zu Safran C. 1. Handwerk; Handel und
   Gewerbe L 3. Gremper (1441–1896).
6 StABS Mandate Bf 1 v. 27.12. 1775; Zoll-Ordnung für das
   «Eschemer-Thor», Mandate Bf 1, undat.
7 StABS Kaufhaus B 10. Spanner und Spetter (1715–1864).
8 Urkundenbuch der Stadt Basel (BUB).
   Bd. 2, Basel 1893, Nr. 611, S. 344 f.
9 StABS PA 633a. Spengler (1782).
10 StABS Zunftarchive zu Webern, Ausgabenbuch II (1685–1819).
11 StABS Zunftarchive zu Schmieden F 4 Kaltschmiede
   (1653–1818).

12 30.4. und 25.8.1818.
13 Koelner 1935, S. 203–221.
14 StABS Mandate Bf1 v. 14.6.1804; Spenglerhandwerk 1,
   Handwerksbuch (1805–1865).
15 Gantner 1987, S. 113.
16 StABS Zunftarchive zu Schmieden F 4 Kaltkupferschmiede
   (1653–1818).
17 StABS Privatarchiv 366.
18 StABS Bau F 25, Arbeiter des Lohnamts.
19 StABS Zunftarchive zu Schmieden 11, f. 19; Schulz 1985,
   S. 173.
20 StABS Wacht und Sperr, Bürgerwacht A 1, Allgemeines und
   Einzelnes 1711–1799; Meyer-Merian o.J., S. 6.
21 StABS Zunftarchive zu Schmieden, Buch der Gesellen des
   Kupferschmiedehandwerks (1800–1812).
22 StABS Handel und Gewerbe Y 10 Gesellen;
   Meyer-Merian o.J., S. 21.

Schlägerey umbs waſſer bei dem bru[...]

Konfliktgeladene Geselligkeit im Wirtshaus

Gewalt und Freizeitaktivitäten in Basler Gerichtsakten aus der ersten Hälfte des 19. Jahrhunderts

Silvio Raciti

Am Samstag, den 1. Juli 1826, frühmorgens – es sollte ein schöner, heisser Sommertag werden – schickte der Zimmermeister Johann Jakob Stehlin seine beiden Gesellen Martin Scholer und Alois Biery ins Gasthaus Neubad knapp ausserhalb des Stadtbanns, um einen Tanzboden aufzubauen. Biery, 21 Jahre alt und aus Blauen im Kanton Bern stammend, hatte erst ein Vierteljahr zuvor die dreijährige Lehrzeit bei Meister Stehlin abgeschlossen. Scholer, 22-jährig, aus Müllheim im Badischen, war zu Ostern 1826 nach Basel gekommen.

Die beiden arbeiteten und teilten sich im Laufe des Morgens zwei Mass[1] Wein. Am Nachmittag stiess noch ein dritter Geselle hinzu, was Anlass bot, noch eine Mass Wein zu trinken. Schliesslich kam auch noch Scholers Bruder auf einen kurzen Besuch vorbei, und eine weitere Mass Wein wurde bestellt. Leider lief beim Aufbau des Tanzbodens nicht alles wie gewünscht, sodass Scholer und Biery darüber und über ein

Der Brunnen als zentraler Ort der Stadt. Die knappe Ressource Wasser barg ein gewisses Konfliktpotenzial, es kam jedoch selten zu aktenkundigen Auseinandersetzungen. Tatsächlich wurden die wenigen Frauen, die in Basel wegen Gewaltdelikten vor Gericht standen, im Zusammenhang mit Konflikten bei der Arbeit registriert. Unbekannter Künstler, o.J. (Ausschnitt).

Trinkgeld für einen früheren Auftrag in einen Wortstreit gerieten, der aber von Scholers Bruder geschlichtet wurde. Um halb acht Uhr abends stand der Tanzboden endlich wunschgemäss, und zu viert gingen sie in die Stadt zurück. Alles schien wieder in bester Ordnung, die beiden Streithähne verabredeten sich gar noch für den folgenden Montag, um sich auf dem eben aufgebauten Tanzboden zu amüsieren.

Nach dem Abendessen in seinem Kosthaus begab sich Scholer in den Schwarzen Bären in Kleinbasel, die Herberge der Zimmergesellen, wo er auch wieder Biery antraf. In der Herberge fand die Gesellenzusammenkunft statt, denn die Auflage war fällig – alle vierzehn Tage waren zwei Batzen an die Gesellenorganisation zu leisten. Die beiden Zimmergesellen waren müde von ihrem langen Arbeitstag und kehrten um zehn Uhr zusammen mit einem Württemberger Zimmergesellen über die Rheinbrücke zurück nach Grossbasel in Richtung ihrer Kosthäuser. Auf dem Kornmarkt (dem heutigen Marktplatz) brach der Streit vom Morgen wieder aus, da Biery sich von den beiden anderen beleidigt fühlte, und er ging alleine weiter durch die Gerbergasse, während Scholer und der Württemberger die Freie Strasse nahmen. Unabhängig voneinander entschieden sich Biery und Scholer dann doch noch für einen Wirtshausbesuch und kehrten in ihrem Stammlokal in der Steinenvorstadt ein. Biery lud einen Bekannten, den er vor der Schenke getroffen hatte, auf eine Bouteille Wein ein, worauf sich dieser mit einer Mass Bier revanchierte. Wieder geriet er mit Scholer und dem Württemberger, die zusammen noch ein Glas Bier tranken, in Streit. Letztere wollten

Biery zur Rede stellen und fragten ihn, was er mit ihnen habe, aber Letzterer schüttete dem Württemberger nur sein Glas Bier ins Gesicht. Darauf, es war kurz vor elf Uhr, verliessen Scholer und der Württemberger die Wirtschaft, um weiteren Streit zu vermeiden, und Biery wurde vom Wirtsknecht wegen seines Benehmens vor die Tür gestellt.

Er folgte den beiden den Klosterberg hinauf, und sie beschimpften einander auf ihrem Weg, sodass mehrere Anwohner, die vor den Häusern miteinander plauderten, auf die seltsame Prozession aufmerksam wurden. Der Württemberger begab sich zu seinem Logis im Sternengässlein, und Scholer wollte in sein Kosthaus in der St. Elisabethenvorstadt; ihm folgte der schimpfende Biery, der im Nachbarhaus wohnte. Vor Scholers Kosthaus, wo die Kostmutter und ein anderer Kostgänger miteinander sprachen, konnte der ältere Zimmergeselle schliesslich das Schimpfen nicht mehr dulden und drohte Biery mit Schlägen – vor all den ihm bekannten Leuten war er in seiner Ehre bedroht, wenn er Biery nicht zurechtweisen würde. Biery schimpfte aber weiter, und so gab ihm Scholer eine Ohrfeige. Es kam zum Handgemenge, in dessen Verlauf Biery sein Messer zückte und mehrmals auf Scholer einstach, der anscheinend grösser und stärker war. Scholer liess von Biery ab, als er bemerkte, dass ihm das Blut den Arm hinunterlief. Während die Zeugen Scholer halfen und einen Arzt holten, ging Biery in sein Kosthaus und legte sich schlafen. Am nächsten Morgen wurde er verhaftet, denn die Wunden Scholers wurden vom Arzt als lebensgefährlich eingeschätzt und der Polizeidirektion angezeigt.[2]

Der Anzeige bei der Polizei verdanken wir die Kenntnis von diesen zunächst alltäglichen Vorgängen, die schliesslich unter dem Einfluss der Hitze und des Alkohols mit dem Einsatz des Messers eine aussergewöhnliche Wendung nahmen. Die Polizeidirektion und die Gerichte der Stadt legten zu Gewaltdelikten umfangreiche Akten an. Unterziehen wir diese Fälle einer quantitativen Auswertung, so zeigt sich, dass 86 Prozent der bestraften Gewalttaten in der arbeitsfreien Zeit verübt wurden. Im Hinblick auf die Wochentage stand der einzige weitgehend arbeitsfreie Tag, der Sonntag, an der Spitze. Bei den Tatzeiten dominierte das Tagesviertel zwischen 18 Uhr und Mitternacht. Gewalt war also in erster Linie ein Freizeitphänomen. Für den vorliegenden Beitrag wurden zwei Stichproben der vor Basler Gerichten in der ersten Hälfte des 19. Jahrhunderts verhandelten Gewaltdelikte im Hinblick auf Freizeitaktivitäten analysiert. Von 1826 bis 1828 beurteilten die Gerichte sechsundzwanzig Fälle und im Zeitraum von 1845 bis 1847 vierundsiebzig Delikte – insgesamt also hundert.[3] Dieses Vorgehen rückt die konfliktgeladenen Geselligkeitsformen im Wirtshaus in den Fokus. Es gab jedoch auch andere Formen der Unterhaltung, zum Beispiel Theateraufführungen, Zirkusvorstellungen und Schaubuden, die aufgrund ihrer weniger ausgeprägten Konfliktträchtigkeit kaum in den Gerichtsakten erscheinen.[4]

Wer erscheint in den Akten?

Die Auswertung der in den Gerichtsakten enthaltenen Personendaten lässt die Konstruktion des folgenden Sozialprofils der beteiligten Kontrahenten zu: 93 Prozent waren männlich; 63 Prozent waren zwischen 20 und 29 Jahre alt, weitere 16 Prozent zwischen 30 und 39; die grosse Mehrheit (74 Prozent) war ledig. Die Schichtzugehörigkeit kann über die Berufsangabe erschlossen werden: Die Kontrahenten waren vor allem Gesellen,

Lehrlinge, Dienstpersonal, Tagelöhner und vereinzelt Fabrikarbeiter. Auch einige Handwerksmeister waren vertreten. Bei ihnen handelte es sich vor allem um Meister aus übersetzten Handwerken, wie etwa Schneider oder Schuhmacher; in diesen Branchen waren zu viele Meister tätig, um allen ein angemessenes Auskommen zu ermöglichen. Es waren also keine gesellschaftlichen Aussenseiter oder Randständige der mobilen Unterschichten, denn sie standen in einem Arbeitsverhältnis und hatten zur Zeit der Vernehmung einen festen Wohnsitz. Die Gewalttäter waren zumindest temporär sesshaft und integrierte Mitglieder der städtischen Gesellschaft, auch wenn sie an deren unteren Rand anzusiedeln sind. Im geschilderten Fall sind die Handelnden zwar erst seit Kurzem in der Stadt wohnhafte Gesellen, jedoch spielen die Dauer des Aufenthalts und die Herkunft der Beteiligten keine Rolle für die Taten. Friedrich Matzinger etwa, Basler Halbwaise, Zimmergeselle und in Kleinbasel bei seiner Mutter an der Rebgasse wohnhaft, ging denselben Freizeitbeschäftigungen nach wie die von auswärts kommenden Gesellen und geriet in den 1840er-Jahren mehrmals mit dem Gesetz in Konflikt.[5] Basel war, was die Freizeitgestaltung betraf, mit Sicherheit keine geteilte Stadt, vielmehr nutzten die Bewohner die Strassen und Wirtshäuser beider Stadtteile.

Arbeitszeit – Freizeit

Wenden wir den Freizeitbegriff auf historische Gesellschaften an, müssen wir uns dessen bewusst sein, dass er vor allem im 20. Jahrhundert geprägt worden ist. In der ersten Hälfte des 19. Jahrhunderts gab es den Begriff ‹Freizeit› nicht. Er impliziert eine scharfe Trennung zwischen Arbeitszeit und frei verfügbarer Zeit, eine historisch gewachsene Konstellation, wie sie für die industrielle und postindustrielle Gesellschaft kennzeichnend ist. Die tägliche Arbeitszeit war im Handwerk mit zwölf bis dreizehn Stunden zwar sehr lang, jedoch gab es mehr und längere Pausen als in einem industriellen Betrieb, und die Einhaltung der Arbeitszeit wurde kaum kontrolliert. In der ersten Hälfte des 19. Jahrhunderts war ausserdem der Haushalt des Meisters noch Wohn- und Arbeitsraum in einem. So waren die beiden Sphären Arbeit und Erholung zeitlich wie räumlich eng verzahnt und kaum eindeutig voneinander zu trennen, wie auch das Eingangsbeispiel veranschaulicht. Allerdings verbreiteten sich in Basel in der ersten Hälfte des 19. Jahrhunderts langsam industrielle Produktionsmethoden und damit auch ein neues Zeitverständnis, was eine schärfere Trennung von Arbeitszeit und Freizeit bedeutete. Der Arbeitstag in den Fabriken war nominell gleichlang wie in einem Handwerksbetrieb, aber es herrschte eine strengere Zeitdisziplin, was die Arbeitszeit faktisch verlängerte.[6] Zwischendurch ein Glas Bier in der Wirtschaft, Wein am Arbeitsplatz oder Besuch bei der Arbeit, wie es für die Gesellen im traditionellen Handwerk noch gang und gäbe war, waren in den Fabriken nicht mehr möglich; der zentrale Arbeitsort erleichterte die Überwachung der Arbeiter. Die strengere Arbeitsdisziplin in Manufakturen und Fabriken dürfte einer der Hauptgründe dafür gewesen sein, dass die dort Beschäftigten selten in Handgreiflichkeiten verwickelt waren. Sie waren zu erschöpft, um sich nach der Arbeit noch ins Nachtleben zu stürzen.

Betrachten wir die Verteilung der Gewaltdelikte über die Monate des Jahres, so fällt die Konzentration in den warmen Sommermonaten auf. Dies deutet darauf hin, dass die Freizeitaktivitäten dem Jahresrhythmus folgten. Im Sommer ist es länger hell und wärmer, was mehr Unternehmungen ermöglicht. Erst die Einführung einer mit Gas betriebenen Strassenbeleuchtung im Jahre 1852 eröffnete den Stadtbewohnern in dieser Hinsicht neue Freiräume. Eine weitere Spitze bei den Gewalttaten gibt es im Januar – ein Hinweis auf die Bedeutung der Festtage für die Aktivitäten der Menschen aus den Unterschichten. An Silvester und an Neujahr waren die Bewohner Basels trotz Kälte und früh einsetzender Dunkelheit besonders gesellig und es kam dementsprechend zu vielen gewaltsamen Zusammenstössen in den Wirtshäusern.

Der Rhythmus der Freizeitaktivitäten wurde in der Unterschicht auch durch die Lohnzahlungen, die wöchentlich am Samstag erfolgten, bestimmt. Am Samstag selbst dürften die Akteure von der Arbeitswoche noch erschöpft gewesen sein, und die Lohnempfänger gingen in die Wirtshäuser, um sich für die Strapazen der zurückliegenden Woche zu belohnen. Am Sonntag waren sie ausgeruht und konnten das erarbeitete Geld in vollen Zügen geniessen. Entsprechend hoch war an diesem Tag das Gewaltaufkommen, und es blieb auch am Montag und Dienstag höher als an anderen Wochentagen. Dabei dürfte der ‹Blaue Montag› eine Rolle gespielt haben, an welchem traditionell mit halber Kraft oder auch gar nicht gearbeitet wurde. Die Basler Obrigkeit versuchte diesen Brauch einzuschränken, wie etwa die Gesellenordnung der Schreiner von 1834 zeigt, indem sie jedem Gesellen pro Jahr fünf freie Halbtage gestattete (während der Fasnacht, an Ostern, Pfingsten, am Michaelitag und an einem Messemontag).[7] Das erhöhte Gewaltaufkommen am Dienstag könnte dadurch erklärt werden, dass an diesem Tag die letzten Reste des Samstagslohnes ausgegeben wurden.

Das Wohnzimmer der Menschen aus der Unterschicht

Die typischen Schauplätze der Gewalttätigkeiten waren das Wirtshaus sowie die Strassen und Plätze der Stadt vor und nach dem Wirtshausbesuch. Das Wirtshaus war tatsächlich ein Knotenpunkt des Lebens in den Städten: Es hatte nicht nur eine Erholungs- und Vergnügungsfunktion, sondern war auch ein kleines vormodernes Dienstleistungszentrum.[8] Insbesondere für Gesellen auf der Walz war die Herberge des entsprechenden Handwerks – die Gesellenschaften der verschiedenen Handwerke nutzten jeweils ein Gasthaus als Versammlungsort – die erste Anlaufstelle in der Stadt für Unterkunft, Verpflegung und Arbeitsvermittlung. In Wirtshäusern wurden Geschäfte bei einem gemeinsamen Schoppen Wein oder bei einem Glas Bier besiegelt. Den Menschen der Unterschicht, die auf ausgeklügelte Strategien zur Verwaltung ihrer knappen Mittel angewiesen waren, bot das Wirtshaus einen Ort, um Pfand-, Tausch- und Verkaufsgeschäfte zu tätigen. Bei den Wirtshäusern sind zwei Typen zu unterscheiden: Gasthäuser oder Tavernen mit Beherbergungs- und Speisungsrecht sowie Schenken ohne Beherbergungs- und mit eingeschränktem Speisungsrecht. Einige Wirtshausbesucher scheinen ein bestimmtes Lokal bevorzugt zu haben, in das sie jeden Sonntag einkehrten, während andere eher die Abwechslung suchten. Was die Strassen betrifft, so waren insbesondere die Hauptachsen, welche die Tore der Stadt verbanden, wie auch die Strassen und Plätze mit vielen Wirtshäusern von erhöhtem Gewaltaufkommen betroffen.

In der ersten Hälfte des 19. Jahrhunderts verdoppelte sich in Basel die Wohnbevölkerung, die Bautätigkeit in der Stadt konnte mit diesem Wachstum aber nicht Schritt halten. Es bahnte sich bereits das Wohnungselend an, das für Basel in der zweiten Hälfte des 19. Jahrhunderts kennzeichnend war.[9] Wenn wir uns die beengte bis prekäre Wohnsituation der Menschen der Unterschicht vor Augen führen, verwundert es

Der Petersplatz mit Spaziergängern. Radierung von Marquard Wocher, 1815.

nicht, dass sie die Wirtshäuser und die Strassen der Stadt vereinnahmten. Die Gesellen und das Dienstpersonal waren teilweise bei ihren Meistern und Dienstherren untergebracht, wo sie starker sozialer Kontrolle ausgesetzt waren. Wohnten sie in Kosthäusern, so verfügten sie höchstens über ein Zimmer, das sie möglicherweise noch mit anderen teilen mussten. Von einer Rückzugsmöglichkeit in die eigenen vier Wände und von Privatsphäre konnte somit keine Rede sein. Die Wirtsstube ersetzte das Wohnzimmer, welches in der Unterkunft ja nicht vorhanden war, und die Strassen und Plätze boten Gelegenheit, dem Auge und Ohr des Meisters oder der Kostmutter zu entfliehen. So trafen sich die Gesellen mit ihren Liebsten auf den Sitzbänken auf dem Petersplatz oder zum Spaziergang auf der Pfalz und nicht an ihrem Wohnort. Es gibt auch zahlreiche Hinweise darauf, dass sich die Leute wie im eingangs geschilderten Fall auf der Strasse oder bei den Brunnen trafen. In Kleinbasel war der Lindenberg ein beliebter Treffpunkt. Der Wohnraum wurde also auf die Strasse ausgedehnt, weshalb auf den Strassen und Plätzen auch nach der Polizeistunde um elf Uhr nachts noch reger Betrieb herrschte. So findet sich bei den Ermittlungen gegen einen Betrunkenen, der in einer Nacht Anfang März 1846 gegen zwei Uhr auf dem Kornmarkt Passanten beschimpfte und schliesslich einen Landjäger tätlich angriff, eine stattliche Anzahl von Zeugen, die um diese Zeit noch auf der Strasse unterwegs waren.

Kleinbasel verzeichnete gemessen an seinem Bevölkerungsanteil ein überdurchschnittliches Gewaltaufkommen. Dies ist vor allem auf die hohe Dichte von Wirtshäusern zurückzuführen. Die Landjäger hatten zur Polizeistunde alle Hände voll zu tun, um in allen Gaststätten an der Krempergasse (die heutige Greifengasse), der Rheingasse, der Rebgasse, der Webergasse und der Ochsengasse die Polizeistunde zu kontrollieren. Der traditionsreiche Gasthof Roter Ochsen an der Ochsengasse, der gleichzeitig die Herberge der Schreinergesellen war, taucht besonders oft in den Akten auf. Aber auch in Grossbasel gab es eine ansehnliche Zahl von Tavernen und Schenken: in der Aeschenvorstadt, an der Freien Strasse, am Kornmarkt und am Barfüsserplatz. Aktenkundig wurden oft die Lindenmeyersche Schenke am Barfüsserplatz, die Eckensteinsche Bierwirtschaft an der Freien Strasse und die Schäfersche Schenke am Marktplatz.

Traditionelle, korporative Geselligkeit und ‹moderne› Vereine

Die Wirtshäuser waren nicht nur Orte privater Geselligkeit, auch korporativen Verpflichtungen kam man in Zunfthäusern oder Gesellenherbergen nach. Im Roten Ochsen kam es an einem Sonntag im Juni 1845 nach der Auflage zu einem Streit mit blutigen Folgen – ein ähnlicher Vorfall wie im Eingangsbeispiel geschildert.

Die Gesellen waren auch in den Haushalt ihres Meisters eingebunden und somit auch zu Familienfesten eingeladen – ihr Erscheinen bei solchen Feiern dürfte nicht ganz freiwillig gewesen sein. Ein für Gesellen spezifischer Brauch war das Geleit für Gesellen, die ihre Wanderschaft fortsetzten – also ‹fremd› wurden. Kameraden der gleichen Werkstatt und Freunde des Abreisenden begleiteten den fremd werdenden Gesellen vor die Tore der Stadt, beispielsweise auf das Birsfeld, wo praktischerweise auch eine Wirtschaft stand. Mehrfach kam es im Anschluss an einen Abschiedsumtrunk zu aktenkundigen Schlägereien.

Die Gerichtsakten zeigen auch, dass die Gesellen nicht nur in die traditionellen korporativen Strukturen eingebunden waren. So konnte ein Geselle, welcher der Teilnahme an einer Massenschlägerei verdächtigt wurde, eine Bestätigung des Bildungs- und Lesevereins deutscher Handwerker in Basel darüber vorweisen, dass er zur fraglichen Zeit einer Versammlung beigewohnt hatte. Die städtischen Posamenter (Seidenbandweber) organisierten sich im Posamenterverein, der ein Vorläufer der Gewerkschaften darstellte. Im Juni 1846 wurden einige Mitglieder, die von einem Vereinsausflug zurückkehrten als Zeugen einer Schlägerei auf dem Petersplatz vernommen. Diese neuen Formen volontärer Zusammenschlüsse deuten auf gesellschaftlichen Wandel hin.

Alkohol, Spiele, Gesang und Tanz

Wenden wir uns den Aktivitäten der Unterschicht in den Wirtshäusern zu. Das Trinken stand natürlich im Vordergrund. Dabei waren Regeln und Bräuche zu beachten. Eines der bekanntesten Trinkrituale war das ‹Zutrinken›. Betrat ein Gast das Wirtshaus, so wurde ihm von bereits anwesenden Bekannten ein Glas Wein gereicht, das er auf die Gesundheit des Spenders in einem Zug auszutrinken hatte. Das Angebot abzulehnen, war ein Tabu und die Erwiderung der Einladung ein Gebot. In der Weinschenke zum Rebhaus kam es wegen dieses Rituals im Juni 1845 zu einem dokumentierten Streit zwischen einem Schuhmachermeister aus Lörrach und einem Maurergesellen. Letzterer hatte dem Schuhmacher als dieser das Wirtshaus betrat ein Glas Wein offeriert, was

Die Ochsengasse mit dem Gasthaus zum Roten Ochsen.
Aquarell von Johann Jakob Schneider, nach 1865 (Ausschnitt).

dieser dankend angenommen hatte. Danach hatte er sich aber an einen anderen Tisch gesetzt und die Einladung nicht erwidert. Der Maurergeselle gab zu Protokoll, er habe den Schuhmacher mit Stockschlägen traktiert, weil dieser ihm den Schoppen Wein ausgetrunken habe. Auch die Trinkspiele, die oft auf Würfel-, Karten- und Tischkegelspielen basierten, folgten festen Regeln und dürften den Alkoholkonsum gefördert haben.

In erster Linie wurden Wein und Bier getrunken. Seltener werden stärkere Getränke wie Branntwein in den Akten vermerkt. Für diejenigen, die schon zu viel Alkohol intus hatten, gab es die Möglichkeit, Zuckerwasser zu bestellen. Wie viel getrunken wurde, können wir aufgrund der Gerichtsakten selten so genau beziffern wie bei den Zimmergesellen Biery und Scholer, da die Verhörten es als unterschiedlich opportun einschätzten, über das Ausmass ihres Alkoholkonsums zu sprechen: Die einen führten den Alkohol als Entschuldigung für ihre Aufführung an, die anderen wollten dem Gericht einen verlässlichen Lebenswandel demonstrieren und dürften ihren Konsum untertrieben haben.

In einem Fall von 1826 machte ein Korporal der Standeskompanie Angaben über den Betrag, den er für seinen Bruder und sich selbst an einem vergnüglichen Nachmittag in Binningen bezahlte hatte. Die Zeche betrug sechzig Batzen. Ein Schmied-

Trinken und Tanzen vor einem Gasthof im ländlichen Bern. Ähnlich dürfte es in Wirtshäusern in und um Basel zugegangen sein. Tuschezeichnung von Gabriel Lory dem Älteren, um 1800.

geselle in Basel bezog im selben Jahr einen Wochenlohn von vierunddreissig Batzen bar und zusätzlich noch Kost und Logis sowie Trinkgelder. Ziehen wir den Konsumentenpreisindex zurate, so entsprechen die sechzig Batzen einem Wert von 118 Schweizer Franken im Jahr 2008.[10] Der Wert ist mit Vorsicht zu betrachten, da sich der Warenkorb des Indexes über die 182 Jahre stark verändert hat, aber er erlaubt eine grobe Einschätzung der Ausgaben für einen Wirtshausbesuch. Auf dem Nachhauseweg in die Kaserne auf dem Blömlin provozierte der Korporal einen Streit, der in einer Messerstecherei endete. Das städtische Sicherheitspersonal war in diesem Fall also selbst Teil des Gewaltproblems.

Das Essen stand für die ortsansässigen Gesellen nicht im Vordergrund, wenn sie eine Schenke aufsuchten. Der Meister der Gesellen und die Dienstherren des Dienstpersonals sorgten für Kost und Logis im Sinne eines Lohnbestandteils. Somit fallen die Hinweise auf konsumierte Nahrungsmittel in den Gerichtsakten eher spärlich aus. Brot und Käse verspeiste der oben erwähnte Maurergeselle im Rebhaus. Der Metzger Johann Jakob Bell, anscheinend ein unverbesserlicher Trinker aus Kleinhüningen, verkaufte seine Würste an Wirtshäuser in Basel. Auf einer Verkaufstour durch die Schenken der grossen und kleinen Stadt im Januar 1847 wurde er auf eine gezuckerte Leber eingeladen, und natürlich musste er dazu auch einige Schoppen Wein trinken, obwohl er eigentlich mit einem zweijährigen Wirtshausverbot belegt war. Aktenkundig wurde dies, da er in betrunkenem Zustand von einem Landjäger angetroffen wurde und sich der Verhaftung tätlich widersetzte.

Zum gemeinsamen Trunk gehörte auch der gemeinschaftliche Gesang. Ins Visier der Justiz gerieten die Sänger, wenn sie andere Gesellschaften im Wirtshaus durch ihre Lieder beleidigten oder deren Singkünste in Zweifel zogen und somit Anlass für eine Schlägerei boten. Mit solchen Liedern angesprochen waren meist Gesellen anderer Handwerke oder anderer Herkunft, die zur Verteidigung ihrer persönlichen Ehre, der Ehre ihres Handwerks oder der Ehre ihrer Heimat oft zu gewaltsamen Mitteln griffen. Einige Verhaftete trugen auch Instrumente bei sich, sodass davon ausgegangen werden kann, dass es zum Gesang mitunter auch musikalische Begleitung gab. Aktenkundig wurde der Gesang, wenn durch ihn Schlägereien ausgelöst wurden – das Singen konnte aber natürlich auch ganz friedlich verlaufen.

Neben dem Singen nahm auch das Tanzen einen wichtigen Rang ein. Dafür wurde meist eine professionelle Musikantentruppe engagiert. Die Anwesenheit des anderen Geschlechts war zum Tanzen nicht zwingend nötig. Beim Fest des Seidenfärbers Lotz aus Anlass der Geburt seines Sohnes im Jahre 1845 tanzten die jungen Gesellen im Gasthaus Sonne an der Rheingasse bis in die frühen Morgenstunden miteinander. Der Landjäger, der die Einhaltung der Polizeistunde anmahnte, wurde aus dem Haus geprügelt.

Männlichkeit, Ehre und Gewalt

Das Wirtshaus war also ein männlich dominierter öffentlicher Raum. Es gibt aber auch einige wenige Hinweise darauf, dass beide Geschlechter in den Wirtshäusern anwesend waren. Die Frauen blieben bei Gewalttätigkeiten im Hintergrund und hielten ihren Favoriten die Kappe, die der Sieger des Kampfs oft als Trophäe mitnahm. Im Gegensatz zu den Männern verpflichtete ihre gesellschaftliche Rolle die Frauen nicht, ihre Ehre mit Gewalt zu verteidigen. Dies hatten ihre männlichen Begleiter zu erledigen. Das Männerbild der ständischen wie auch der bürgerlichen Gesellschaft verlangte nach Wehrhaftigkeit. Gewalt erfüllte somit einen sozialen Zweck: Sie diente insbesondere im handwerklichen Milieu der Verteidigung der Reputation als auch der Konstruktion der männlichen Identität.

Allerdings gibt es Indizien dafür, dass Gewalt auch zur Unterhaltung und zum Vergnügen ausgeübt wurde. Bei Massenschlägereien gab es Aufläufe von Schaulustigen, welche die Polizeikräfte am Eingreifen hinderten. Zumindest das Zusehen hatte einen Unterhaltungswert. Aber auch die Akteure scheinen manchmal ihren Spass daran gehabt zu haben. Einige Schlägereien wurden vorsätzlich angestiftet, und Äusserungen im Verhör sowie Aussagen von Zeugen lassen auf starke Emotionen, ja auf euphorisierte Zustände der Täter schliessen, die durch die Gewaltanwendung hervorgerufen wurden.

Regulierungsversuche der Obrigkeit – Eigensinn der Unterschichten

Die Ausgelassenheit und die Ausschweifungen des Wirtshauslebens waren dem reformiert-pietistischen Ratsherrenregiment in Basel ein Dorn im Auge. Die Obrigkeit

Das Gasthaus Neubad. Im Sommerhaus am rechten Bildrand ist eine Tanzveranstaltung in vollem Gang. In der Bildmitte ist ein Harschier dargestellt, der wohl nach dem Rechten sehen soll – oder vielleicht selbst auf der Suche nach etwas Zerstreuung ist. Kolorierte Radierung von Rudolf Huber, um 1800.

versuchte, die Vergnügungsmöglichkeiten einzuschränken oder einer Bewilligungspflicht zu unterstellen. Die Wirtshäuser mussten um elf Uhr nachts schliessen. Die ‹Allgemeine Polizeistraf-Ordnung› von 1837 dekretierte, dass an Sonn- und Festtagen sowie am Vorabend derselben Tanzveranstaltungen, Theateraufführungen und Schaustellungen verboten waren. Auch an anderen Tagen waren diese nur erlaubt, wenn zuvor Bewilligungen dafür eingeholt worden waren. An Festtagen wie Ostern, Pfingsten und Weihnachten sowie am eidgenössischen Bettag durften die Wirtshäuser erst nach dem Abendgottesdienst öffnen. Die ‹Polizeistraf-Ordnung› fasste alte Mandate zusammen – die Verbote galten also schon vorher. 1835 war im Strafgesetz ein Wirtshausverbot als neue Sanktion aufgenommen worden.[11]

Die Sicherheitskräfte konnten die Verbote allerdings nicht flächendeckend durchsetzen, wie etwa die Wirtshaustour von Johann Jakob Bell belegt – und dieser war nicht der Einzige, der sich mit Gewalt gegen polizeiliche Massnahmen wehrte. Zudem bot das Umland der Stadt viele Möglichkeiten, sich den Basler Regulierungen zu entziehen. Hin- und Rückweg zu Wirtshäusern ausserhalb der Stadt wurden oft zu einem gemütlichen Spaziergang genutzt. Am Bettag gab es einen regelrechten Exodus der Gesellen ins Badische. Fuhrmänner wussten davon zu profitieren, indem sie Rückfahrten nach Basel anboten. Weitere beliebte Ausweichorte waren St. Louis/Bourglibre und Burgfelden in Frankreich. Vor dem Anschluss an den Kanton Basel und dann wieder nach der Kantonstrennung bot sich das katholische Birseck an, wo es genügend Wirtshäuser mit Tanzböden gab, die von der Regulierung des Basler Rats nicht betroffen waren. Besonderer Beliebtheit erfreuten sich die Wirtshäuser in Binningen, wie der Schlüssel und der Wilde Mann, wohl aufgrund der unmittelbaren Nähe zur Stadt und der häufig stattfindenden Tanzveranstaltungen. Einer der wichtigsten Vergnügungsorte ausserhalb der Stadt lag nur wenige Schritte jenseits des Stadtbanns: das Gasthaus Neubad. Ob sich die Menschen aus der Unterschicht die Badekuren leisten konnten, lässt sich durch die Gerichtsakten nicht belegen, aber sie schätzten die Wirtsstube und die Tanzveranstaltungen, die in einer halben Stunde zu erreichen waren.[12]

Schichtspezifische Geselligkeitsformen – schichtspezifische Gewaltformen

Die Gerichtsakten ermöglichen uns einen aufschlussreichen Einblick in die Freizeitgestaltung der Zeitgenossen Theos. Durch die Quellenbasis bedingt standen in dieser Untersuchung die Geselligkeitsformen im Wirtshaus und auf der Strasse im Vordergrund, die stark auf sozialer Interaktion der historischen Akteure beruhten (dabei mag, ebenfalls durch die Art der Quellen bedingt, der falsche Eindruck einer gewaltlüsternen Unterschicht entstanden sein). Das Fehlen von Menschen aus der Oberschicht in den Strassenhändeln ist auf ihre gänzlich andersgeartete Geselligkeitsformen zurückzuführen. Ihre Häuser boten genügend Platz für Einladungen und Privatkonzerte – sie konnten die Strasse getrost den unteren Bevölkerungsschichten überlassen. Eine Absolution in Sachen Gewalt kann den Mitgliedern des Grossbürgertums jedoch nicht erteilt werden, denn wir erfahren nur selten, was ihre Angestellten in den Kontoren, Fabriken und hinter den Mauern ihrer Häuser und Palais zu ertragen hatten.[13]

1   Eine Mass wurde 1838 in der Deutschschweiz auf 1,5 Liter festgelegt. Davor fasste die Mass je nach Region zwischen 0,8 und 1,8 Liter. Für Basel ist von einem Wert um 1,5 Liter auszugehen. Vgl. Dubler 2009, Artikel <Mass>.
2   StaBS Gerichtsarchiv HH 2, Criminalgerichtsakten, Band 230, Akte Alois Biery, 05.08.1826.
3   Die Akten wurden ursprünglich für eine Lizenziatsarbeit ausgewertet. Für ausführliche Quellen- und Literaturhinweise sei auf diese verwiesen, Raciti 2006. Ein Exemplar in elektronischer Form (PDF) kann beim Autor angefordert werden.
4   Vgl. Koslowski 1998.
5   StaBS Gerichtsarchiv HH 1, Correctionelle Fälle, Band 163, Akte Friedrich Matzinger und Consorten, 07.05.1845; StaBS Gerichtsarchiv HH 1, Correctionelle Fälle, Band 173, Akte

Friedrich Matzinger und Carl Wilhelm Eisenbeck, 23.10.1847.
6   Vgl. Thompson 1967.
7   Gesellenartikel für die Schreiner in Basel, 14. Mai 1834, Basel 1834.
8   Vgl. Kümin 2007.
9   Trevisan 1989.
10 Pfister, Christian / Studer, Roman: Swistoval. The Swiss Historical Monetary Value Converter. Historisches Institut der Universität Bern. http://www.swistoval.ch abgerufen am 12.03.2010.
11 Allgemeine Polizeistraf-Ordnung für den Kanton Basel-Stadttheil 1837, Basel 1837; Correktionelles Gesetz für den Kanton Basel-Stadttheil 1846, Basel 1846.
12 Meier 1982, S. 41–46.
13 Vgl. Schaffner 1972, S. 41–48.

Der Tabak

Vom Heilmittel zum Genussmittel

Dominik Wunderlin

In seiner Eigenschaft als Raucher hatte Theo unzählige Vorläufer, deren Namen wir zumeist ebenfalls nicht kennen. Einige sind uns auf bildlichen Darstellungen überliefert, von anderen besitzen wir nur die Rauchgeräte, die Tonpfeifen, welche bei archäologischen Grabungen geborgen wurden, und von wieder anderen erfahren wir aus schriftlichen Quellen. Alle diese Spuren weisen darauf hin, dass das Pfeiferauchen hierzulande zwischen 1600 und 1650 aufgekommen ist.

Zu den frühesten Basler Darstellungen von Rauchern gehören zwei Miniaturen in dem 1620 begonnenen Stammbuch von Hans Rudolph II. Menzinger. Die auf zwei Blättern zu findenden Farbillustrationen zeigen zwei Männer beim andächtigen Rauchen von langstieligen Tonpfeifen respektive eine Bürgerstube, in der an gedeckter Tafel eine Dame und zwei Männer sitzen, von denen einer ebenfalls eine Tonpfeife im Mund hält. Etwas älter ist die Darstellung des Pfeifenrauchers in der medizinischen Abhandlung von Jacob Ziegler, die 1616 in Zürich publiziert wurde und auf der

Gerberwerkstatt in Liestal. Zwei Gerber mit der Pfeife im Mund.
Bemaltes Holzschild, um 1820 (Ausschnitt).

ein Mann aus der Oberschicht zu sehen ist, der eine Tonpfeife raucht, aus deren grossem Pfeifenkopf eine mächtige Wolke entweicht.

Bedeutend mehr frühe Belege vom Genuss des Tabaks in Tonpfeifen liefert die Bodenforschung. Unter den vielen Funden aus der Mitte des 17. Jahrhunderts in der Region Basel nennen wir hier nur die Tonpfeifen aus einer Grabung im Reischacherhof (Münsterplatz Basel). Die in eine Latrine geworfenen Rauchgeräte sind auf das Jahr 1650 datierbar, Hersteller ist ein Hans Minch aus Frankenthal (nördlicher Oberrhein).[1] Es wird angenommen, dass die Pfeifen dem Zunftmeister, Grosskaufmann und Ratsherrn Hans Jakob Zörnlin gehört hatten, da er Mitte des 17. Jahrhunderts den repräsentativen Reischacherhof bewohnte. Zörnlin war ebenso Mitglied der Oberschicht wie sein Zeitgenosse Bürgermeister Johann Rudolf Wettstein (1594–1666), der sich bei den Westfälischen Friedensverhandlungen (1646–1648) zum Rauchen bekannte. In einem Brief schildert er die Begegnung mit dem Herzog von Longueville, einem auf feinste Kultur gestimmten Franzosen, der «dem Gestank eben gar nicht gewogen war»[2]. Wettstein ist damit der erste namentlich bekannte Basler Raucher.

Der Tabak, ein Wundermittel?

Kaum war der Tabak in Europa angekommen, wurde über dessen Nützlichkeit debattiert. Eingang in den wissenschaftlichen Diskurs fand etwa der Bericht des Zürcher

In einem handschriftlichen Text unter dem Bild:

> — Druf, wo der
> aetti si Tuback
> gschnitte het, und 's Pfifli gfüllt, se chunt
> er an Liechtspon,
> und hebt 's Pfifli unter, und trinkt in gie-
> rige Züge,
> bis es brennt;

B. Zix. Del. & Sculp

In seinem Gedicht ‹Der Karfunkel› schildert Johann Peter Hebel,
wie der Grossvater an einem Lichtspan (Bildmitte) seine Deckelpfeife
anzündet. Kupferstich von Benjamin Zix, 1820.

Arztes Anton Schneeberger aus dem Jahr 1579. Er erzählt von rauchenden Seeleuten,
die behaupteten, dass der Tabak gegen Hunger und Durst helfe, die körperlichen Kräfte
stärke und eine reinigende Wirkung auf das Gehirn habe. Auch der vorgenannte
Zürcher Arzt Jacob Ziegler (1591–1670) pries in seiner Untersuchung die medizinische
Wirkung des Tabaks. Frühe Beschreibungen der Pflanze finden sich bei Jean Nicot, dem
französischen Gesandten am portugiesischen Hof, der 1560 eine Tabakpflanze nach
Paris schickte, und bei dem französischen Franziskanermönch und frühen Brasilien-
reisenden André Thevet (um 1502–1590). Als erster Schweizer setzte sich noch kurz
vor seinem Pesttod der Zürcher Universalgelehrte Conrad Gesner (1516–1565) mit
dem Tabakkraut auseinander, und er schrieb darüber auch seinem Basler Freund
Theodor Zwinger (1533–1588). Ein Nachkomme des Letzteren, Friedrich Zwinger
(1707–1776), der 1744 das von seinem Vater Theodor d.J. verfasste ‹Theatrum botanicum...

Vollkommenes Kräuter-Buch› neu herausgab, widmete der medizinischen Verwendung des Tabaks nicht weniger als sechs grosse Druckseiten und belegte in zahlreichen Beispielen dessen heilende Wirkung für eine ganze Skala menschlicher Schäden und Gebrechen von der Darmverstopfung bis zur Syphilis. Noch im 19. Jahrhundert wurde das Rauchen auf nüchternen Magen als Mittel gegen Darmträgheit genannt, und nach einer schweizerischen Überlieferung des frühen 20. Jahrhunderts soll es bei Genickstarre geholfen haben. Tabak war über lange Zeit auch Zutat von Rezepten zum Trocknen des feuchten Gehirns und zur Erwärmung eines kalten Hauptes. Nicht zuletzt bei Menschen, die das Tabakrauchen nicht vertrugen, wandte man gegen verschiedene Gebrechen auch das Rauchklistier an.

Wer sich also nicht nur über den Tabak als neue Zierpflanze in seinem Garten freuen wollte, richtete zunächst das Augenmerk auf dessen Eigenschaft als Medizinalpflanze. Die Obrigkeiten vieler europäischer Staaten beschränkten in ihren Tabakkonsumverboten im 17. Jahrhundert den Konsum auf medizinische Zwecke, und der Tabak durfte entsprechend nur in Apotheken und auf ärztliche Verordnung hin verkauft werden. Als Folge eines derartigen Mandats gegen das ‹Roücken› (Bern 1659) erklärten beim ‹Duback thrinken› Ertappte den kirchlichen Sittengerichten wiederholt, dass sie den Tabak ja zu therapeutischen Zwecken verwendet hätten, so etwa gegen Zahnweh, Husten, Augenleiden, Fieber und sogar eines «Beinbruchschadens wegen». Das Wissen um die Heilkraft des Krautes hatte also die ‹Normalsterblichen› erreicht.

Argumente gegen den Tabak

Die erste Hälfte des 17. Jahrhunderts war geprägt durch den Dreissigjährigen Krieg, der zeitweise auch weite Teile der Region Basel heimsuchte. Es gilt als gesichert, dass es nach den Seeleuten der damaligen Kolonialmächte im kleineren Masse die fahrenden Studenten, vor allem aber die gewaltigen Söldnerheere waren, die für eine Ausbreitung des Pfeiferauchens auf dem Kontinent sorgten. Als Psychopharmakon tolerierten es die Vorgesetzten – und begannen vielleicht selbst auch zu rauchen. Galt das Rauchen zum Beispiel in Hamburg kurz vor 1600 noch als ein Vergnügen der Unterschicht, so wurde um 1650 bereits in allen gesellschaftlichen Kreisen geraucht. Zum endgültigen ‹sozialen Aufstieg› des Rauchens dürfte nach 1710 das Aufkommen der teuren Porzellanpfeifen beigetragen haben.

Doch bis dahin und vor allem in der zweiten Hälfte des 17. Jahrhunderts wurden zahlreiche Rauchverbote in den Staaten Europas erlassen. Mit den verschiedensten Argumenten kämpften die Obrigkeiten gegen den Tabakgenuss. Man war in Sorge um die Gesundheit, man fürchtete den Abfluss von Kapital, die unnötige Verschwendung von Geld (angesichts des teuren Vergnügens) und nicht zuletzt Brandkatastrophen. Es gab Theologen, für die das Rauchen ein aus heidnischen Ländern importiertes Laster war, sie nannten den Tabak ein ‹Teufelskraut›. Manche Geistliche wollten wissen, dass Christenleute damit «ihren Mund zum Rauchfang des Satans machten», und ein Basler Landpfarrer meinte sogar, «wenn ich Mäuler sehe, die Tabak rauchen, so ist's mir, als sähe ich ebenso viele Camine der Hölle». Nicht so schwarz sah 1677 ein Angeklagter, der vor einem bernischen Chorgericht erklärte, er kenne keine Bibelstelle, in der geschrieben stehe, «dass der Tuback von Gott verbotten seye».

Zwei frühe Basler Tonpfeifenraucher. Deckfarben auf Papier, um 1620.

Mandate und Verordnungen

Da den Verboten offensichtlich nie ausreichend Beachtung geschenkt wurde, musste sich der Basler Rat zwischen 1650 und 1672 insgesamt neun Mal mit dem Tabakrauchen befassen: 1650 wurde das Rauchen auf allen Zünften «in den Scheuern» verboten, und zwei Jahre später wurde «das Tobaktrinken besonders den Soldaten» untersagt. Im Dezember 1672 erliess Basel das letzte generelle Rauchverbot, und 1677 verschwanden schliesslich die Verbote aus den Ratsbüchern und öffentlichen Mandaten. Untersagt war aber das ‹Fumieren› weiterhin und noch für lange Zeit an bestimmten Orten, wie etwa unter den Stadttoren, im Kaufhaus, in den Zimmern der Kaserne oder «bey Straf eines Guldens … uf St. Peters Platz» (1776). Noch 1807 verteilte die Staatskanzlei eine gedruckte «Aufforderung zu vorsichtigem Tabakrauchen», und 1881 verbot die Polizei, «in Ställen, Scheunen, Holzschöpfen, auf Dachböden, in Schreinerwerkstätten … zu rauchen».

Ein Ort, an dem das Rauchen sehr lange, bis in die 1850er-Jahre, strikt untersagt war, war die Rheinbrücke. Dies galt selbstverständlich auch beim Sonntagsspaziergang:

«Ging man über die Rheinbrücke, dann wurde vorsichtig die stattliche Sonntagspfeife ausgelöscht, denn strenge war es verboten, auf der hölzernen Brücke zu rauchen.»

Aber nicht alle hielten sich daran. So berichtet der Pfarrer und Chronist Johann Jakob Uebelin (1793–1873), wie der begnadete Münsterorganist und notorische Pfeifenraucher Samuel Schneider einmal fast die Brücke in Brand gesteckt habe, als er

DEmnach Unsere Gnädige Herren / der Herr Burgermeister vnd die Rhäte dieser Statt / eine zeithero verspühren müssen / daß das vnordenlich / überflüssige Tabac trincken / vber vnd wider Ihr Gn. schon zum öffteren beschehenes abwahren vnd verbieten / gar sehr eingerissen vnd vberhand genommen / vnd darbey von vielen / mit denen darzu brennenden Lunten / inmassen vngewahrsamb vmbgangen worden / daß bereits das ein vnd andere mahl / wann der Barmhertzige Gott dasselbe nicht sonderlich verhütet vnd abgewendet hette / groß Jammer vnd Vnheyl darauß ervolgt vnd entstanden wehre : Vnd aber solchem Vnwesen in die har fürters also nachzusehen / Ihre Gn. Str. Fr. Ehr. Wht. mit nichten gemeint seind: Als wollen dieselbigen voriges Ihr Verbott hiemit newerdingen erfrischet / vnd menniglichen / Einheimbschen vnd Frömbden zu Statt vnd Land alles ernstes erinneret vnd vermahnt haben / daß ein jeder sich des gemelten Tabac trinckens / (als dessen man dieser Landen Gott Lob gar nichts bedarff / vnd wohl entrahten kan /) so wohl Tags als Nachts / nicht allein in Scheüren / Ställen / vnd dergleichen gefährlichen Orthen: sondern auch in Würths-Wein vnd andern Häusern / desgleichen auff den Wachten / vnd sonsten / durch auß vnd allerdings müssigen vnd enthalten thue / bey Straaff vier gulden Gelts / so dem hierwider handlenden / so offt das beschicht / ohne Gnad abgenommen vnd diß Orths niemanden verschont / Die Würth aber so dergleichen in Ihren Häuseren beschehen lassen / vmb doppelte Straaff angelangt werden sollen / Darnach sich menniglich zu richten vnd vor schaden zu bewahren. Signatum, Mittwochs den 30. May 1660.

Cantzley Basel sst.

Mandat gegen das ‹Tabaktrinken› vom 30. Mai 1660.

seine brennende Pfeife hastig vor den Blicken eines Polizisten versteckte, wobei etwas brennender Tabak in einen Spalt des Holzbodens fiel.

Nicht immer ging es so glimpflich aus, die Furcht der Obrigkeit, dass durch das Rauchen eine Feuersbrunst entstehen könne, war durchaus berechtigt. So brach am 20. März 1663, zweifelsfrei durch unvorsichtiges Rauchen verursacht, im Schützenhaus Feuer aus, bei dem auch das dort gelagerte Pulver explodierte. 1737 wurde ein Basler Maurergeselle, der in einem Gebäude geraucht hatte, das als Waschhaus und Stall diente, zur Strafe ans Schellenwerk geschlagen, das heisst, er wurde zu Zwangsarbeit verurteilt.

Rauchende Handwerker und Zünfter

Wenig Disziplin und Vernunft zeigten offenbar manche Handwerker im Umgang mit dem Rauchen. Als Beispiele mögen Quellen aus dem Milieu der Metzger und der Schreiner dienen. Am 13. März 1773 wurden zehn Meister und Gesellen wegen Rauchens auf der ‹Schol› (das städtische Schlachthaus und die Marktstelle der Basler Metzger) mit einer Geldbusse belegt. Die Protokolle der Metzgerzunft zeigen, dass das Strafmass offenbar nicht ausreichte, um die Metzger von ihrem «Brauch» abzubringen: Dieselben Personen mussten immer wieder gebüsst werden.[3] Auch in den Schreinereibetrieben wurde geraucht, sodass die Schreinerzunft handeln musste und in Artikel 18 der ‹Erneuerten Ordnung und Artickel der Gesellen Eines Ehren Handwerks der Schreiner in Basel vom 24. Mai 1789› Folgendes bestimmte:

«Ist unseren gnädigen Herren ernstliche Willensmeynung, dass zur allgemeinen Sicherheit das Tabakrauchen in den Schreinerwerkstätten bey einer Strafe von vier Gulden Geldes für den, der es thut, und ebenso viel für den Meister ... verboten seyn solle.»

Interessant in diesem Zusammenhang ist eine bemalte Holztafel von ca. 1820, die drei Gerbergesellen in Liestal bei der Arbeit zeigt: Zwei von ihnen halten eine rauchende Tonpfeife zwischen den Zähnen. Dass auffallend oft Metzger und Gerber als Tabakkonsumenten fassbar werden, hat mit ihren Arbeitsbedingungen zu tun. Sie waren permanent von extrem üblen Gerüchen umgeben, die auch an ihren Kleidern hafteten, und sie darum auch ausserhalb des Arbeitsortes verfolgten. Solches galt auch für Arbeiter in Färbereien, die mit der Herstellung von Extrakten aus Farbholz beschäftigt waren. Ein anderer Grund dafür, dass bei der Arbeit geraucht wurde, war die Empfehlung von Tabak als Heilmittel gegen Milzbrand, eine durch Infektion hervorgerufene Berufskrankheit, die bis Ende des 19. Jahrhunderts vor allem Gerber und Abdecker, aber auch Metzger ereilte und zum Tod führte.

‹Tabagien› und Zunfthäuser

Als Folge des Mandats von 1650, welches das Rauchen in den Zunftstuben verbot, bildeten sich in zahlreichen Privathäusern ‹Tabakkämmerlein› oder ‹Tabagien›, wo kein polizeiliches Rauchverbot galt. Diese Rauchkollegien hielten sich auch noch, als die obrigkeitlichen Verbote längst nicht mehr in Kraft waren, aber man rauchte lieber in den Trinkstuben der Zünfte. ‹Tabakkämmerlein› gab es auch in verschiedenen Zunfthäusern, sie sind durchaus mit den heute aufkommenden ‹Fumoirs› vergleichbar.

Tüchtig geraucht wurde immer, wenn die Zünfte an ihren besonderen Festtagen üppig feierten. In den Abrechnungen findet sich unter der Rubrik «Zum Nachtisch» nicht selten eine Position für «Pfeifen und Dubag». So etwa im Verzeichnis des Stubenknechts der Webernzunft Niklaus Erzberger – der sein Amt übrigens sechzig Jahre lang ausübte und 1761 in seinem 90. Lebensjahr verstarb.

Handel und Produktion

Etwa zeitgleich mit der letztmaligen Erneuerung des Mandats gegen das Tabakrauchen (1672) setzte sich die Stadt an der eidgenössischen Tagsatzung mit Erfolg für die Tabakfabrikation in ihren Mauern ein. Was 1643 noch nicht für notwendig angesehen wurde, als der Rat einem lothringischen Tabakmacher die Aufnahme ins Basler Bürgerrecht verweigert hatte, wurde in den 1670er-Jahren als neuer lukrativer Zweig in der Handelsstadt Basel erkannt: der Tabakhandel. Vergeblich wehrten sich die anderen Stände gegen den Alleingang Basels und den dadurch erleichterten Tabakschmuggel. Doch erst im 18. Jahrhundert fielen überall die Tabakverbote, und an ihre Stelle traten Tabaksteuern.

Basel entwickelte sich in jenem Jahrhundert zum eigentlichen Zentrum der Tabakmanufaktur und des Tabakhandels der damaligen Schweiz. Als erster Tabakfabrikant der Stadt gilt der 1698 eingewanderte Glaubensflüchtling Maternus Melckher aus Strassburg, der seinen Betrieb an der Freien Strasse einrichtete und eine Anzahl geschulter Arbeitskräfte von auswärts kommen liess, die wöchentlich 25 oder 30 Zentner

Metzgermeister Johannes David-Bienz (1755–1829), Vorstadtmeister zu St. Alban und späterer Kerzenfabrikant, liess sich im Sonntagskleid und mit Deckelpfeife malen. Aquarell von Wilhelm Oser, um 1820.

Der hier gerade eine Deckelpfeife rauchende ‹Pfluume-Joggi› (1793–1849) hiess mit richtigem Namen Jakob Müller und war ein Basler Original. Der Kaminfeger und spätere Tagelöhner war als notorischer Besserwisser bekannt. Kreidelithografie von Nikolaus Weiss nach Hieronymus Hess, um 1840.

Tabak verarbeiteten. Er musste zwar die scheelen Blicke der Eingesessenen ertragen, aber er verstiess mit seiner freien Kunst gegen keine zünftischen Vorrechte.

Anders verhielt es sich beim Tabakhandel, wo sich die zu Safran zünftigen Spezierer (Einzelhändler) mit den Mitgliedern der Gärtnerzunft stritten. Hier kehrte erst Ruhe ein, als man 1729 der Gärtnerzunft den Vertrieb des einheimischen Tabaks überliess. Tatsächlich wurde 1682 in Kleinhüningen und ebenso im Baselbiet (so in Wittinsburg und in Sissach) Tabak angebaut. Initiant in Kleinhüningen war der Strassburger Tabakmacher Friedrich Zornser, der die unternehmensfreudige Wirtin zum Neuen Haus für sein Unternehmen gewinnen konnte. Der Anbau wurde zwar bereits nach drei Jahren verboten, weil dem Staat der eingeführte Tabak fiskalisch mehr einbrachte als der Eigenbau. Dennoch wurde im kleinen Stil auch weiterhin an verschiedenen Orten Tabak gezogen.

Tabakfabriken

Aus der Pfalz, aus dem Strassburger Raum und aus Übersee kam der Tabak im 18. und 19. Jahrhundert zur Verarbeitung in die Basler Tabakmanufakturen. Pfarrer Markus Lutz vermeldete 1814, es gebe in Basel «5 Tabaksfabriken, die zum Theil ansehnliche Geschäfte machen». Und Pfarrer Johann Jakob Uebelin berichtete noch 1841:

«Es gibt dermal in Basel 5 Tabakfabriken, mit ebenso vielen Mühlen. ... Diese 5 Fabriken beschäftigen circa 200 Arbeiter und verarbeiten gegen 15 000 ℔ [Ballen] rohe Blätter, welche hauptsächlich aus dem Elsass, der Pfalz, zum Teil auch aus den Seehäfen Amerikas bezogen werden; und 1500 ℔ [Ballen] Carotten[4] aus Holland. Sie fabriziren ordinäre Carotten, Schnupf- und Rauchtabake, doch auch feineren Schnupftabak und Cigarren. Der Werth des bezogenen rohen Materials mag sich auf circa 350 000 Franken, des veredelten jedoch auf 1 000 000 Fr. belaufen. Das hiesige Fabrikat wird sehr geschäzt und geht auch nach Frankreich und Italien. Der Consumo wurde früher im Allgemeinen à 2 Pfd. per Kopf jährlich angenommen, mag sich jetzt aber wohl verdoppelt haben.»

Tabakmühlen oder -stampfen gab es sowohl in Gross- als auch in Kleinbasel. Der Gymnasiallehrer Johann Heinrich Koelner zählte 1823 sechs Tabakstampfen an den beiden Armen des Kleinbasler Riehenteichs. Als zeitweilige Tabakfabriken nachweisbar sind um 1800 in Kleinbasel die Kammradmühle an der Webergasse und die Blaueselmühle am Teichgässlein. In Grossbasel befanden sich Tabakmühlen unter anderem vor dem Steinentor am Rümelinbach und am Mühlenberg im St. Alban-Tal. Letztere war ab 1849 Sitz der Tabakfirma Gebrüder Hugo (später Neeff & Co.), die 1778 in Lahr / Baden gegründet worden war und bis Mitte des 20. Jahrhunderts Rauchtabak, Schnupftabak und Kautabak produzierte. In der ersten Hälfte des 19. Jahrhunderts wurde auch am Rande der Arlesheimer Eremitage eine Tabakstampfe betrieben.

Rauchtabak aus dem Spezereiladen

Um 1800 erwarb der Basler Raucher seinen Bedarf in einer der vielen Spezereihandlungen; im Jahr 1814 zum Beispiel gab es in Basel 74 dieser Läden. In einem solchen Geschäft, etwa in der zur Firma Burckhardt & Buxtorf gehörenden Tabak- und Speze-

Die Bettelvögte Christof Beck (1756–1827) und Friedrich Matzinger (1755–1814), Letzterer mit Deckel-Gesteckpfeife. Aquarell von Franz Feyerabend, um 1795.

reihandlung zur Sonne, kaufte man den Tabak normalerweise in gerollter Form als sogenannten ‹Rollentabak›. Den zu Hause vorzugsweise in einer Holzdose, einem Holz-kästchen oder einem Zylinder aus Keramik aufbewahrten Tabak zerkleinerte man mit einem Messer oder mit einem besonderen Gerät, dem Tabakschnetzler, in Tagesrationen, die der Raucher dann in einen Beutel tat. Solche Säcklein waren oft aus Leder, sie konn-ten auch aus dem Hodensack eines Tieres hergestellt sein.

Laut einer Zeitungsannonce von 1818 kostete ein Pfund Rauchtabak zwischen 4 und 20 Batzen;[5] zum Vergleich: Ein Kilogramm Brot kostete 14 Batzen. Für einen starken Raucher, wie Theo wohl einer war, ging das Pfeiferauchen durchaus ins Geld. Vielleicht wusste er aber wie manch anderer Raucher aus den ärmeren Schichten, den Tabak zu strecken. Hierfür bot die Natur viele Pflanzen an, die hierzulande ebenso wie seit Jahrhunderten im indianischen Amerika in der Pfeife landeten und in Rauch aufgingen. Es ist jedenfalls kaum anzunehmen, dass Theo einen ähnlich mässigen

Konsum von reinem Tabak hatte wie der Basler Pfarrer Abraham Bruckner-Eglinger (1790–1866), der gemäss Aufzeichnungen im Haushaltungsbuch in den Jahren 1823/24 kein ganzes Pfund «Tuback» verrauchte.

Holz- oder Tonpfeife?

Pfarrer Bruckner rauchte höchstwahrscheinlich keine Tonpfeife. Zu seiner Zeit genoss man den Tabak meist in Gesteckpfeifen, die aus Porzellan oder aus Holz gefertigt waren. Auf Darstellungen um 1800, die uns Pfeifenraucher zeigen, die eher der Unterschicht angehören, erkennen wir oft Pfeifen mit Deckeln. Zwar kannte man im 18. Jahrhundert auch Tonpfeifen mit Deckeln aus Metall oder Draht, durch welche die Feuergefahr eingedämmt werden sollte, doch scheint es sich bei den dargestellten Pfeifen eher um regionaltypische Holzpfeifen zu handeln.

Wir denken hierbei an Tabakspfeifen wie die ‹Bündnerpfeife› (oder ‹Tiroler›), die ‹Appenzellerpfeife› (auch ‹Lindauerli›), die ‹Guggisbergerpfeife›, die ‹Pipe de Maîche› und die ‹Ulmer›. Diese zunächst landschaftlich gebundenen Rauchgeräte haben über Märkte und auch durch Wanderhändler eine überlokale Verbreitung gefunden. Hergestellt wurden sie aus verschiedenen Hölzern, im Raum Ulm auch aus dem gesuchten Maserholz.[6] Manche Pfeifen wurden mit Beschlägen und einem Kettchen versehen, was ihr Gewicht noch erhöhte und so die besten Voraussetzungen für ein ‹Pfeifenraucherloch› (Usur) schuf, wie es auch am Gebiss von Theo zu erkennen ist. Wohl einigermassen vermeidbar war ein Pfeifenraucherloch, wenn man die Pfeife nicht nur mit Lippen und Zähnen hielt, sondern auch mit der Hand.

Eine Usur kann natürlich auch beim Rauchen von Tonpfeifen entstehen, wie sie um 1800 nur noch in kleineren Stückzahlen aus Holland geliefert wurden; sie kamen zu dieser Zeit vor allem aus dem Westerwald. Obwohl eine Holz- oder Gesteckpfeife teurer war als eine kurzlebige Tonpfeife, ist nicht auszuschliessen, dass Theo eine solche geraucht hat. Damals war eine Tabakspfeife ein beliebtes Geschenk an einen Mann – womöglich hat Theo eine Pfeife zu einer besonderen Gelegenheit geschenkt bekommen.

1 Schmaedecke 1998, S. 51 ff.
2 Koelner 1920, S. 255.
3 Senn 2009, S. 54.
4 Früher wurde der Schnupftabak in Karottenform gewickelt und bis zu zehn Jahre lang fermentiert, bevor er konsumfertig gemacht wurde.
5 Wöchentliche Nachrichten aus dem Berichthaus zu Basel, 28. Mai 1818: Inserat von Joh. Friedrich Wagner, Spezerei-geschäft an der St. Albanvorstadt Nr. 1266. Wagner bot auch den «besonders in hiesiger Stadt sehr beliebten braunen Schnupftabak St. Vincent Nr. 1» und Havanna-Zigarren an.
6 Baumheide (Erica arborea), gemeinhin Bruyère genannt, wird erst nach 1850 zur Pfeifenherstellung verwendet. Bis heute berühmter Herstellungsort ist Saint Claude im französischen Jura.

Kleinbasel
im Bild

Laura Fasol

Unter einem leicht bewölkten Himmel halten sich Männer, Frauen und Kinder auf der Strasse auf.[1] Knaben plaudern miteinander, eine Frau trägt einen grossen Korb auf dem Kopf, Metzger stehen vor ihrem Verkaufslokal, und zwei Hunde rennen einander nach – auf diese Weise zeigt der Basler Maler Johann Jakob Neustück (1799–1867) auf einem 1838 entstandenen Aquarell eine Szene städtischen Lebens.

Die Darstellung der Stadt Basel im Bild hat eine lange Tradition. Bekannt sind insbesondere die Ansichten von Matthäus Merian d.Ä. (1593–1650), der mehrere Federzeichnungen, Stiche und ein Gemälde von Basel anfertigte. Die Stadtansichten Merians haben spätere Darstellungen Basels stark beeinflusst; so folgte etwa noch der 1847 entstandene Stadtplan von Friedrich Mähly diesem Vorbild. Neben solchen Gesamtsichten Basels entstanden im 19. Jahrhundert aber auch vermehrt Darstellungen, die einen Teil der Stadt zeigen, etwa eine Strassenszene, einen Platz oder ein Gebäude. Erst in dieser Zeit wurden auch vermehrt Bilder angefertigt, die ausschliesslich Klein-

Blick vom Kleinbasler Brückenkopf nach Grossbasel. Rechts im Bild die Verkaufsläden der Metzger.
Aquarell von Johann Jakob Neustück, 1838 (Ausschnitt).

basel oder einen Ausschnitt davon darstellen – so wie Neustücks Blick auf parlierende Gruppen und Gewerbetreibende.

Die Ansichten Kleinbasels zeigen besonders häufig die Stadtmauern und die beiden Tore (Riehen- und Bläsitor) sowie die Kirchen (die Kartause, die Theodors- und die Clarakirche). Strassenzüge oder Häuser, die sich nicht direkt bei Kirchen, Toren oder Stadtmauern befanden, wurden hingegen fast nie ins Bild gesetzt – mit einer auffälligen Ausnahme: Mehrere Ansichten zeigen den sogenannten ‹Kleinbasler Brückenkopf›.

Dass dieses Motiv mehrfach von verschiedenen Malern und aus unterschiedlichen Perspektiven dargestellt wurde, liegt an der grossen Bedeutung der Rheinbrücke insbesondere für Kleinbasel. Ihre Errichtung im 13. Jahrhundert ermöglichte die Stadterweiterung jenseits des Rheins. Bis ins ausgehende 19. Jahrhundert blieb sie die einzige Rheinbrücke der Stadt und war somit Voraussetzung für ein gemeinsames städtisches Leben von Gross- und Kleinbasel. Zudem war der Brückenkopf das Zentrum der ‹minderen› Stadt, der im Gegensatz zu Grossbasel ein grösserer Platz fehlte. Er war für Kleinbasel in wirtschaftlicher und politischer Hinsicht von besonderer Bedeutung, da sich dort verschiedene wichtige Institutionen befanden. Zu erwähnen ist hier das Haus zum Waldeck, in dem die einzige Metzgerei Kleinbasels untergebracht war, sowie das sogenannte ‹Kleinbasler Richthaus›, das zunächst als Rathaus, dann als Gerichtshaus des Stadtteils diente und für verschiedene kommunale Aufgaben von Bedeutung war.

Blick von der Rheinbrücke auf den Kleinbasler Brückenkopf. Rechts im Bild das sogenannte ‹Käppelijoch›.
Feder- und Bleistiftzeichnung, mit Sepia laviert, von Johann Jakob Neustück, um 1835–1839.

Wegen seiner besonderen Bedeutung als Knotenpunkt städtischer Kommunikation wurde der Kleinbasler Brückenkopf viel häufiger auf Bildern dargestellt als andere Strassenzüge des Stadtteils, und diese Funktion macht es auch besonders interessant, Bilder von diesem Platz zu analysieren.

Eines dieser Bilder ist das erwähnte Aquarell Neustücks auf Seite 164. Es zeigt den Blick vom Kleinbasler Brückenkopf in Richtung Grossbasel. Die dargestellten Gebäude sind eindeutig zu identifizieren: Das grüne vierstöckige Haus rechts im Bild ist das Haus zum Waldeck. Ihm gegenüber befindet sich das Kleinbasler Richthaus, an dessen Stelle heute das ‹Café Spitz›, das Hotel Merian, steht. Direkt neben dem Richthaus ist das sogenannte ‹Schwalbennest› zu erkennen. Die Strasse, aus welcher der Bildbetrachter herausschaut und die in die Rheinbrücke übergeht, ist die damalige Krempergasse, die seit 1861 Greifengasse heisst. Die Querstrasse vor dem Haus zum Waldeck ist die Rheingasse.

Neustücks Aquarell zeigt also keine Fantasiestadt, sondern nimmt Bezug auf reale Gegebenheiten und greift die Topografie Kleinbasels auf. Anhand solcher Bilder lassen sich Fragen zur Baugeschichte der dargestellten Häuser diskutieren. Wenn man beispielsweise zum Vergleich das Aquarell von Konstantin Guise (1810–1858) heranzieht, das 1848 entstand und den Umzug der Kleinbasler Ehrengesellschaften zeigt, kann man feststellen, dass zwar das Richthaus auf beiden Bildern sehr ähnlich dargestellt ist, dass Waldeck und Schwalbennest aber jeweils ganz anders aussehen. Die Unterschiede können zum Teil mit der Baugeschichte der Gebäude erklärt werden; die beiden Maler zeigen also einen anderen Bauzustand.

Trotz der unübersehbaren Realitätsbezüge ist aber stets auch Vorsicht geboten, denn die Bilder sind nicht einfach als Abbilder von Vergangenheit zu verstehen. Sie nehmen zwar Bezug auf reale Verhältnisse – und werden dadurch attraktiv für ein Publikum, das diese kennt –, sie interpretieren diese Realität aber nicht selten frei und sind auf eine ganz bestimmte Weise konstruiert. Augenfällig wird dies bei einem weiteren Bild von Neustück, das den Blick von der Rheinbrücke auf den Brückenkopf zeigt. Rechts im Vordergrund ist das sogenannte ‹Käppelijoch› dargestellt, die kleine Kapelle auf der Rheinbrücke. Aus der Perspektive des Malers wäre das Käppelijoch aber eigentlich gar nicht zu sehen gewesen, da es sich weiter aussen auf der Brücke, auf dem fünften (äussersten) Steinjoch befand.[2] Neustück hielt es aber offenbar für wichtig oder interessant, die Kapelle auf seinem Bild unterzubringen, und so versetzte er sie kurzerhand näher zum Kleinbasler Ufer hin.

Stadtansichten Kleinbasels zeigen eine jeweils spezifische Sicht auf städtische Topografie und die Gesellschaft. Diese Sicht weist zwar Realitätsbezüge auf, ist aber gleichzeitig hochgradig konstruiert. Dies legt die Frage nahe, auf welche Weise der Kleinbasler Brückenkopf, seine Gebäude und die Menschen auf diesen Bildern inszeniert sind und was mit einer solchen Inszenierung beabsichtigt wurde. Diese Herangehensweise gestattet es, Aussagen darüber zu machen, wie die Stadt wahrgenommen, wie sie bildlich repräsentiert wurde und welche kulturellen Imaginationen dadurch sichtbar werden.

Frauen, Männer, Kinder – und Arme?

Kehren wir hierzu zurück zum ersten Aquarell von Johann Jakob Neustück und fragen, wer auf diesem Bild dargestellt ist – und wer fehlt; wer also Anteil hat an der von Neustück imaginierten Gesellschaft – und wer darin keinen Platz findet. Zu sehen ist eine grosse Zahl von Menschen beiderlei Geschlechts, von denen keines dominiert. Der von Neustück inszenierte städtische Raum ist also keineswegs ein reiner Männerraum. Auch was das Alter betrifft, ist ein breites Spektrum vertreten. Kinder nehmen einen prominenten Platz ein, und auch bei denjenigen Erwachsenen, die detailliert ausgearbeitet sind, können Altersunterschiede festgestellt werden. Es scheint Neustück ein Anliegen gewesen zu sein, mehrere Generationen auf seinem Bild darzustellen – offenbar sollten die Menschen auf dem Bild die ‹ganze› Gesellschaft Kleinbasels repräsentieren.

Die auffälligsten Figuren auf diesem Aquarell sind eine Frau und ein Mädchen, die beide etwa in der Mitte des Platzes in der Sonne stehen. Die Frau trägt ein leuchtend gelb-orangefarbenes Kleid, das Mädchen ein rotes. Durch ihre Stellung in der Bildmitte sowie durch ihre Kleider nehmen sie eine herausragende Position ein: Im Vergleich zu den anderen Frauen ist die Farbe ihrer Kleidung intensiver, sie tragen keine Schürzen, und die Ärmel ihrer Kleider sind lang. Die herausragende Stellung der Frau im gelb-orangefarbenen Kleid bestätigt sich auch beim Vergleich der Accessoires: Sie trägt eine kleine schwarze Handtasche, während die anderen Frauen kleine oder grössere Körbe mit sich führen, und auch durch ihre Kopfbedeckung hebt sie sich von den anderen ab. Da die Kleidung der dargestellten Personen von den Malern wesentlich dazu verwendet wurde, Sozialcodierungen zu vermitteln, kann angenommen werden, dass Neustück die weiblichen Personen auf seinem Bild mit unterschiedlichen Kleidern und Accessoires ausstattete, um verschiedene soziale Stellungen anzuzeigen; die beschriebene Frau ist einer höheren sozialen Schicht zuzurechnen.

Kleinbasler Brückenkopf als städtische ‹Flaniermeile›. Rechts im Bild das Richthaus.
Aquarell von Konstantin Guise, um 1830 –1840.

Auch die Männer auf Neustücks Aquarell unterscheiden sich bezüglich der Kleidung voneinander. Besonders auffällig sind bei ihnen die Accessoires – Hüte und Spazierstöcke. Alle Männer tragen Kopfbedeckungen, die man in zwei Arten unterteilen kann: Zylinder und flache Mützen. Die meisten Zylinderträger führen einen Spazierstock mit sich, die Mützentragenden hingegen nicht. Auffällig ist, dass die arbeitenden Männer mit Mützen ausgestattet sind, die nicht arbeitenden hingegen mit Zylinder und Spazierstock. Die Zylinderträger sollen offenbar als Angehörige einer höheren sozialen Schicht dargestellt werden als die Mützenträger: Zylinder und Stock als Attribute der besitzenden ‹Klasse›, die Mütze als Kennzeichen der arbeitenden Gesellschaftsschicht.

Zur von Neustück dargestellten Gesellschaft gehören also Menschen unterschiedlichen Geschlechts, unterschiedlichen Alters und unterschiedlicher sozialer Zugehörigkeit. Gemeinsam ist ihnen aber, dass sie alle ‹gut› gekleidet sind. Niemand trägt schmutzige, zerrissene oder auch nur unförmige oder verblasste Kleidungsstücke: Die blauen sind wirklich blau, die roten oder orangefarbenen ebenso farbkräftig. Die einzelnen Kleidungsstücke einer Person passen zusammen, und alle tragen gut sitzende, anständige Kleidung. Gezeigt wird hier eine Idylle – aus der viele Menschen, einfach dadurch, dass sie nicht dargestellt sind, ausgeschlossen sind: die, die durch zerrissene, unpassende, verblasste oder schmutzige Kleidung als Arme zu erkennen wären. Kleider, wie sie auf diesem Bild zu sehen sind, besassen Arme in Basel und anderswo normalerweise nicht, vielmehr war ihre Kleidung zusammengeflickt und abgetragen.[3]

Ebenfalls nicht dargestellt sind Menschen mit körperlichen Leiden, niemand ist behindert, verletzt oder krank. Die Haltung der Menschen ist aufrecht, keiner scheint sich unwohl zu fühlen oder zu leiden. Zudem ist nicht ein Bettler zu sehen, obwohl in dieser Zeit in Basel sehr viel gebettelt wurde. Die politische Elite versuchte, dieses Treiben durch Verbote zu unterbinden, was allerdings nicht gelang; das Problem des Bettelns blieb während des gesamten 19. Jahrhunderts bestehen.[4]

Überhaupt war die Armutsproblematik im Basel des 19. Jahrhunderts drängend. Der Anteil der von Armut und Hunger bedrohten Menschen an der Bevölkerung wuchs, da die neuen Manufakturen zwar zahlreiche Arbeitsplätze boten, diese aber stark von konjunkturellen Schwankungen und Wirtschaftskrisen betroffen waren, wodurch sich das Problem noch verschärfte. Auf den erwähnten Bildern dagegen wird die Armut schlicht ausgespart. Über die Darstellungsweisen von Armut erfährt man folglich in diesen visuellen Quellen wenig. Um etwas über die Selbstdarstellung und Selbstwahrnehmung der Basler Gesellschaft zu erfahren, ist aber gerade diese Auslassung interessant. Warum fanden die Basler Maler beziehungsweise ihre Auftraggeber und die Käufer ihrer Bilder die Armut nicht darstellungswürdig? Warum wurde die Armut hier einfach weggelassen und auf diese Weise die Gesellschaft nur unvollständig gezeigt?

Die Basler Oberschicht war sich des Armutsproblems durchaus bewusst, und verschiedene Institutionen versuchten, zumindest die Not der einheimischen Armen zu lindern. Zu erwähnen sind hier etwa die Zünfte und für Kleinbasel die Ehrengesellschaften, die sich um verarmte Mitglieder kümmerten, sowie verschiedene öffentliche Institutionen, die durch die private Gesellschaft für das Gute und Gemeinnützige (GGG) ergänzt wurden. Allerdings waren nicht genügend Mittel vorhanden, und auswärtige Arme wurden meistens nicht unterstützt – die Probleme blieben bestehen, und das Betteln konnte nicht verhindert werden. In diesem Kontext muss das Fehlen der Armen auf diesen Bildern gelesen werden: Während es in der Realität nicht gelang, der Armut Einhalt zu gebieten, wird das Problem auf den Bildern als gelöst dargestellt, beziehungsweise es wird suggeriert, dass es nicht existieren würde.

Im Gegensatz zu den Armen sind die Arbeitenden durchaus Teil der von Neustück imaginierten Gesellschaft. So befinden sich vor dem Richthaus und dem Schwalbennest mehrere Frauen, die offensichtlich etwas verkaufen. Und am rechten Bildrand stehen direkt vor der im Ecklokal des Waldecks untergebrachten Metzgerei, die auf dem Bild deutlich zu erkennen ist, zwei Männer mit Schürzen, vermutlich Metzger.

Die Arbeitenden und ihre Geschäfte sind in einer sehr spezifischen, idealisierten Weise dargestellt – denn im Basel jener Zeit waren durchaus nicht nur Tagelöhner von finanziellen Problemen geplagt, auch Handwerker oder Arbeiter, wie etwa Metzger, waren auf finanzielle Unterstützung von Fürsorgeeinrichtungen angewiesen. Neustück stellt prosperierende Geschäfte dar: Im Ecklokal ist Fleisch im Überfluss vorhanden, und Nachschub ist schon unterwegs: Ein Mann führt eine Kuh in Richtung Metzgerei. Man sieht Leute, die Fleisch kaufen (können), es gibt offenbar keine Absatzprobleme. Die beiden Metzger stehen wohlgenährt und selbstbewusst vor dem Geschäft. Von Mangel ist nichts zu sehen. Was genau die Frauen vor den gegenüberliegenden Häusern verkaufen, wissen wir nicht, aber sie sind offenbar erfolgreich bei ihren Aktivitäten. Da bei jeder Verkäuferin eine oder zwei Personen einkaufen, scheint es eine Nachfrage nach ihren Produkten zu geben. Inszeniert wird hier eine Gesellschaft mit florierenden Geschäften.

Mit Zylinder und Spazierstock auf der Rheinbrücke

Neben arbeitenden Menschen sind auf Johann Jakob Neustücks Aquarell auch solche dargestellt, die keine gewerbliche Tätigkeit ausüben. Das gilt auch für das zweite erwähnte Bild von Neustück, den Blick von der Rheinbrücke in Richtung Brückenkopf, sowie für die Ansicht aus derselben Perspektive von Konstantin Guise. Auf diesen drei Bildern sind viele Menschen zu sehen, deren einzige Aktivität darin besteht, dazustehen, langsam zu gehen oder miteinander zu sprechen. Die Maler inszenieren hier die Rheinbrücke und den Brückenkopf als städtische Flaniermeile, als Ort, an dem sich Männer und Frauen unterschiedlichen Alters treffen, in einer Atmosphäre, der jegliche Hektik fehlt. Damit greifen die Maler eine Aktivität auf, die seit Anfang des 19. Jahrhunderts an Bedeutung gewann: das Spazieren.[5]

Der Spaziergänger ist, so die Definition einer zeitgenössischen Enzyklopädie,

«derjenige, der zu seinem Vergnügen oder zur Erholung seines Körpers und Geistes die öffentlichen Oerter, die der Erholung gewidmet sind, besucht, sich mit Umhergehen daselbst belustigt, oder überhaupt nur um die Zeit hinzubringen, zu tödten, in der Stadt, in den Strassen, auf öffentlichen Plätzen, Promenaden, Gärten ec. umherwandelt».[6]

Während bei Spaziergängen in der Natur der Genuss derselben im Vordergrund stand, war für das Spazieren in der Stadt, auf der öffentlichen Promenade, das Kommunizieren mit anderen Spaziergängern von besonderer Bedeutung, es bot dem Bürger die Möglichkeit der sozialen Selbstdarstellung.

Indem sie Menschen im Gespräch zeigen, betonen Guise und Neustück, dass es beim Spazieren in der Stadt insbesondere um Sozialkontakte und um Selbstdarstellung geht. Sie inszenieren die städtische Flaniermeile als Kommunikationsraum. Dies ist interessant, weil gerade in der Zeit, in der diese Bilder entstanden, zumindest auf politischer Ebene Kommunikation mit grossen Problemen behaftet war und man versuchte, diese nicht primär durch Gespräche, sondern mit Waffengewalt zu lösen: Basel war damals geprägt durch die kriegerischen Auseinandersetzungen zwischen der Stadt und der Landschaft, die 1833 zur Kantonstrennung führten, was in der Stadt als Katastrophe und Demütigung wahrgenommen wurde. Diese einschneidenden politischen Veränderungen werden auf den Bildern konsequent ignoriert. Politik wird nicht thematisiert – und ist indirekt dennoch präsent in diesen Stadtansichten: Die Maler setzen der realen Krisensituation auf bildlicher Ebene eine flanierende, kommunizierende, das heisst ‹heile› Gesellschaft entgegen.

Neustück und Guise stellen das Gegenbild zu einer Gesellschaft dar, die erstens einen Krieg geführt und diesen zweitens – durch das Verdikt der Tagsatzung – verloren hat, was den Verlust des Umlandes sowie von zwei Dritteln des Staatsvermögens, das nach der Kantonstrennung der Landschaft zufiel, bedeutete. Sie kreieren das Bild einer friedlichen Gesellschaft ohne Konflikte und inszenieren einen Ort der Meinungsbildung, auch der politischen Meinungsbildung, an dem eine Kultur des Dialogs besteht – eines Dialogs, der mit der Landschaft eben gerade nicht stattgefunden hat.

Guise und Neustück ignorieren bei ihren Darstellungen der Flaniermeile ein wesentliches Charakteristikum des Brückenkopfs: nämlich dass er auch ein Verkehrs-

‹Das Richthaus zu Basel. Wie es Anno 1742 noch zu sehen war. abgebrochen. 1839›.
Kolorierte Lithografie von Peter Toussaint, 1839.

knotenpunkt war. Die Basler Rheinbrücke war im 19. Jahrhundert eine zentrale städtische Verkehrsachse, die so stark frequentiert wurde, dass es an verschiedenen Stellen nötig war, Häuser zurückzusetzen, um Strassen zu verbreitern und dem Verkehr mehr Platz zu geben. In den 1830er-Jahren sollen sich «Pferdekarren, Chaisen und Omnibusse, Reiter und Fussgänger ... ohne Unterlass über die einzige Brücke vom Kleinbasel zum Marktplatz»[7] bewegt haben.

Dieser Verkehr wird von Neustück und Guise nicht wiedergegeben. Auf einem der Aquarelle von Neustück ist lediglich eine Kutsche im Hintergrund zu sehen, auf den anderen Bildern fehlt gleich jeglicher Verkehr. Stattdessen sind die Strassen ganz von Fussgängern in Beschlag genommen, und es herrschen optimale Bedingungen zum Spazieren: Die Strasse weist keine Unebenheiten oder Löcher auf, jegliche Andeutung von Schmutz fehlt – auch dies eine Idealisierung, denn oft liessen Handwerker Abfälle auf der Strasse liegen, und auch Brennholz wurde dort gehackt.[8]

Die beiden Maler gestalten in ihren Bildern fussgängerfreundliche Strassen, sie imaginieren eine städtische Promenade, die es so nicht gegeben hat. Konstruiert ist eine idealisierte Szenerie städtischen Spazierens mit Gesprächen und Vergnügen auf einer angenehmen Flaniermeile. Attraktiv waren solche Bilder wohl gerade für Basler, die es sich sowohl finanziell als auch sozial leisten konnten, spazieren zu gehen und Kunst zu kaufen, die ihrer Vorstellung von der städtischen Gesellschaft entsprach.

Das Kleinbasler Richthaus und das neue Gesellschaftshaus

Die Darstellungen des Kleinbasler Brückenkopfs scheinen für das Publikum attraktiv gewesen zu sein, auf jeden Fall hat es offenbar eine grosse Nachfrage gegeben, denn verschiedene Maler hielten es für lohnenswert, dieses Motiv mehrfach und aus unterschiedlichen Perspektiven darzustellen. So hat neben Konstantin Guise und Johann Jakob Neustück unter anderem auch Peter Toussaint (1793–1865) das Motiv in verschiedenen Techniken aufgegriffen, wobei die Lithografien in einer nicht geringen Anzahl produziert worden sind. Auffällig ist, dass ein Grossteil der erwähnten Bilder in den Jahren um 1840 entstand. Wie ist dies zu erklären?

Ein Grund für diese Häufung besteht darin, dass sich genau in dieser Zeit das Gesicht des Kleinbasler Brückenkopfs wesentlich veränderte: Das Richthaus, ein zentraler Bestandteil des Brückenkopfs, wurde 1837 abgerissen,[9] nachdem es die Drei Ehrengesellschaften Kleinbasels ein Jahr zuvor gekauft hatten.[10] Am 4. April 1838 legte man den Grundstein für das neue Gesellschaftshaus der drei Ehrenzeichen, das 1841 eingeweiht wurde.[11]

Die Ehrengesellschaften Kleinbasels hatten das Richthaus erworben, weil es als Gemeinde- und Gerichtshaus des unabhängigen Kleinbasels eine grosse historische Bedeutung hatte. Zudem war es zentral für das öffentliche Leben Kleinbasels, dort befanden sich unter anderem «Uhr, Spritzhaus, Wachtstube, ... Versammlungsort für die Quartiere und Wohnung für den [Turm-] Bläser». Beim Kauf des Richthauses ging es den Ehrengesellschaften um die Kontrolle über einen gesellschaftlich bedeutenden Ort sowie um symbolische Repräsentation durch den Kauf eines städtischen Machtzentrums.[12]

Die Ehrengesellschaften verstanden sich selbst als zentrale Institutionen Kleinbasels. Der Brückenkopf wiederum war das Zentrum dieses Stadtteils und das Richthaus dessen bedeutendstes Haus. Die Einrichtung eines Gesellschaftshauses an diesem Ort würde die Bedeutung der Ehrengesellschaften betonen. Das war insbesondere deswegen wichtig, weil zu diesem Zeitpunkt die reale Bedeutung der Gesellschaften längst ins Wanken geraten war. Sie hatten seit Beginn des 19. Jahrhunderts viel von ihrer ursprünglichen gesellschaftlichen, wirtschaftlichen und politischen Macht verloren und vergeblich versucht, alte Sonderrechte wiederzuerlangen. Ihnen waren lediglich vormundschaftliche Aufgaben geblieben, doch 1833 verloren sie auch diese an das Waisenamt.[13] Die Absicht, an der Stelle des Richthauses ein gemeinsames Gesellschaftshaus zu errichten, kann somit als Versuch gedeutet werden, auf diese Weise zu neuer Stärke und Bedeutung zu gelangen oder diese Stärke zumindest zu inszenieren. Durch die Übernahme des traditionsreichen und bedeutungsvollen Richthauses würden die Ehrengesellschaften, deren eigene Bedeutung schwand und die sich in einer schwierigen Situation befanden, sich selbst in die Tradition dieses Hauses einschreiben können.

Dass die Ehrengesellschaften nicht einfach das alte Richthaus stehen liessen und übernahmen, sondern es abrissen und an gleicher Stelle ein neues Gesellschaftshaus bauten, lag am schlechten Bauzustand sowie an der Notwendigkeit, das Haus zurückzuversetzen, um die Strasse zu verbreitern.[14] Man legte aber Wert darauf – und der Architekt Amadeus Merian wandte dazu verschiedene architektonische Strategien an –, den Neubau in die Tradition des Richthauses zu stellen. Der ehemalige Basler Denkmalpfleger Fritz Lauber verweist diesbezüglich unter anderem auf die «willentliche Beschränkung der Höhenmasse» des neuen Gesellschaftshauses, das «mit einem etwas niederen, lukarnenlosen, aber ziegelbedeckten Walmdach bekrönt» sei, was zu einer Ähnlichkeit mit dem Vorgängerbau geführt habe.[15] Die deutlichste und wichtigste Reminiszenz an das alte Richthaus bildete aber die gegen die Rheingasse gerichtete Seite des Hauses, an welcher sich nicht nur wie bereits beim alten Richthaus eine Uhr befand, sondern über dieser Uhr auch ein Dachaufbau, welcher an das Türmchen des alten Richthauses erinnern sollte. Dieser spitze Dachaufbau über der Uhr ist der Grund dafür, dass das neue Gesellschaftshaus den Übernamen ‹Café Spitz› erhielt.

Amadeus Merian versuchte also, ins neue Gesellschaftshaus Erinnerungen an das alte Richthaus einzubauen. Dennoch ist das Gesellschaftshaus etwas eindeutig Neues. Die Fassaden unterscheiden sich markant von denen des Vorgängerbaus; auf Bildern ist sofort erkennbar, ob das neue oder das alte Richthaus dargestellt ist. Das neue Gesellschaftshaus sollte auf eigenständige Weise Neues und Altes verbinden. Einerseits blieb das Alte im Neuen sichtbar, wodurch Traditionsverbundenheit signalisiert wurde, andererseits zeigte der Neubau, dass die Kleinbasler Gesellschaften nicht nur in der Vergangenheit eine wichtige Rolle spielten, sondern auch weiterhin Bedeutung haben sollten.

Um das Legitimationspotenzial der Tradition und der Bedeutung des Richthauses auch für die Zukunft zu nutzen, bot es sich an, das alte Richthaus auf Bildern festzuhalten. Dies erklärt, weshalb in den Jahren rund um den Abbruch des Richthauses und den Bau des neuen gemeinsamen Gesellschaftshauses mehrere Bilder des Richthauses entstanden. Bestätigt wird diese Erklärung durch den Umstand, dass Bilder des alten Richthauses im neuen Gesellschaftshaus aufgehängt wurden: Ein «unbekannter Gönner» schenkte im Jahr 1850 Guises Bild des Vogel-Gryff-Umzugs den Ehrengesellschaften Kleinbasels; seit 1931 erinnert eine kleine Tafel an diese Schenkung, und noch heute befinden sich Bild und Tafel im Gesellschaftshaus. Die Tradition des Richthauses wird so auf einem Bild im Inneren des neuen Gesellschaftshauses festgehalten.

Geschichtsinszenierungen – und der Vogel-Gryff-Umzug

Ein zweiter Grund für die beachtliche Nachfrage nach Bildern des Kleinbasler Brückenkopfs in den Jahren nach dem Abbruch des alten Richthauses besteht darin, dass auf diesen Bildern ein Gebäude zu sehen ist, das verschwunden war. Denn es gab in Basel ein Interesse an Bildern, die Vergangenheit zeigten, an ‹Vergangenheitsbildern›.

So ist das Aquarell von Johann Jakob Neustück, das den Blick von der Krempergasse in Richtung Rheinbrücke und Grossbasel zeigt, zwar 1838 entstanden, doch es zeigt nicht den Zustand des Entstehungsjahrs, sondern einen früheren Zeitpunkt,

Kleinbasler Brückenkopf – Umzug der Drei Ehrengesellschaften.
Aquarell von Konstantin Guise, 1848 (Ausschnitt).

nämlich einen, bevor das alte Richthaus abgebrochen wurde. Neustück (beziehungsweise ein Auftraggeber oder potenzieller Käufer des Bildes) scheint sich also dafür interessiert zu haben, das kürzlich abgebrochene Richthaus festzuhalten. Der Maler schuf
ein Vergangenheitsbild, indem er etwas darstellte, das zum Zeitpunkt der Fertigstel-
lung des Bildes in dieser Form nicht mehr bestand. Gerade der Abbruch des traditionsreichen Richthauses mag ein Grund dafür gewesen sein, es bildlich festzuhalten.

Noch deutlicher wird die Betonung von Geschichtlichkeit bei Peter Toussaint
sichtbar. Die Bezugnahme auf Vergangenheit ist bei manchen seiner Bilder gleich eine
doppelte, so etwa bei der 1839 entstandenen Farblithografie mit dem Titel ‹Das Richthaus
zu Basel. Wie es Anno 1742 noch zu sehen war. abgebrochen. 1839›. Erstens ist Geschichte in diesem Bild dadurch thematisiert, dass es zu einem Zeitpunkt angefertigt wurde,
als das Richthaus bereits nicht mehr existierte. Zweitens aber gibt Toussaint vor, noch
viel weiter in die Vergangenheit zu blicken. Er möchte den Zustand des Brückenkopfs
von 1742 wiedergeben, gemäss seinen eigenen Angaben aufgrund eines Ölgemäldes.

Die Darstellungen des Basler Brückenkopfs von Neustück und Toussaint, die
nicht mehr Vorhandenes zeigen, sind keine Einzelfälle. Es gab zu dieser Zeit überhaupt
ein grosses Interesse an Bildern von inszenierter Vergangenheit. Dies ist zu verstehen
im Kontext der insgesamt konservativen Prägung der Basler Gesellschaft dieser Zeit,
deren Wunsch nach Bewahren sich auch in solchen Bildern ausdrückte. Dass sich ein
Grossteil der Gesellschaft Basels in der ersten Hälfte des 19. Jahrhunderts und darüber
hinaus gegen Veränderungen sträubte, zeigt sich in charakteristischer Weise darin,
dass in Basel die Stadtmauer sehr lange bestehen blieb. In Zürich und Bern hatten
Radikale und die Landbevölkerung in den 1830er-Jahren durchgesetzt, dass die Stadtmauer abgebrochen wurde. Auch in Basel wäre dies wegen des Bevölkerungswachstums

angebracht gewesen. Doch die Basler Regierung beschloss erst 1859, die Stadtmauer abzubrechen.

Der Wunsch, die Mauer zu erhalten und die Gestalt der Stadt nicht zu verändern, spiegelt sich in den Stadtbildern: Durch sie konnte das, was verschwand, zumindest bildlich festgehalten werden. Die Bilder sind also im Rahmen der konservativen Tendenzen einer Gesellschaft zu lesen, die sich schon längst inmitten von Veränderungen befand. Zum einen waren dies bauliche Veränderungen, zum anderen aber auch grosse politische Umbrüche seit dem Ende des Ancien Régime, die in Teilen der Bevölkerung Unbehagen auslösten – bei denen, die sich die Vergangenheit, die alten Verhältnisse, zurückwünschten und daher Bilder davon anfertigen liessen. In diesem Sinne kommen insbesondere Gegner der neuen Ordnung, Konservative und Bewahrer als potenzielle Interessenten für diese Bilder infrage.

Eine zusätzliche Dimension von Vergangenheitsbezug wird in dem Aquarell von Konstantin Guise sichtbar, das den Vogel-Gryff-Umzug zeigt. Der zeitliche Abstand ist hier wesentlich grösser als etwa bei Neustück: Das Bild wurde 1848 angefertigt und zeigt noch immer das alte Richthaus. Bei Neustück geht es um ein Haus, das gerade noch stand, bei Guise um eines, das schon längere Zeit nicht mehr existierte. Zudem ist Guise die Betonung von Geschichtlichkeit wichtiger als Neustück, wie etwa ein Vergleich der Häuserfarben zeigt: Während bei Neustück das Waldeck grün ist, das Richthaus gräulich und das Schwalbennest bläulich, haben diese drei Häuser bei Guise alle eine ähnliche Farbe, ein helles Braun, das die Gebäude alt erscheinen lässt. Auch Abnutzungsspuren der Gebäude deuten ihr Alter an; sichtbar sind sie bei Guise etwa unter den Fenstern des Waldecks, beim abgebröckelten Putz am Dachaufbau des Richthauses oder bei dem Haus, das sich vorne rechts im Bild befindet. Trotz dieser ‹Alt-Effekte› sind die Häuser sehr gut erhalten. Sie sind zwar alt, aber standhaft – die Vergangenheit, die Guise inszeniert, ist positiv besetzt.

Von besonderer Bedeutung ist nun aber, dass es sich bei diesem Bild nicht nur um ein Vergangenheitsbild handelt, sondern um eine eindeutige Geschichtserfindung. Guises Bild zeigt eine Vergangenheit, die in dieser Form nie existiert hat: Das alte Richthaus wurde 1837 abgebrochen, 1838 führten die Drei Kleinbasler Ehrengesellschaften erstmals einen gemeinsamen Vogel-Gryff-Umzug durch. Zuvor hatte jede Gesellschaft ihren eigenen Umzug abgehalten. Guise zeigt einen gemeinsamen Umzug der Drei Ehrengesellschaften, aber die Häuser, vor denen dieser Umzug stattfindet, sind im Bauzustand vor 1838 dargestellt.[16]

Guise konstruiert hier eine Tradition des Umzugs der Ehrengesellschaften. Er erfindet Geschichte, und er tut dies auf eine ganz bestimmte Weise: Die Strasse ist überfüllt, es sind sehr viel mehr Leute zu sehen als auf den anderen erwähnten Bildern, die bereits eine reiche Staffage vorzuweisen haben. Während dort die Menschen alleine oder in kleinen Gruppen dargestellt sind, jeweils aber Distanz zueinander wahren, ist hier eine Menschenmenge zu sehen, in der alle sehr nahe beieinanderstehen. Dies soll wohl zeigen, dass ‹ganz› Kleinbasel auf den Beinen ist, wobei erkennbar Arme wiederum nicht zu diesem ‹ganzen› Kleinbasel gehören dürfen. Verstärkt wird der Effekt der vollen Strasse dadurch, dass Guise die Krempergasse im Vergleich zu Neustück sehr eng darstellt.

Es sind auch verschiedene Alltagsszenen zu sehen – so wird etwa im Ecklokal des Waldecks gearbeitet, und auf der Rheinbrücke im Hintergrund sind mehrere Spaziergänger zu erkennen. Der Guise'sche Umzug findet also mitten im Alltagsleben statt, und dieses ist in ihn eingegliedert, wodurch angedeutet ist, dass dieser Umzug seinen Platz im Kleinbasler Leben hat.

Warum nun, so die Frage, die sich an dieser Stelle aufdrängt, fand es Guise (beziehungsweise sein Auftraggeber) interessant und relevant, einen Umzug zu erfinden, der so nie stattgefunden hat und an dem ‹ganz› Kleinbasel teilnimmt? Eine Erklärung dafür besteht darin, dass die Umzüge der Ehrengesellschaften (auch als sie noch jede Gesellschaft für sich abhielt) schon lange umstritten und immer wieder angefeindet worden waren. So hatte man im 18. Jahrhundert von kirchlicher Seite wiederholt die Abschaffung der Umzüge gefordert, da ausschweifende Vergnügungen mit ihnen einhergingen und sich Menschen als Tiere verkleideten, was als heidnisch bezeichnet wurde. Während der Helvetik (1798–1803) wurden die Umzüge aus politischen Motiven verboten. Die Kleinbasler Gesellschaften galten als Repräsentanten der alten Ordnung, ihre Selbstinszenierung in Umzügen war daher nicht mehr opportun.[17] Die Vertreter der neuen Helvetischen Republik hielten diese Umzüge offenbar für äusserst wirkmächtig und damit gefährlich, wie das Beispiel des verbotenen Umzugs der Gesellschaft zum Rebhaus im Jahr 1802 zeigt, den Jakob Christoph Pack (1768–1841) in seiner handschriftlichen Chronik schildert.[18]

Der Steinmetz- und Maurermeister Jakob Christoph Pack war zeitweise Ratsherr und amtete als Vorgesetzter und Obermeister der Gesellschaft zum Rebhaus. In dieser Funktion berichtet er in seiner Chronik von den Ereignissen des Jahres 1802. In diesem Jahr habe der Unterstatthalter der Gesellschaft zum Rebhaus zwar erlaubt, eine Gesellschaftsmahlzeit abzuhalten, ihm aber mitgeteilt, «dass nach den bestehenden Verordnungen alle lächerlichen Umzüge und Masqueraden verboten» seien.[19] Er, Pack, habe wegen dieses Verbotes versucht, den Umzug des Löwen zu verhindern, was ihm aber nicht gelungen sei. Der Löwe sei am Gesellschaftsessen zunächst um den Tisch getanzt, dann aber seien plötzlich alle nach draussen gegangen, zusammen mit dem Löwen.

Diese Übertretung führte gemäss der Erzählung Packs zum Aufmarsch helvetischer Truppen vor dem Gesellschaftshaus. Auch wenn zu bedenken ist, dass Pack dies als erklärter Gegner der Helvetik schrieb und seine Aufzeichnungen mithin keineswegs eine neutrale Schilderung der Ereignisse sind, deutet diese Aussage Packs doch darauf hin, dass die Vertreter der Helvetischen Republik in diesem Umzug eine Gefahr sahen. Auch für die Teilnehmer am Mahl scheinen die Ereignisse von grosser Brisanz gewesen zu sein; gemäss Pack gingen Gerüchte um, dass die Truppen «scharf geladen gehabt und noch 5 Patronen bey sich getragen hätten»[20]. Pack selbst schätzte die Situation offenbar so ein, als stünde man nur kurz vor der Eskalation, vor einer gewalttätigen Auseinandersetzung zwischen ‹Patrioten› (Anhängern der Helvetischen Republik) und ‹Aristokraten› (Anhängern der alten Ordnung):

«Alle benachbarten Wirthshäuser waren gepropt voll, sie nahmen schon Abrede, wie sie die Truppen überrumpeln wollten, sobald man uns verhaften wollte … schon fiel von alten Hitzköpfen der Gedanke, die Casernen in Brand zu stecken … Doch ist Gottlob nichts vorgefallen, als dass alle Patrioten

gewaltig in der Angst herum lauften – auch sammelten sich alle aus der Spalen und überigen
Grossen Stadt so noch Anhänger am alten Wesen sind, sobald sie hörten, man wolle unsern Löwen
hinweg nehmen, kurz die Patrioten glauben nichts weniger, als ihren letzten Tag erlebt zu haben und
doch waren wir so still und ruhig, dass wohl niemals eine solche Mahlzeit mag gehalten worden seyn
und alles so harmonisch gewesen ...»[21]

Packs Erzählung verdeutlicht, wie sehr der Umzug des Löwen symbolisch
aufgeladen war: Einerseits hielt Pack die Ereignisse für sehr bedeutsam, und er behaup-
tete, man habe kurz vor einer bewaffneten Auseinandersetzung zwischen Anhängern
von neuer und alter Ordnung gestanden. Andererseits massen auch die Vertreter der
Helvetischen Republik dem Umzug grosse Bedeutung bei: Pack musste am nächsten Tag
vor dem Statthalter erscheinen und wurde zu einer Busse verurteilt.[22] Und wenn die
Erzählung Packs stimmt, dass Truppen aufmarschiert waren, dann waren die Vertreter
der Helvetischen Republik sehr nervös wegen des Umzugs. Offenbar hatte der Umzug
eine grosse Symbolkraft – sowohl für die ‹Aristokraten› als auch für die ‹Patrioten›.

Auch nach dem Ende der Helvetischen Republik, als die Zünfte und Gesellschaften ihre Macht teilweise zurückerhielten, konnten die Umzüge nur unregelmässig
durchgeführt werden, wobei es auch innerhalb der Ehrengesellschaften Stimmen
gab, die für eine Abschaffung der Umzüge votierten.[23] Als Guise den Umzug der Drei
Ehrengesellschaften auf seinem Aquarell festhielt, gab es diesen gemeinsamen Umzug
erst seit wenigen Jahren; zudem waren die Umzüge schon seit längerer Zeit Angriffen
ausgesetzt. Deswegen hielt es Guise für sinnvoll, den Umzug auf seinen Bildern als tra-
ditionsreich zu erfinden, um ihm auf diese Weise Legitimität zu verleihen, und diese
Tradition so zu imaginieren, dass daran die ‹ganze› Gesellschaft teilnimmt.

Die Bilder von Kleinbasel zeigen, in welcher Weise visuelle Medien sozial,
politisch und kulturell aufgeladen sein können. Sie ermöglichen Aussagen über die in-
tendierten Betrachter: eine politisch konservative und an der Vergangenheit orientierte
Gesellschaft, die sich in den friedvollen, harmonischen Bildern wiedererkennt und sich
so ihrer selbst vergewissert. Diese Ansichten bieten darum weit mehr als lediglich Informationen zur urbanistischen Situation am Kleinbasler Brückenkopf: Sie zeigen eine
imaginierte Stadt mit all ihren Auslassungen und Lücken, eine imaginierte Stadt also,
aus der Theo, falls er einer niederen sozialen Schicht angehörte, ausgeschlossen war.

1   Dieser Beitrag basiert auf einer Masterarbeit am Historischen
    Seminar der Universität Luzern, Fasol 2010.
2   Vgl. Mosimann / Graf 1962, S. 15.
3   Zum Armenwesen im Basel dieser Zeit sowie zu den
    Lebensumständen von armen Baslern vgl. Guyer 2009.
4   Opitz 2000, S. 174.
5   Zur Bedeutung vom Spazieren vgl. König 1996.
6   Krünitz 1832, Bd. 156, S. 622.
7   Teuteberg 1986, S. 311.
8   Teuteberg 1986, S. 311.
9   Lutz 2004, S. 287.
10 Kantonsblatt Basel-Stadt 1836, II, S. 194 f.
11 Wanner 1972, S. 26, 30.
12 Vgl. StABS Bau DD 1, Brief der Vorsitzenden der Vereinigten drei
    Ehrengesellschaften der minderen Stadt, 12.5.1835.
13 Vgl. Knuchel 1914, S. 13.
14 StABS Bau DD 1, Brief der Vorsitzenden der Vereinigten drei
    Ehrengesellschaften der minderen Stadt, 12.5.1835.
15 Lauber 1972, S. 48.
16 Vgl. Bühler 1967, S. 210.
17 Vgl. Löw 2004, S. 71 f.
18 UB, Handschriften, Mscr H V 56h, Jb. Christoph Pack, Chronik IV. B,
    S. 261–278, publiziert in: Bischoff 1884, S. 238–248 (im Folgenden
    wird die publizierte Version zitiert). Der genaue Zeitpunkt, an dem Pack
    diese Episode niederschreibt, ist unbekannt.
19 Zitiert nach Bischoff 1884, S. 241 (vgl. Anm. 18).
20 Bischoff 1884, S. 245 (vgl. Anm. 18).
21 Bischoff 1884, S. 245 f. (vgl. Anm. 18).
22 StABS Zunftarchive Rebhaus III. 9., Prozess gegen Obristmeister
    Jakob Christoph Pack wegen Umzug des Löwen 1802.
23 Vgl. Löw 2004, S. 72.

Alltag in Kleinbasel – von den Sorgen der kleinen Leute

Armut und ihre Facetten in Kleinbasel an der Wende zum 19. Jahrhundert

Franziska Guyer

‹Ober-, Mittel- und Unterschicht› sind moderne soziologische Begriffe, mit denen versucht wird, die Mitglieder einer Gesellschaft aufgrund wirtschaftlicher, sozialer, rechtlicher und ethnisch-religiöser Ungleichheiten in klare Kategorien einzuteilen.[1] Sie lösten Mitte des 20. Jahrhunderts die Termini der ‹niederen und höheren Stände› ab. Im Unterschied zu diesen war die Mobilität zwischen den Schichten nicht vollständig ausgeschlossen.[2] Gerade im Basel der Frühen Neuzeit war der Adel weitgehend verschwunden und der soziale Auf- und Abstieg grundsätzlich möglich. Der soziale Status hing nicht mehr allein von der Geburt, sondern auch von wirtschaftlichen, politischen und sozialen Faktoren ab.[3]

‹Armut› bezeichnet die Lebenssituation einer Person zu einem bestimmten Zeitpunkt. Als arm gilt grundsätzlich das Bevölkerungssegment am untersten Ende des

38. HENDER KEINE ALTE LUMPA

39. KROOMAD BRUNNA KRESSI.

40. KROOMAD SCHAUB TECKI.

Aus Lumpen wird papier gemacht, Die Kunst hat doch kein Narr erdacht.

Im Winter ist der Kreßich gut, Erfreut das aug, erfrischt das Blut.

Aus Stroh flicht man die Boden-Decke, Das man die Stuben nicht beflecke.

Die ‹Baßlerischen Ausrufbilder› stellen Unterschichtsangehörige in ihrem Berufsalltag auf idealisierte Weise dar. Kolorierter Kupferstich von David Herrliberger, 1749.

sozialen Spektrums, wobei eine genaue Definition des Begriffs ebenso schwierig ist wie der Versuch, eine Grenze zu bestimmen, an der Armut beginnt. Vor der Herausforderung, diese Grenze zu definieren, standen in der Vergangenheit auch die Verantwortlichen für die Basler Armen- und Fürsorgepolitik. Gerade in den Krisen, von denen Basel in den Jahren 1770/71 und 1816/17 aufgrund von Ernährungsengpässen, Teuerung und Arbeitslosigkeit getroffen wurde, wuchs die Unterschicht massiv an, und ihre innere Struktur veränderte sich, sodass immer wieder neue Überlegungen angestellt werden mussten, welchen Personen und Personengruppen Hilfe zukommen sollte und welche von dieser auszuschliessen seien.

Die Geschichte der Armut bezieht sich heute weitgehend auf die Gelehrtendiskurse unter Politikern, Moralisten und Theologen, die sich über Motive, Ziele und Massnahmen einer Armenpolitik austauschten, sowie auf die daraus resultierenden Disziplinierungsschritte. Hingegen ist die direkte historische Annäherung an die Unterschicht, ihre Mitglieder und deren Lebensbedingungen nicht einfach. Im Gegensatz insbesondere zu den männlichen Exponenten der Oberschicht, deren Leben sich zwischen Wirtschaft, Politik und sozialen Anforderungen und somit in der Öffentlichkeit abspielte, gingen Angehörige der Unterschicht oft in der anonymen Masse der ‹Armen› unter, und ihre individuellen Schicksale sind nur schwer zu greifen. Ihr Dasein konzentrierte sich beinahe ausschliesslich auf die Sicherung des Lebensunterhalts. Weil sie selbst kaum schriftliche Zeugnisse hinterliessen, sind sie heute nur noch dort fassbar, wo sie mit Institutionen und Behörden in Kontakt kamen, insbesondere mit Fürsorgeeinrichtungen.[4]

Armut und Bedürftigkeit

Die Unterschicht war in der Frühen Neuzeit durch eine grosse Heterogenität gekennzeichnet. Ihr zugehörig waren alle Personen, die entweder in ständiger Abhängigkeit von obrigkeitlichen, kirchlichen oder privaten Unterstützungsleistungen lebten oder in Krisenzeiten von solchen abhängig zu werden drohten. Ebenfalls zur Unterschicht zählten Menschen, die trotz ähnlich dürftiger Lebensumstände vom Bezug von Hilfsleistungen ausgeschlossen waren, weil sie entweder das dafür notwendige Bürgerrecht nicht besassen, oder weil sie aus anderen Gründen als nicht berechtigt angesehen wurden, solche Leistungen zu erhalten. Die Unterschicht bestand aus Kleinhandwerkern, Handwerksgesellen, Angehörigen ‹unehrlicher› Berufe wie Scharfrichter und Abdecker, Lohnarbeitern und Lohnarbeiterinnen, Tagelöhnern, dem Dienstpersonal, ledigen Frauen, Witwen und Waisen sowie Bettlern.[5]

Für die Frühe Neuzeit setzte sich ein sozioökonomischer Armutsbegriff durch. Er bezeichnete einen Zustand des Mangels sowohl an materiellen Gütern wie Nahrung und Besitz als auch an sozialen Gütern wie politischen Rechten, Einfluss, Anerkennung und Kontakten. Armut konnte erstens individuelle Ursachen wie Krankheit, Invalidität, den Tod des Ernährers oder den Verlust von Besitz durch Feuer oder Wasser haben. Zweitens wirkten strukturelle Faktoren; so waren die Kindheit und das hohe Alter Lebensabschnitte, die besonders durch Armut gefährdet waren, aber auch das Geschlecht oder der Beruf spielten eine Rolle. Drittens gab es die zyklischen Ursachen. Zu diesen zählten bis in die Mitte des 19. Jahrhunderts vor allem Teuerungskrisen, in denen die Unbezahlbarkeit von Alltagsgütern grosse Personengruppen meistens eine begrenzte Zeit lang in die Armut absinken liessen.[6]

Während der Armutsbegriff die individuelle Notsituation einer Person beschrieb, wurde mit der ‹Bedürftigkeit› das Verhältnis des oder der Betroffenen zur Gesellschaft bezeichnet. Arm im Sinne von bedürftig war, wer Unterstützungsleistungen irgendwelcher Art erhielt und somit in Abhängigkeit vom Wohlwollen Dritter, insbesondere der Obrigkeit stand. Die Kriterien, mit welchen der Kreis unterstützungsberechtigter Personen festgelegt wurde, orientierten sich an den gesellschaftlichen Armutsvorstellungen und an den geltenden sozialen Normen.[7] Der öffentliche Diskurs über sie wurde in Basel ebenso wie in anderen mitteleuropäischen Städten in der Frühen Neuzeit in direktem Zusammenhang mit dem Diskurs über unerwünschte Bettelei geführt.

Im Mittelalter waren die Armutsvorstellungen noch von christlichen Idealen inspiriert, und die Armenpflege war vornehmlich eine Aufgabe der Kirchen und Klöster gewesen. In der ersten Hälfte des 16. Jahrhunderts wurden die entsprechenden Institutionen unter dem Druck konzentrierter Armut und verstärkter Bettelei in die Hand der städtischen Obrigkeit überführt.[8] Diese versuchte nun gezielt, bestimmte Personengruppen von den Unterstützungsleistungen auszuschliessen. So wurde einerseits das Heimatprinzip etabliert, welches nur noch Bürger und Bürgerinnen berechtigte, Hilfe in Anspruch zu nehmen. Andererseits wurden die Arbeitsfähigkeit und der Arbeits-

Bettelvögte griffen Bettler in den Gassen auf und wiesen sie aus der Stadt.
Radierung von Hans Heinrich Glaser, 1634.

wille zu den beiden wichtigsten Ausschlusskriterien. Gesunde und arbeitsunwillige Bettler, aber auch Landstreicher, Prostituierte und Pilger galten fortan als ‹unwürdige Arme›, und nur Personen, die ohne eigenes Verschulden in Not geraten waren, sollten Unterstützung erhalten. Der ‹Müssiggang› entwickelte sich geradezu zum Schlüsselbegriff einer neuen Armenpolitik, die bis ins 19. Jahrhundert hinein weitgehend unverändert blieb.[9]

Im Brennpunkt der Diskussion über unwürdige Armut standen Angehörige von Randgruppen. Es waren Personenkreise, die die Normen der Gesellschaft entweder nicht anerkannten oder nicht einhalten konnten und deren angestammte Lebensformen deshalb kriminalisiert wurden. Indem sie von jeder obrigkeitlichen Hilfeleistung ausgeschlossen wurden, musste es bei ihnen zwangsläufig zur Ausformung weiterer radikaler Überlebensstrategien kommen, die durchaus in den Bereich der Kleinkriminalität fallen konnten. Der allgemeine Verdacht, dass sich professionelle Bettelbetrüger unter Vorspiegelung falscher Tatsachen Gaben erschlichen, minderte zudem die private Spendenbereitschaft in der Bevölkerung. Schliesslich traf Arme oft der Vorwurf der Trunk- und der Spielsucht, was nach dem materiellen auch den

Die Theodorskirche und die Allerheiligenkapelle.
Aquarell von Johann Jakob Schneider, 1880.

moralischen Niedergang bedeutete. Zusammen führten diese Faktoren zu einer immer stärker ausgreifenden Polemik im öffentlichen Diskurs und zu einer Zuspitzung der gesellschaftlichen Wahrnehmung der Armut auf den einfachen Gegensatz von ‹würdig› und ‹unwürdig›. Im 18. Jahrhundert wurden deshalb zunehmend Disziplinierungsanstrengungen unternommen; traditionellen Armeninstitutionen stellte man Arbeitshäuser und Besserungsanstalten an die Seite, in welchen die ‹starken Bettler›, ‹faulen Müssiggänger› und ‹unwürdigen Armen› zu bürgerlicher Arbeitsmoral erzogen werden sollten.[10]

Der Kirchenbann von St. Theodor

Der gesellschaftspolitische Unterschied, der in der Frühen Neuzeit zwischen würdiger und unwürdiger Armut gemacht wurde, hat Konsequenzen für die Interpretation historischer Quellen und ihren Aussagewert. Wird der Zugang zu den Armen über die für sie zuständigen Institutionen und Fürsorgeeinrichtungen gesucht, muss ermittelt werden, welche Personen zu deren Zielgruppe gehörten, denn nur über diese geben die entsprechenden Akten Auskunft.

In Basel waren sämtliche Armeninstitutionen gesamtstädtisch organisiert. Im Zentrum der repressiven Armenpolitik stand nicht Kleinbasel, sondern der Kohlenberg.[11] Hier befand sich die Elendenherberge, die seit dem 16. Jahrhundert neben der traditionellen Versorgung von Reisenden und Pilgern dafür zuständig war, die obrigkeitlichen Bettelverbote durchzusetzen. Zusammen mit dem Deputatenamt, welches sich um bedürftige, in der Stadt wohnhafte Arbeiter und Arbeiterinnen aus dem Baselbiet kümmerte, war sie die einzige städtische Armeneinrichtung, zu der auch Fremde und Hintersassen Zugang hatten. Die anderen Institutionen standen lediglich Basler Bürgern und Bürgerinnen offen. Das ‹Grosse tägliche Almosen› auf dem Barfüsserplatz unterstützte Witwen, ledige Frauen und Waisenkinder mit Mahlzeiten und Geld. Ebenfalls in Grossbasel stand an der Freien Strasse das Spital, in welchem Kranke, Alte, Arme und Bettler Aufnahme fanden, während das Waisenhaus für Voll- und Halbwaisen sowie für Kinder aus sehr armen Familien seit 1669 auf dem Areal des ehemaligen Kartäuserklosters in Kleinbasel untergebracht war. Aus Erbarmen wurden zwar immer wieder Menschen unterstützt, die nicht zur Zielgruppe einer Einrichtung gehörten. Dennoch fehlte vielen Personen die institutionalisierte Hilfe. Auf diese Situation reagierte erst 1777 die Gesellschaft zur Aufmunterung und Beförderung des Guten und Gemeinnützigen (GGG), deren Gründungsmitglieder damit begannen, Armenarbeitshäuser und eine Krankenkommission aufzubauen, zu denen auch Personen Zugang hatten, die das Bürgerrecht nicht besassen.[12]

Weil in den Quellen zu all diesen Fürsorgeeinrichtungen das Wohnquartier der Hilfebezüger nicht aufgeführt ist, lassen sich die Informationen nicht auf die in Kleinbasel wohnhafte Bevölkerung einengen. Zugang zu den Kleinbaslern findet man aber über den Aktennachlass der bis ins 19. Jahrhundert einzigen Kleinbasler Kirchgemeinde St. Theodor. Vor dem sogenannten ‹Banngericht› wurden Armutsfälle verhandelt, und es wurde über die Unterstützungsberechtigung der vorsprechenden Personen entschieden, bevor diese einer städtischen Institution zur Hilfe empfohlen wurden.

Ebenso wie die Basler Obrigkeit überhaupt orientierte sich auch der Kirchenbann von St. Theodor relativ stark am öffentlichen Diskurs der Frühen Neuzeit über Armut. Er wandte einerseits das Heimatprinzip an und überwies beinahe ausschliesslich Basler Bürger und Bürgerinnen an die zuständigen Institutionen; Hintersassen und Fremde wurden nur selten berücksichtigt. Andererseits hielt sich der Bann an die Vorgabe, Müssiggänger und unwürdige Arme nicht zu den Unterstützungsleistungen zuzulassen. Deren Fälle sind in diesen Quellen nicht dokumentiert, entweder weil sie gar nicht erst verhandelt oder weil sie schriftlich nicht festgehalten wurden. Abgesehen von wenigen Schlaglichtern auf die kriminalisierte und stigmatisierte Armut kann hier deshalb nur gezeigt werden, wie sich die Lebenssituation der würdigen Armen und potenziell Bedürftigen gestaltete und aus welchen Gründen sich die Menschen dafür entschieden, Unterstützung zu beantragen.

Ursprünglich hatte die Funktion der kirchlichen Banngerichte in den vier städtischen Gemeinden darin gelegen, Vergehen gegen die Kirchenpraxis und Kirchenzucht zu sanktionieren, indem sie die Betreffenden exkommunizierten. Zunehmend gerieten die Banngerichte aber in den Dienst der Obrigkeit und ahndeten schliesslich ganz allgemein Sittendelikte.[13] Dadurch waren die Mitglieder der Gerichte über die Verhältnisse in der Kirchgemeinde relativ gut informiert, zumal das Gebiet überschaubar und ihnen die Bewohner sowie deren Lebensverhältnisse bekannt waren. Sie konnten die Lage der Personen, die sich mit einer Unterstützungsanfrage an den Bann richteten, besser einschätzen als die Verantwortlichen der städtischen Armeninstitutionen, und sie wussten auch, wo allenfalls zusätzliche Informationen eingeholt werden konnten.

Der Kirchenbann von St. Theodor hielt seine Sitzungen in unregelmässigen Abständen jeweils am Sonntagmorgen nach dem Gottesdienst ab, wobei die Gesuch-stellenden ihre Anliegen selbst oder über die Fürsprache eines Vogtes vorbrachten. Seit 1777 wurde Protokoll[14] geführt, wobei die Einträge knapp sind und lediglich einige wenige Angaben zur Notsituation der Person sowie den Entscheid des Gremiums ent-halten. Zwar wurden immer wieder Gesuche abgelehnt, die deutliche Mehrheit der vorsprechenden Frauen und Männer wurde aber zur Unterstützung an eine Fürsorge-einrichtung oder an den Kleinen Rat empfohlen, der ebenfalls einen kleinen Geld-betrag bewilligen konnte. In diesen Fällen wurde ein an die entsprechende Institution adressiertes Schreiben ausgehändigt, in welchem die Bannherren erklärten, weshalb sie die Betroffenen für würdig befunden hatten.[15] Diese Schreiben sind ab dem Jahr 1791 erhalten. Weil sie aber nicht nach Kirchgemeinden getrennt aufbewahrt wurden, können nur diejenigen Schriftstücke als kleinbaslerische identifiziert werden, welche mit der Unterschrift eines Pfarrers von St. Theodor versehen sind.

Die Anzahl der beim Kirchenbann eingereichten Gesuche schwankt stark und bricht während der Zeit der Helvetik (1798–1803) sogar ganz ab. Erst nach der Wiederherstellung der vorhelvetischen Zustände wurden wieder Anfragen behandelt. Trotzdem darf zu agrarischen und konjunkturellen Normalzeiten von einer relativ konstanten Armutssituation ausgegangen werden, denn die ökonomischen Voraus-setzungen der Basler Bevölkerung veränderten sich zwischen 1770 und 1817 nicht derart grundsätzlich, wie es die schwankende Dichte der Einträge im Bannbuch auf den ersten Blick vermuten lässt. Erst die aufkommende Industrialisierung Anfang der 1830er-Jahre bewirkte grosse wirtschaftliche und soziale Veränderungen.[16] Die Schwankungen bei den Protokolleinträgen an der Wende zum 19. Jahrhundert sind aber eher mit den politischen Umbrüchen zu erklären, die zu Verunsicherungen und zu Stockungen in den Arbeitsabläufen der städtischen Gremien führten.

Armutssituationen in Kleinbasel

Die berufliche Herkunft der Gesuchstellenden in der Kirchgemeinde St. Theodor ergibt keine eindeutigen Hinweise auf einen Zusammenhang zwischen einer be-stimmten Art von Arbeit und Armut. Vertreten waren sowohl einfache Handwerker als auch Arbeiter aus den Manufakturen der Textilwirtschaft und sogar Inhaber von städtischen Ämtern. Das Spektrum reichte vom Fischer, Metzger, Mahler, Schneider und Schuhmacher über den Seidenweber und Seidenfärber, Indiennedrucker und Strumpfausbreiter bis hin zum Kornmesser, Torwächter, Wachtmeister und Brücken-knecht; schliesslich gehörte auch der Tagelöhner ohne feste Anstellung zu den Hilfe-suchenden. Bei den Frauen wurde im Protokollband oft auf die Berufsangabe ver-zichtet. Sie ist vornehmlich dann vermerkt, wenn begründet werden sollte, warum ihr Einkommen für den eigenen Unterhalt nicht ausreichte. Die meisten dieser Frauen arbeiteten als Näherinnen, Strickerinnen, Glätterinnen oder Seidendopplerinnen in der Textilwirtschaft. Besonders Frauen, aber auch ein grosser Teil der männlichen Berufstätigen, waren also abhängig von den wichtigen Basler Band-, Strumpf- und Indiennemanufakturen.

Gearbeitet wurde grundsätzlich, bis es die Kräfte nicht mehr zuliessen und die Tätigkeit im hohen Alter schliesslich aufgegeben werden musste, denn seit im ausgehenden Mittelalter die Arbeit als Ideal einer bürgerlichen Lebensführung etabliert worden war, war der Legitimationsdruck auf arbeitslose und arbeitsmüde Arme gross. Die Nichtarbeit forderte stets eine plausible Begründung sowie von Jungen den Nachweis, dass sie sich zumindest um Beschäftigung bemühten. Auch wenn man wegen einer Krankheit oder eines Unfalls zeitweise oder sogar vollständig arbeitsunfähig war, wies man deshalb gern darauf hin, dass man durchaus bereit sei, irgendeine noch mögliche Beschäftigung zu übernehmen, wenn die Behörde einem eine solche zuweisen sollte.

Nicht jede Arbeitslosigkeit konnte jedoch mit Krankheit, einer Behinderung oder dem Alter begründet werden. Im Gegensatz aber zu früheren Jahrhunderten, in denen die Nichtarbeit lediglich mit dem ungenügenden Bemühen um eine Anstellung in Zusammenhang gebracht worden war, hatte sich in der zweiten Hälfte des 18. Jahrhunderts auch bei der Obrigkeit allmählich die Einsicht durchgesetzt, dass die konjunkturelle Lage einen Einfluss auf den Arbeitsmarkt hat. Obwohl dieser Zusammenhang noch nicht vollständig anerkannt war, wurde nun eher vom vorschnellen Vorwurf selbstverschuldeter Armut Abstand genommen.[17] Tatsächlich befürchteten auch in Kleinbasel Menschen, ihre Arbeit zu verlieren oder kannten die Schwierigkeit, überhaupt eine Anstellung zu finden. Konjunkturelle Schwächen der Textilindustrie machten ihnen zu schaffen, und es wurde berichtet, dass selbst «junge Leute abgedankt werden» oder zumindest zeitweise Mühe hatten, eine Anstellung zu finden. Wenn sich die materielle Not so weit entwickelt hatte, dass ein Handwerker das für die Ausübung seines Berufs notwendige Material nicht mehr anschaffen konnte, hielten Armut und Arbeitslosigkeit einander aufrecht. Um einem Sattler und fünffachen Familienvater aus einem solchen Teufelskreis herauszuhelfen, entschied der Basler Rat im Jahr 1780, ihm Leder vorzuschiessen, welches er nach Abwicklung seines ersten erfolgreichen Geschäfts rückerstatten sollte. Offensichtlich führte der Rat die Arbeitslosigkeit des Sattlers nicht ausschliesslich auf dessen fehlenden Willen zurück. Die repressiven Reaktionen auf den ‹Müssiggang› wurden etwas modifiziert.

Die oft als Grund für die Armut infolge Verdienstlosigkeit in Anschlag gebrachte physische oder psychische Schwäche aufgrund von Alter, Krankheit oder Behinderung belastete nicht nur die Betroffenen selbst, sondern zwang manchmal auch Angehörige, ihre Arbeit aufzugeben, um die Betreuung zu gewährleisten. Die Familie bildete das wichtigste soziale Netzwerk, um hilfsbedürftig gewordene Personen aufzufangen. In der Regel scheint die Übernahme von gegenseitiger Verantwortung gut funktioniert zu haben. Solange es möglich war, wurden Verheiratete vom Ehepartner oder der Ehepartnerin gepflegt, und auch Geschwister halfen einander in der Not. Überdurchschnittlich häufig waren es die Töchter, die sich um ihre alt oder krank gewordenen Eltern kümmerten und diese auch in den eigenen Haushalt aufnahmen. Wenn in einzelnen Fällen die Familie nicht freiwillig die erforderliche Hilfestellung bot, kam es durchaus vor, dass sie von der Obrigkeit in die Pflicht genommen wurde. Wo verwandtschaftliche Beziehungen hingegen fehlten, konnte sich die Armutssituation einer Person verschärfen.

Musste zur Behandlung einer Krankheit ein Arzt beigezogen werden, oder waren Medikamente nötig, überstiegen diese unvorhergesehenen Ausgaben oft die finanziellen Möglichkeiten des Kranken und seiner Familie; in einzelnen Fällen wurde deshalb «aus Armuth» darauf verzichtet. Die Behörde des Kirchenbanns verlangte allerdings eine ärztliche Bescheinigung, bevor sie jemanden wegen Krankheit zur Unterstützung empfahl. Konnte eine solches Attest nicht sofort beigebracht werden, wurde das Gesuch zurückgestellt. Da die Bannsitzungen oft mehrere Monate auseinanderlagen, verzögerte sich das Verfahren erheblich, was für Menschen in Armut bedeutete, dass ihnen weitere Wochen der Unsicherheit darüber bevorstanden, wie sie ihren Lebensunterhalt würden bestreiten können. Andere Arme, die sich den Arztbesuch geleistet hatten, waren mit für sie unbezahlbaren Rechnungen konfrontiert. Regelmässig erscheint in den Bannprotokollen deshalb die Bitte, dass offene Arzt- oder Apothekerrechnungen von einer Armeninstitution oder von der Obrigkeit selbst beglichen werden möchten. Ausgaben für die Gesundheit waren im engen Haushaltsbudget offenbar nicht einkalkuliert.

Planbarer als Arztkonsultationen und der Bezug von Medikamenten waren Badekuren, die Kranken und Verunfallten häufig von ihrem Arzt zur Rehabilitation empfohlen wurden. Für solche Kuren stürzte sich niemand in Schulden, sondern es wurde im Voraus geklärt, ob die Kosten von einer Fürsorgeinstitution übernommen würden. War dies nicht der Fall, so wurde auf die Badekur verzichtet.

Trotz aller Schwierigkeiten, die eine Pflege zu Hause mit sich brachte, weil sie für weitere Personen Lohneinbussen bedeutete, wurde das Angebot, in das Spital in Grossbasel zu übersiedeln, oft ausgeschlagen. Konkrete Gründe dafür, dass das Spital möglichst gemieden wurde und sogar bereits eingewiesene Insassen wieder davonliefen, sind den Quellen nicht zu entnehmen. Möglicherweise hing diese Abneigung mit der Stigmatisierung der randständigen Bewohner des Spitals zusammen, welche sich auf die anderen Insassen übertrug. Wer es sich leisten konnte, liess sich grundsätzlich nicht im Spital versorgen.[18]

Es wandten sich aber keineswegs nur Arbeitslose oder Arbeitsunfähige an den Kirchenbann; ebenso oft waren es Frauen und Männer, die einer regelmässigen Arbeit nachgingen, von ihrem Einkommen aber nicht leben konnten. Die Gefahr war deshalb gross, dass sie Schulden anhäuften, die sie nicht mehr zurückzahlen konnten. War das Einkommen bereits in Normalzeiten nur knapp ausreichend für Nahrungsmittel, Wohnung und Kleidung, so war bereits das Ausbleiben eines kleinen Teils davon nur durch Verschuldung, durch grösste Entbehrung oder durch den Bezug von Unterstützungsgeldern zu bewältigen. Als vierte Möglichkeit blieb schliesslich das Betteln. Der Übergang von der würdigen in die unwürdige Armut war fliessend,[19] und besonders Fremde, die kaum auf obrigkeitliche Hilfe hoffen konnten, glitten rasch in die Bettelei ab.

Auffallend hoch war in Basel stets der Anteil der Frauen an den Hilfesuchenden, was der Tendenz in anderen Städten in der Frühen Neuzeit entspricht.[20] Rund zwei Drittel der Anfragenden waren weiblichen Geschlechts, meistens Witwen, verlassene Ehefrauen oder im höheren Alter noch Ledige. Zwar trugen Frauen mit ihrer Arbeit wesentlich zum Familienunterhalt bei, ihr Lohn war aber oftmals niedriger als der der Männer, und ihr Arbeitsplatz war stärker den saisonalen Schwankungen ausgesetzt.[21] Alleinstehenden Frauen fehlte somit ein grosser Teil des Einkommens, welcher üblicherweise der Ehemann, der Vater oder ein Bruder erwirtschaftete.

Die beiden Häuser hinter der Laterne bilden die Front des alten Spitals an der Freien Strasse. Im Hintergrund wird gerade ein Kranker in einer Sänfte ins Spital getragen. Aquarell von Peter Christen, 1840 (Ausschnitt).

Neben den in den Protokollen immer wieder erwähnten Arbeiten in der Basler Textilindustrie übernahmen Kleinbaslerinnen häufig Gelegenheitsarbeiten und Tätigkeiten in wirtschaftlichen Nischen. Solche Arbeiten waren beispielsweise der Gemüseverkauf oder die Herstellung von Branntwein, das Betreiben einer kleinen Wäscherei oder der Verkauf getrockneter Blumensträusse. Zwei Frauen, die 1782 und 1785 vor dem Kirchenbanngremium vorsprachen, wurde ihre wirtschaftliche Existenz allerdings gerade von der Obrigkeit erschwert, indem diese ihnen den Betrieb eines öffentlichen Verkaufsstandes beziehungsweise das Feilhalten von Kleidern auf offener Strasse untersagte, wodurch die beiden ihre Verdienstmöglichkeit verloren.

Ein besonderes Armutsrisiko stellten Kinder dar.[22] In den Protokollen ist von Familien mit bis zu elf Kindern die Rede, die das Budget ihrer Eltern so lange belasteten, bis sie ebenfalls zur Arbeit eingesetzt und durch Hilfstätigkeiten zum Familieneinkommen beitragen konnten. Dass der Anteil alleinerziehender Mütter und Väter an den Unterstützungssuchenden hoch war, erstaunt deshalb nicht. Der Schritt in die Armut war nicht mehr gross, wenn durch Tod, langwierige Krankheit oder Behinderung die Arbeitskraft eines Elternteils verloren ging. Mussten solche Familien Hilfe in Anspruch nehmen, begaben sie sich damit auch unter die Kontrolle der Obrigkeit. Diese überwachte die Erziehung der Kinder in Armenhaushalten und bemühte sich, verwahrloste Kinder vor allem aus zerrütteten Ehen und aus Familienformen, in denen der männliche Elternteil fehlte, entweder im Waisenhaus oder in Pflegefamilien unterzubringen. Es kam durchaus vor, dass Kinder auf behördliche Anweisung hin ausserhalb ihrer Familie untergebracht wurden, obwohl die Mutter oder der Vater lediglich mit der Bitte um finanzielle Unterstützung an den Kirchenbann herangetreten war.

Als Grund wurde gern angegeben, dass «selbige [Kinder] bey Haus eine schlechte Erziehung hätten u[nd] dabey schlechte Beyspiele sähen». Auf der anderen Seite konnte die ausserfamiliäre Unterbringung von Kindern natürlich auch eine Entlastung der Eltern oder des alleinerziehenden Elternteils bedeuten, sodass durchaus auch darum ersucht wurde.

Auch arme Erwachsene, denen ein unmoralischer Lebenswandel vorgeworfen wurde, konnten der obrigkeitlichen Kontrolle unterstellt werden. Einem in Kleinbasel als Indiennedrucker arbeitenden «unverbesserlichen Trunkbolden» wurde 1796 sowohl die freie Entscheidung über seinen Aufenthaltsort als auch die Verfügungsgewalt über das eigene Vermögen abgenommen. Sein Leben sollte vollständig einer Fürsorgeeinrichtung unterstellt werden, was dazu führte, dass sein Fall immer wieder verhandelt und von Instanz zu Instanz weitergeschoben wurde. Mit solchen Massnahmen versuchte die Obrigkeit, in Zusammenarbeit mit verschiedenen Ämtern und mit den Armeninstitutionen, die praktische Durchsetzung ihrer Moral- und Sittenpolitik in der Unterschicht zu erreichen.

An der Wende zum 19. Jahrhundert reagierte die Basler Obrigkeit zwar allmählich mit einer gewissen Sensibilität auf die Arbeitslosigkeit als Armutsursache und anerkannte, dass eine schwache Konjunktur dafür mitverantwortlich sein konnte. Trotzdem orientierten sich die Mitglieder des Kirchenbanns von St. Theodor auch weiterhin relativ stark an den Kategorien von würdiger und unwürdiger Armut. Formulierungen wie «ein würdiger Gegenstand des Mitleids» oder «ein der Unterstützung würdiger u[nd] bedürftiger Gegenstand» durchziehen den Protokollband und finden sich auch regelmässig in den Empfehlungsschreiben. Im Zentrum der durch den Bann vorgenommenen Abklärungen, ob jemand einer Fürsorgeinstitution als bedürftig zu empfehlen sei oder nicht, standen aber neben dem Arbeitswillen des Betreffenden auch sein sittliches und moralisches Verhalten sowie seine Ehrbarkeit, ob er sich also durch Fleiss, Genügsamkeit, christliche Gesinnung und Aufopferungsbereitschaft für die Familienmitglieder auszeichnete. Ein guter Lebenswandel in diesem Sinne war unter anderem Bedingung für die Unterstützungsberechtigung einer Person.

Dem Wohlverhalten der würdigen Armen stand nach wie vor die Liederlichkeit und Lasterhaftigkeit der Müssiggänger gegenüber. Als selbst verschuldet in Not geraten galt nicht nur, wer nicht arbeitete, sondern auch, wer vorhandenes Geld auf unzulässige Art und Weise verprasste. In solchen Fällen konnte es vorkommen, dass die Mitglieder des Kirchenbanns darauf verzichteten, einer Person ein Empfehlungsschreiben auszustellen, obwohl diese die Unterstützung nötig gehabt hätte. Mit diesen Entscheidungen wurden die Vorgaben der obrigkeitlichen Armenpolitik umgesetzt. Da die Aufgabe, Bedürftige auf ihre ‹Würdigkeit› zu prüfen und zu kontrollieren, im Einklang stand mit der dem Banngericht schon zuvor anvertrauten Durchsetzung der Moral- und Sittengesetze, erscheint es nur folgerichtig, dass die gleiche Institution auch für die Vorabklärung der Armutsfälle zuständig war.

Die Teuerungs- und Hungerkrise 1770/71

Obwohl im Protokollbuch des Kirchenbanns von St. Theodor sowie in den dazugehörigen Empfehlungsschreiben an Armeninstitutionen nur selten von der Bitte um Unterstützung bei der Nahrungsmittelbeschaffung zu lesen ist, war Hunger ein Phänomen, welches in der Frühen Neuzeit viele Menschen kannten. Insbesondere Stadtbevölkerungen, die nicht mehr selbstversorgend waren, wurden von den immer wiederkehrenden Ernährungskrisen wegen schlechter Ernteerträge in der Landwirtschaft schwer getroffen.[23] Weil bei Versorgungsengpässen die Lebensmittelpreise stiegen, war in solchen Zeiten der existenzielle Mangel für Arme und Bedürftige beinahe unausweichlich.

Das Getreide war in der Frühen Neuzeit die Basis der täglichen Ernährung. Für die unterste Gesellschaftsschicht war es auch beinahe der einzige Bestandteil ihres Speiseplans. Gemüse, Obst oder Milchprodukte standen hier kaum auf dem Tisch. Durch eine solche ungenügende und einseitige Ernährung kam es häufig zu Mangel- und Hungerkrankheiten wie Skorbut oder Rachitis. Weil Fleisch fast gänzlich fehlte, wurde der Körper nicht ausreichend mit Eisen versorgt, was die Anfälligkeit für Infektionskrankheiten erhöhte, welche nicht selten zum Tod führten.[24]

Armut und Hunger konnten sich gegenseitig verstärken. Weil das Geld fehlte, um gesunde Nahrungsmittel in ausreichender Menge zu beschaffen, traten infolge von Unter- und Falschernährung Krankheiten auf, und es musste bei der Arbeit ausgesetzt werden. Durch den Einkommensausfall wiederum verschärfte sich die Armutssituation.

Basel befand sich in einer für Hunger- und Teuerungskrisen besonders anfälligen geografischen und politischen Lage. Das Untertanengebiet, aus welchem der Getreidebedarf der Stadt hätte gedeckt werden sollen, war klein und für den Ackerbau wenig geeignet.[25] Sein Getreide bezog Basel deshalb grösstenteils aus dem Sundgau und dem Elsass sowie teilweise aus dem Markgräflerland und aus bischöflichem Gebiet. Normalerweise funktionierte die Zulieferung aus den fremden Territorien gut, aber bei sich abzeichnenden Versorgungsengpässen oder bei politischen Unstimmigkeiten wurde im Ausland die Ausfuhr Richtung Basel immer wieder gestoppt.[26] Dies war auch in den Jahren 1770/71 der Fall, als die Ernte infolge schlechter Witterung in ganz Mittel- und Westeuropa mager ausfiel. Das fehlende Angebot sowie Angst- und Spekulationskäufe trieben die Getreidepreise bis auf das Doppelte in die Höhe. Begleitet wurde die Krise von Arbeitslosigkeit. Viele Menschen verloren an Kaufkraft, weil ihr Lohn entweder ganz ausfiel oder zumindest sank.[27]

Die Basler Obrigkeit versuchte, den Anstieg des Getreidepreises zu bremsen, indem sie eigene Vorräte zu leicht unterdurchschnittlichen Preisen auf den Markt brachte. Diese Preisregulierung gelang allerdings kaum, sodass weitere Massnahmen zugunsten der Armen ergriffen werden mussten, für die das Getreide schlichtweg unerschwinglich geworden war. Im Juli 1770 begann man damit, an Bedürftige, die sich mit einem Schein als solche ausweisen konnten, Getreide für den Bedarf von vierzehn Tagen zu verbilligten Preisen abzugeben. In den Räumen des Brothauses durften zudem die «würklich Bedürftigen», die sich selbst einen Getreidesack mit dem Quantum für zwei Wochen nicht mehr leisten konnten, drei Mal wöchentlich gegen wenig Geld so viele Brotlaibe beziehen, wie auf ihrem Schein vermerkt waren. Dieser Schein wurde von den Pfarrern der vier Kirchgemeinden nach Prüfung der Umstände ausgestellt. Auch hier waren Fremde von den Hilfsleistungen ausgeschlossen.

Von der Möglichkeit des verbilligten Lebensmittelbezugs scheint von Anfang an reger Gebrauch gemacht worden zu sein. Trotz der Befürchtungen der für die Getreide- und Brotabgabe verantwortlichen Herren, dass sich unter den zu den Vergünstigungen zugelassenen Armen auch Betrüger befänden, die eigentlich keinen Anspruch darauf hätten, blieben die Massnahmen vierzehn Monate lang in Kraft und wurden erst am 10. Dezember 1771 wieder eingestellt. Zwar hatte sich die Versorgungslage in der Stadt zu diesem Zeitpunkt noch keineswegs entspannt, und die Getreidepreise verharrten auf einem Niveau, das höher war als im Juli 1770, als die Massnahmen in Kraft gesetzt worden waren. «Da sich aber nun dem Himmel sey gedanckt dieser Schrecken [einer bevorstehenden Teuerung] in die schönste Hoffnung und eine stille Zufriedenheit verändert» hatte, sollten die noch übrig gebliebenen Getreidevorräte nicht mehr weiter dezimiert werden, um auch für eine künftige Notsituation gewappnet zu sein. Weil auch die Preise in den nächsten Monaten von selbst zu fallen versprachen, hielt man es nicht mehr für nötig, obrigkeitliche Vorräte auf den Markt zu bringen.

Die Massnahmen, mit welchen die Basler Obrigkeit die Not der Armen zu lindern versuchte, waren gesamtstädtisch organisiert. Zum Bezug ihrer Lebensmittel kamen Kleinbasler und Kleinbaslerinnen ins Kornhaus auf dem Gebiet des ehemaligen Klosters Gnadental im Spalenquartier und in die Brotanstalt an der Weissen Gasse in Grossbasel. Es ist deshalb schwierig, spezifische Aussagen zur Ernährungssituation in Kleinbasel in den Jahren 1770/71 zu machen. Warum die Austeilung einer Reisspeise nach Züricher Vorbild ausgerechnet am rechten Rheinufer ausprobiert wurde, ist unklar. Diese war am 3. Januar 1771 in den Räumen der Ehrengesellschaft zum Rebhaus abgegeben worden, worüber der Verantwortliche anschliessend dem Rat berichtete:

«Der Zulauf war ungemein starck weil jedermann in den Gedanken stüende, es werde diese Speiß ohnentgeltl[ich] außgetheilt. Als ich aber die Begehrenden eines anderen berichtet und den Preiß einer Portion auf einen Schilling gesetzt, so verschwanden drey Viertheil dieser Leüthen plötzlich. Die aber so um das Gelt begehrten versicherten, daß sie in Löbl[ichem] Spithal mehr Papen um 1 ß [Schilling] kaufen könnten als von dieser Speiß ...»

Trotz dieses Misserfolgs wagte man am 5. Januar 1771 einen zweiten Versuch. Nachdem nun mögliche Interessenten sogar zu Hause abgeholt werden mussten, damit man wenigstens zwei Drittel des vorbereiteten Reises verkaufen konnte und weil die Schlussrechnung einen entsprechenden Verlust aufwies, dürfte man das Kleinbasler Experiment abgebrochen haben. Der Verantwortliche stattete dem Rat zwar nochmals Bericht ab und gab an, auf weitere Anweisungen zu warten, «ob ... mit Kochung dieser Speiß fortzufahren» sei. In den Ratsprotokollbüchern wird eine solche nach dem 5. Januar 1771 aber nicht mehr erwähnt.

Bei der Austeilung der Speise waren die Bedürftigen befragt worden, «ob sie glaubten, von einer Portion Nahrung genug auf einen Tag zu haben». Laut Rückmeldung an den Rat war die einstimmige Antwort darauf, dass dies zusammen mit einem Stück Brot der Fall sei.[28] Dass man sich während Hunger- und Teuerungskrisen mit einer Mahlzeit täglich begnügen musste, dürfte für die hier angesprochenen Menschen keine neue Erfahrung gewesen sein.

Die hygienischen Verhältnisse in Basel waren schlecht, wie hier noch 1908 zwischen der
Ochsen- und der Unteren Rebgasse.

Stärker als auf der Grossbasler Seite prägten Fabriken und Manufakturen das Stadtbild Kleinbasels. Insbesondere waren hier mehrere Indienne- und Strumpfmanufakturen und dadurch auch neue Arbeitsplätze entstanden.[29] Die Volkszählung von 1780, auf die hier zurückgegriffen werden muss, weil sie die erste ist, die in Basel durchgeführt wurde, ergab zwar für Kleinbasel einen im Verhältnis zu anderen Quartieren nur knapp überdurchschnittlichen Anteil von Nichtbürgern an der Einwohnerschaft. Entgegen der Tendenz in Grossbasler Stadtteilen gab die Mehrheit von ihnen aber an, nicht als Bedienstete in einem Bürgerhaushalt zu arbeiten.[30] Viele dürften deshalb in einer der Textilmanufakturen untergekommen sein, als sie auf der Suche nach Arbeit vom Land in die Stadt gezogen waren. Bei dem Konjunktureinbruch, der die Ernährungskrise von 1770/71 begleitete, wären sie folglich zuerst von Lohnausfällen und Arbeitslosigkeit betroffen gewesen. Die Annahme, dass die Not in Kleinbasel darum grösser war als in anderen Quartieren, bleibt aber ungesichert.

Leider setzt der Protokollband des Kirchenbanns von St. Theodor erst im Jahr 1777 ein, sodass auch hier keine Anhaltspunkte zur Ernährungssituation in Kleinbasel in der Zeit der grossen Krise vorhanden sind. Die individuell verfassten Empfehlungsschreiben zu einzelnen Armutsfällen fehlen sogar bis 1791. Hunger machte sich aber auch in Zeiten ohne Teuerung bemerkbar, und zumindest den Ärzten waren die negativen Folgen der Unter- und Falschernährung durchaus bekannt. So wurde einem Kleinbasler Gesuchsteller in einem ärztlichen Zeugnis ausdrücklich bescheinigt, dass «wohl der Mangel an guter, gesunder, kräftiger Nahrung die Hauptursach» für seine körperliche Erschöpfung sei.[31]

Die Teuerungs- und Hungerkrise 1816/17

Die nächste schwere Ernährungskrise traf Basel in den Jahren 1816/17. Wegen eines ausgesprochen kalten Winters und eines regenreichen Sommers fiel die Ernte 1816 schlecht aus, und die Lebensmittelpreise begannen sogleich zu steigen. Die Zeit bis zur neuen Ernte 1817 bedeutete für den armen Teil der Basler Bevölkerung erneut eine Periode der Unterernährung und des Hungers.[32] Parallel dazu stockte die Produktion in den Manufakturen, weil mit dem Sieg der Alliierten über Napoleon 1813 auch dessen Kontinentalsperre aufgehoben worden war, die seit 1806 die Einfuhr von englischen Produkten nach Europa verboten hatte. Nun wurde der Markt auf dem Festland mit Waren von der Insel überflutet. Da es sich dabei besonders um Erzeugnisse der bereits stark mechanisierten englischen Textilindustrie handelte, waren die schweizerischen Produkte nicht mehr konkurrenzfähig. Die Basler Textilunternehmen stürzten in eine schwere Krise und viele gingen in Konkurs. Die Folge waren Massen arbeitsloser Fabrikarbeiter und Lohnarbeiterinnen. Unter dem Druck der einsetzenden Teuerung und des aufkommenden Hungers entschieden sich viele Menschen, nach Übersee auszuwandern.[33]

Die Basler Obrigkeit reagierte auch auf diese neue Krise mit Massnahmen zur Unterstützung Hungernder. Für die Organisation der verbilligten Getreide- und Brotabgabe, die zuerst nur den Armen und im Frühjahr 1817 auch dem Mittelstand zugutekam, setzte der Rat eine Allgemeine Armenaufsichtskommission ein. Diese hatte zudem den Auftrag, ein Verzeichnis derjenigen Menschen in der Stadt anzufertigen, «die entweder wenig oder gar keinen Verdienst haben». Ziel war es einerseits,

Das Getreide wurde auf dem Kornmarkt, dem heutigen Marktplatz, gehandelt.
Lithografie von J. Rothmüller, nach Guise Hasler und Companie, 19. Jahrhundert.

die Tätigkeiten der verschiedenen städtischen und privaten Fürsorgeeinrichtungen zu koordinieren und doppelten Almosenbezügern auf die Schliche zu kommen; dieses Anliegen stand noch in der Tradition der typisch frühneuzeitlichen Bemühungen, unwürdige Arme und Betrüger von den Unterstützungsleistungen auszuschliessen. Andererseits wollte man anhand der gewonnenen Daten ermitteln, ob und welche zusätzlichen Massnahmen zugunsten der Armen nötig waren, um die aktuelle Krise zu bewältigen.

Die Ergebnisse lagen erst Mitte August 1817 vor, als die Zeit des schlimmsten Hungers bereits vorüber war. Die Kommission verzichtete deshalb darauf, konkrete Vorschläge zu machen, wie angesichts der Armut und der Arbeitslosigkeit weiter verfahren werden sollte. Stattdessen machte sie lediglich darauf aufmerksam, dass

«jede nicht auf das unumgänglichste Bedürfniß berechnete, sondern daßelbe überschreittende Unterstützung nicht allein den Armen u[nd] der Anstalt, sondern auch dem Staate höchst nachtheilig [sei], indem dadurch Müßiggang, Arbeitsscheue, unnütze Verschwendung, Naschhaftigkeit u[nd] sonstige Übel erzeugt u[nd] befördert werden».

Diese Schlüsse, die aus der Armenbefragung gezogen wurden, waren wenig ideenreich und erinnern an die Armenpolitik des Ancien Régime. Die Rückbesinnung auf die repressiven Massnahmen gegen Bettelarmut und Müssiggang zeugen von Ohnmacht und Ratlosigkeit angesichts des grossen Teils der Bevölkerung, der in Not geraten war und unter dessen Last die traditionellen Fürsorgeeinrichtungen der Obrigkeit und der GGG zusammenzubrechen drohten.

Für Kleinbasel sind die ausgefüllten Protokollbögen der Armenbefragung nicht mehr vorhanden; es liegen heute nur noch die Zahlen einer abschliessenden tabellarischen Darstellung vor. Aufgeführt sind dort insgesamt 193 arme Haushalte und 658 arme Personen. Gegenüber einer zehn Jahre früher vorgenommenen Zählung bedeutete dies, laut den diese Übersicht begleitenden Bemerkungen, einen Anstieg um rund ein Viertel, wobei es aber unter den Personen, die auf Unterstützungsleistungen angewiesen waren, zu einem zusätzlichen Wechsel gekommen sein muss. Zum einen wurden bedürftige Menschen wieder selbstständig, zogen fort oder verstarben, zum anderen kamen neue hinzu.[34] Verglichen mit den Daten von Grossbasel und im Zusammenhang mit einer 1815 durchgeführten Volkszählung[35] kann davon ausgegangen werden, dass der Anteil der Armen an der Bevölkerung in Kleinbasel über dem städtischen Durchschnitt lag.

Diesen Umstand betonte auch Pfarrer Johann Jakob Faesch, als er am 4. Mai 1817, noch mitten in der Krise, eine in der Theodorskirche gehaltene Predigt «an die Armen» richtete. Zugleich übte er Kritik an der Lebensführung der Gemeindemitglieder. Die allgemeine Not war in seinen Augen weniger eine Folge einer Krise als vielmehr ein Zeichen Gottes und ein Appell an die Basler Bevölkerung, den Weg der Sinnlichkeit, des Überflusses und der Verschwendung zu verlassen. Zumindest indirekt richteten sich diese Worte auch gegen die unwürdigen Armen. Offensichtlich orientierte sich Faesch auch 1817 noch an den Grundsätzen der althergebrachten obrigkeitlichen Armenpolitik, die den Arbeitswillen zur Bedingung für den Bezug von Unterstützungsleistungen machte und Müssiggänger als «schädliche gefährliche Bürger» stigmatisierte. Damit verkannte Pfarrer Faesch ebenso wie die Allgemeine Armenaufsichtskommission die Anzeichen dafür, dass im Zusammenhang mit der sich bereits abzeichnenden Industrialisierung eine breite Bevölkerungsschicht im Entstehen war, die von Konjunkturkrisen und Arbeitslosigkeit in besonderem Masse betroffen war.[36]

1 Dieser Beitrag basiert auf meiner Lizenziatsarbeit am Historischen Seminar der Universität Basel, vgl. Guyer 2009.
2 Dubler / König 2006.
3 Tanner 2005, S. 176.
4 Hunecke 1983, S. 488.
5 Dubler 2006.
6 Jütte 2000, S. 28–57.
7 Fischer 1979, S. 42 f.; Sachsse / Tennstedt 1980, S. 27.
8 Gilomen 1996, S. 117.
9 Hatje 2002, S. 73.
10 Gilomen 1996, S. 118–120.
11 Simon-Muscheid 1992.
12 Die verschiedenen Basler Armeneinrichtungen sind dargestellt in den Lizenziatsarbeiten Tschui 2003, Giger 1981 und Bürgin 1988. Zum Spital vgl. auch Bürgerspital Basel 1965; zum Waisenhaus vgl. Asal 1971.
13 Wernle 1923, S. 78.
14 StABS Kirchenarchive CC 4.1: St. Theodor Bannprotokolle, Bd. 1. Alle Ausführungen zum Leben in Armut und Bedürftigkeit in Kleinbasel basieren auf der Auswertung der Aktenbestände des Kirchenarchivs CC 4.1 und des Armenwesens U 1 im Basler Staatsarchiv.
15 StABS Armenwesen U 1: Einzelne Unterstützungen, Bde. 1–3.
16 Schaffner 1972.
17 Hunecke 1983, S. 509–512; ebenso Dross 2005, S. 6 f.
18 Bürgerspital Basel 1965, S. 16–18.
19 Hippel 1995, S. 3.
20 Simon-Muscheid 2004, S. 216.
21 Head-König 2005, S. 696.
22 Jütte 2000, S. 52.
23 Buszello 2007, S. 36 und 48.
24 Armut, Krankheit, Tod 1993, S. 34.
25 Landolt 1996, S. 43 f.
26 Vettiger 1941, S. 22.
27 Zu den Lebensmittelpreisen vgl. Vettiger 1941, S. 146 f.; zu der Krise von 1770/71 begleitenden Arbeitslosigkeit vgl. Mattmüller 1971, S. 15–17.
28 Als Quellen zu den Massnahmen, die von der Obrigkeit zur Bewältigung der Krise von 1770/71 ergriffen wurden, dienten die Materialien in StABS, Frucht und Brot J 3.2.
29 Simon 1983, S. 11–13.
30 StABS Volkszählung A 3.
31 StABS Armenwesen U 1, Bd. 1.
32 Pfister 1984, S. 132.
33 Bergier 1990, S. 209 f.; Kutter 1997, S. 95–97.
34 Sämtliche Unterlagen zur Arbeit der Allgemeinen Armenaufsichtskommission in StABS Armenwesen C 1–4.
35 StABS Volkszählung C 2: Zusammenzüge über dem ganzen Kanton.
36 Faesch, Johann Jacob: Predigt über 1. Petri 5, V. 6–7, gehalten in der Kirche St. Theodor den 4. May 1817, auf Begehren und zum Besten der Armen der St. Theodors Gemeinde, Basel [1817].

Enge und ungesunde Wohnverhältnisse um 1900.

Die Lebensumstände der Kleinbasler Unterschicht

Franziska Guyer

Im Jahr 1786 veranlasste die Basler Gesellschaft zur Aufmunterung und Beförderung des Guten und Gemeinnützigen (GGG), eine Untersuchung über den ‹Nahrungsstand der bedürftigen Volksclasse›. Man kam zu dem Ergebnis, dass der Verdienst eines Tagelöhners oder eines Handlangers selbst bei einem eingeschränkten Nahrungsplan nur knapp für den eigenen Unterhalt ausreichte, und mit dem Lohn einer alleinstehenden Frau konnte selbst dieses Minimum nicht erreicht werden.[1] Tatsächlich beliefen sich die Kosten für Nahrungsgüter in Armenhaushalten auf bis zu achtzig Prozent des Einkommens.[2] Hinzu kamen regelmässige Ausgaben für Mietzins, Brennholz, Kleidung und für allfällige Arztrechnungen.

Essen

Auch wenn in Basel im ausgehenden 18. Jahrhundert niemand mehr verhungerte,[3] so konnten sich doch die Menschen der untersten Gesellschaftsschicht keineswegs täglich satt essen. Der im Zusammenhang mit der Untersuchung der GGG erstellte Speiseplan rechnete für einen Mann mit «Brühe» und etwas mehr als zehn Pfund Brot pro Woche.

Für Frauen wurden sieben Pfund Brot angesetzt, ein bisschen Milch sowie Zucker und Kaffee.[4] Nach diesem Speiseplan waren die Essgewohnheiten der Armen sehr einseitig, er entsprach aber der Realität. Der Grund für die Konzentration auf das Getreide lag schlicht darin, dass es stets ein vergleichsweise billiger Kalorienlieferant war. Dinkel, Roggen und der im 18. Jahrhundert immer mehr aufkommende, wenn auch ein bisschen teurere Weizen wurden hauptsächlich zu Brot verbacken, während man Gerste, Mais und Hafer zu Brei verarbeitete.[5] Aus dieser Mangel- und Falschernährung resultierten oftmals gesundheitliche Probleme, die durch Folgeerkrankungen sogar zum Tod führen konnten.

Dennoch wurden die Armeninstitutionen nur selten um Unterstützung bei der Beschaffung von Lebensmitteln angefragt. Auch in den Protokollbänden des kirchlichen Banngerichts von Kleinbasel, das arme Personen nach Prüfung ihrer Lebensumstände den zuständigen Fürsorgeeinrichtungen zur Unterstützung überwies,[6] ist auffällig selten die Rede davon, dass jemand Mangel an Nahrung leiden musste. Der Grund dafür dürfte darin liegen, dass an einem Minimum an Nahrung nicht gespart werden konnte und die Ausgaben für Lebensmittel zu den laufenden Kosten zählten. Waren am Ende der Woche oder des Monats die finanziellen Möglichkeiten erschöpft, konnten allenfalls andere Posten nicht mehr bezahlt werden.

Wohnen

War ein Grossteil des Einkommens eines Armenhaushalts bereits für den Kauf von Lebensmitteln ausgegeben, so war die Situation prekär, wenn der Mietzins beglichen werden musste. Die Miete war ein fester Betrag im Haushaltsbudget, an dem nicht gespart werden konnte. Die relativ grosse Summe in einem ohnehin äusserst knappen Gesamtbudget einzuplanen, war schwierig.[7] Die Bitte um Übernahme des Mietzinses kommt deshalb in den Protokollen der Bannbehörde von St. Theodor immer wieder vor, oftmals zu einem Zeitpunkt, da bereits mehrere Monatsmieten ausstanden. Häufig wurde auch um Geld für Brennholz gebeten, welches in der Stadt offenbar sehr teuer war und sowohl zum Kochen als auch zum Heizen im Winter gebraucht wurde.

Die Wohnungseinrichtungen waren ausgesprochen schlicht. Neben einem «bisschen Geschirr zum kochen» hatte vor allem das Bett einen materiellen Wert und stellte in Armenhaushalten einen kleinen Reichtum dar.[8] Meistens teilten es sich mehrere Personen. War keines vorhanden, schlief man auf einem Strohsack. Dieser Umstand konnte vor den Behörden eindrücklich die Armut einer Person bezeugen. So wurde im Bannbuch von einem Mann berichtet, der «nicht einmal ein Bett [habe], sondern auf Stroh liegen u[nd] statt der Bettdeke ... seiner Schwester Kleid über sich deken» müsse.

Nur selten wohnte die Kernfamilie für sich allein. War genügend Platz vorhanden, wurde in der eigenen Wohnung gern eine Schlaf- und Kostgängerei eingerichtet. Die Untervermietung von Schlafgelegenheiten oder ganzen Zimmern an fremde Personen sowie deren Verköstigung war eine willkommene zusätzliche Einnahmequelle.[9] Umgekehrt wohnten viele Arme selbst als Kostgänger in fremden Haushalten.

Das Riehentor (es wurde 1864 abgerissen). In einer «elend, kalten und fensterlosen Kammer» oberhalb der Wachstube wohnten sechs Personen eng aufeinander. Feder, Gouache von Louis Dubois, um 1853.

In den Jahren 1802/03 lebten in einer Kammer über dem Riehentor sechs Personen in einer ungewöhnlichen Wohnkonstellation. Anfänglich war hier ein Vater mit seinen drei Kindern einquartiert worden, nachdem er seine Arbeit in einer Indiennemanufaktur wegen der schlechten Wirtschaftslage im ausgehenden 18. Jahrhundert verloren hatte. Weil er aus dem Thurgau stammte, hatte er keinen Anspruch auf finanzielle Unterstützung durch eine Armeninstitution, sodass der Familie keine andere Möglichkeit blieb, als sich durch Betteln etwas Geld zu beschaffen. Die Kinder waren im Quartier auch für «mehrere kleine Diebstähle» bekannt.

Der Pfarrer von St. Theodor, der sich um die Familie kümmerte, beschrieb die «Kammer ob der Wachstube des Riehenthors» als eine «elende, kalte, fensterlose, von Mäusen belebte Kammer». Hier wurden ein halbes Jahr später zusätzlich zwei zwar erwachsene, aber dennoch «hülflose Kinder» einquartiert, die von ihrem Vater verlassen worden waren. Sie hatten den Mietzins der alten Wohnung nicht mehr bezahlen können und waren deshalb vom Hausbesitzer auf die Strasse gesetzt worden. Ihre Versorgung hatte kurzfristig die Kirchgemeinde übernommen, und mangels einer anderen Lösung wurden die beiden schliesslich in der «erbärmlichen Kammer, mit Kleider und Betthwerk nur zur Noth versehen», untergebracht. Damit waren es sechs Personen, die das kleine Zimmer gemeinsam bewohnten. Die Enge, die Kälte und die miserablen hygienischen Bedingungen erschienen dem Pfarrer aber selbst für bedürftige Arme unannehmbar:

«Wie sollen diese elenden 6 Personen ... den kommenden Winter aushalten? Wer soll sie noch länger erhalten? Da ohnedieß unsere Gemeinde mit Armen übersetzt ist ..., ohnmöglich wird es mir bey der ausserordentlichen sich mehrenden Armuth und Verdienstlosigkeit ... allen Elenden und Jammernden beyzustehen.»

11.   BÄSA, BÄSA.
Vor seiner Thür wüsch jeder rein,
Die Stadt wird bald ganz sauber sem

12.   KORB-FLIKA-LOO.
Geb man mir keine körb zu fliken
Ich wüßte mich nicht drein zu schiken

13.   GLESER, BUTTELIEN, GLESER
Ich sags fürwar es ist kein Tand
Von Gläßern hab ich allerhand.

29.   KROOMAD GEELE RUEBA,
ZWIBELA.
Gelb Rüben, zwibeln, faules Gelt,
Verfolgt die leuth in aller Welt

30.   ANKA-WEGGLE HAYSS.
Laßt euch auf eure schwache magē
Ein Pflaster von zwey wegglein schlagen

31.   RÄKHOLDER-HOLZ.
Rekholder holz ist all mein hab,
Mein Handelschafft geht a-be-ab.

Die ‹Baßlerischen Ausrufbilder› geben auch einen Eindruck davon, wie sich die Unterschicht Mitte des 18. Jahrhunderts kleidete. Kolorierter Kupferstich von David Herrliberger, 1749.

Kleiden

Kleidung spielte für Angehörige der Unterschicht in doppelter Hinsicht eine wichtige Rolle. Zum einen ging es darum, witterungsgerecht ausgerüstet zu sein. Oft war aber nur eine einzige Garderobe vorhanden, und selbst diese war nicht immer vollständig. Der Winter wurde deshalb häufig als eine schwierige Jahreszeit bezeichnet, zumal dann auch die Heizkosten anfielen.

Andererseits konnten Kleider ihre Träger stigmatisieren.[10] Ärmliche und zerlumpte Kleidung wurde in der öffentlichen Wahrnehmung in einen direkten Zusammenhang mit den diskreditierenden Vorstellungen von Bettlern, Vaganten und Landstreichern gebracht. Für ‹würdige Arme› war deshalb die äusserlich sichtbare Distanzierung von der betrügerischen Bettelarmut von weitreichender Bedeutung, konnte doch die Einschätzung einer Person als arbeitswillig darüber entscheiden, ob ein Arbeitsverhältnis zustande kam oder nicht. Durch gute und saubere Kleidung, auch wenn sie abgetragen war, konnte diese Abgrenzung erreicht werden.[11]

Ebenso wie das Bett hatte auch gute Kleidung einen materiellen Wert. Beides konnte verkauft oder verpfändet werden, um kurzfristig zu Geld zu kommen. Allerdings gestaltete sich die spätere Wiederanschaffung oder Auslösung der Gegenstände oft schwierig, weil dafür eine beträchtliche Summe aufgewendet werden musste.

Soziale Ausgrenzung

Der Alltag armer Menschen dürfte primär von der Sorge um materielle Güter wie Nahrung, Kleidung und Wohnraum bestimmt gewesen sein. Bei einem äusserst knapp bemessenen Haushaltsbudget wog nach den Lebensmitteln vor allem die Miete schwer. Oft floss das gesamte Geld bereits in die laufenden Ausgaben, sodass etwa Winterkleidung oder Arzt- und Apothekerrechnungen nicht bezahlt werden konnten. Im 18. und beginnenden 19. Jahrhundert war ein grosser Teil der Basler Bevölkerung mit der Schwierigkeit konfrontiert, das Leben mit minimalen finanziellen Mitteln meistern zu müssen.

Eine Konsequenz der Zugehörigkeit zur untersten Gesellschaftsschicht war oftmals die soziale Ausgrenzung, denn der Grat zwischen würdiger und unwürdiger Armut war schmal. Der Schritt in die Bettelei und damit in die sozial stigmatisierte Gruppe von Landstreichern, Vaganten und Kleinkriminellen war in der Regel keineswegs freiwillig, sondern insbesondere für Fremde manchmal schlicht unumgänglich, da sie von keiner Stelle Hilfe bekamen. Erhielt eine Person von potenziellen Arbeitgebern nicht den Vertrauensvorschuss, den man würdigen Armen gewährte, so verschlechterten sich ihre Aussichten auf eine Anstellung weiter, und es wurde ihnen schier unmöglich, der Armut zu entrinnen.[12] Gerade auch von obrigkeitlicher Seite wurden solche Lebenssituationen weiter kriminalisiert, indem in regelmässigen Abständen Bettelverbote erlassen und Armenfuhren veranstaltet wurden, welche die lästigen Bettler in ihre Heimatorte zurückführen sollten.[13]

1 Nach Koellreuter / Unternährer 2006, S. 28.
2 Hippel 1995, S. 8.
3 Gysin-Scholer 1997, S. 25.
4 Koellreuter / Unternährer 2006, S. 28.
5 Dubler 1969, S. 3 und 27.
6 StABS Kirchenarchive CC 4.1: St. Theodor Bannprotokolle, Bd. 1; StABS Armenwesen U 1: Einzelne Unterstützungen, Bde. 1–3. Aus diesen Quellen stammen sämtliche Beispiele.
7 Zur Miete allgemein vgl. Jütte 2000, S. 100.
8 Simon-Muscheid 2004, S. 232–238.
9 Trevisan 1989, S. 84 f.
10 Jütte 1993, S. 65–67.
11 Simon-Muscheid 1993, S. 47–51.
12 Simon-Muscheid 2004, S. 240–242.
13 Flückiger 2003, S. 358.

Kranksein in Basel – der Anfang vom Ende?

Gerhard Hotz, Angelo Gianola, Hanns Walter Huppenbauer und Liselotte Meyer

Das Leben war zu Beginn des 19. Jahrhunderts für einen Angehörigen der Basler Unterschicht nicht einfach. Der tägliche Verdienst reichte im besten Falle für die Grundkosten, also für Ernährung, Bekleidung, Wohnung und Heizung. Wurde ein Ernährer durch Krankheit für längere Zeit arbeitsunfähig, führte dies zu Verdienstausfall mit oft verhängnisvollen Folgen für die Familie. Ersparnisse waren selten vorhanden. In Kleinbasel war mehr als ein Fünftel der Bevölkerung in irgendeiner Form auf Unterstützung durch die Armen- und Krankenfürsorge angewiesen.[1] Diese Unterstützung war minimal und wurde zudem nur Stadtbürgern sowie in reduzierter Form Hintersassen gewährt. Lang andauernde Krankheit konnte zu sozialem Abstieg führen. Als letzter Ausweg blieben häufig nur noch das Betteln, die Prostitution oder der Weg in die Kleinkriminalität.

In Kleinbasel wurde die schwierige soziale Ausgangslage durch die mangelhaften hygienischen Bedingungen verschlimmert. Kleinbasel war deutlich dichter besiedelt als Grossbasel. Die sanitären Anlagen waren, wenn überhaupt vorhanden, sehr einfach. Eine abgedeckte Kanalisation gab es noch nicht, offene Kanäle durchzogen die Quartiere. Sie dienten der Entsorgung von menschlichen Exkrementen, von privaten

Enge und unhygienische Wohnverhältnisse. Zwischen den Häuserzeilen fliesst offen der Birsig, der auch als Abfluss für Fäkalien diente. Das Foto zeigt das linke Ufer des Birsig zwischen Barfüsserplatz und Rüdengasse im Jahr 1886, vor der Korrektion 1888–1899.

und von Gewerbeabfällen sowie den zahlreichen Betrieben als Antrieb für verschiedene Geräte. Vor allem im Sommer, bei niederem Wasserstand, konnten diese Verhältnisse zu katastrophalen hygienischen Bedingungen führen.

Latrinengruben lagen häufig in unmittelbarer Nähe zu den Sodbrunnen (Brunnschächte in denen Grundwasser gesammelt wurde). Das enge Nebeneinander von Wasserversorgung und Sickergruben bot geradezu ideale Bedingung für die Verbreitung von Infektionskrankheiten wie Typhus, Ruhr und Cholera.[2] Die als ‹Meerenge› bezeichneten Strassenzüge Rheingasse, Utengasse und Lindenberg gehörten während der Choleraepidemie von 1855 zu den gefährlichsten Seuchenherden der Stadt. Infektionskrankheiten als Folge von unzureichenden hygienischen Grundbedingungen und von Mangelernährung zählten zu den Hauptbedrohungen für die Stadtbevölkerung der damaligen Zeit.

Ärzte, Hebammen und Laienheiler um 1800

Die Sanitätskommission überwachte den geregelten Ablauf der medizinischen Versorgung und die Kompetenzen der verschiedenen medizinischen Berufsstände. Sie wurde vom Stadtarzt geleitet, der auch die Oberaufsicht über das Hebammenwesen und das kleine Spital an den Schwellen auf der Grossbasler Seite hatte. In Seuchenfällen wurde eine spezielle Kommission eingesetzt.

Ein Laienheiler berät einen Kranken.

Um 1800 lebten in Basel ungefähr 15 000 Personen, davon etwa 2500 in Kleinbasel.[3] Nur die Hälfte der Bevölkerung besass das Bürgerrecht. Für die gesundheitlichen Belange der Bevölkerung waren zehn akademisch geschulte Ärzte (Medici), fünfzehn Wundärzte (Chirurgi) und ungefähr ebenso viele Wundarztgesellen zuständig.[4] Bis 1818 praktizierte weder ein akademischer Arzt noch ein Chirurg in Kleinbasel. Für ärztliche Konsultationen mussten sich die Kleinbasler nach Grossbasel begeben. Nach 1818 sind die Chirurgen Johann Miville und J.C. Münch in Kleinbasel nachgewiesen. 1819 nahm der Homöopath Franz Joseph Siegrist an der Rebgasse 187 seine ärztliche Tätigkeit auf; er wurde als ‹Armenarzt› bezeichnet.

Sechs Hebammen begleiteten die Entbindungen schwangerer Frauen und kümmerten sich um weitere medizinische Bedürfnisse der weiblichen Stadtbevölkerung. Zwei bis vier Bader sorgten für die Körperhygiene und das Wohlbefinden der Basler Bevölkerung und nahmen auch kleinere Eingriffe wie das Schröpfen vor. Ein weiterer kleiner Personenkreis, welcher heilkundig aktiv und dadurch aktenkundig wurde, waren die Laienheiler. Mit ihren selbst erworbenen Heilkenntnissen kümmerten sie sich vor allem um die ärmere Bevölkerung. Basel hatte sieben Apotheken. Bis 1837 befanden sie sich alle auf Grossbasler Seite. Die Apotheker selbst wurden von sechzehn Gehilfen unterstützt.[5]

Das Spital an den Schwellen verfügte über dreissig bis vierzig Betten. Erkrankte Durchreisende und in Basel wohnhafte Fremde, die sich keinen Arzt leisten konnten, wurden in der Elendsherberge am Petersberg untergebracht und notdürftig verarztet. Die Kapazitäten der Herberge waren jedoch begrenzt, und ein Kranker, dessen Genesung nicht absehbar, der aber noch transportfähig war, lief Gefahr, in einer sogenannten ‹Krankenfuhre› in seine Heimatgemeinde zurückgebracht zu werden.[6] Eine nicht genau bekannte Zahl ehrenamtlich tätiger Laienpfleger besuchte im Auftrag der Krankenkommission die ärmere pflegebedürftige Bevölkerung in deren Wohnungen. Gepflegt wurden aber nur ‹würdige Arme›, also solche, die unverschuldet in Not geraten waren. Jährlich versorgte die Krankenkommission etwa 250 bis 300 Kranke. Basler Bürger und Nichtbürger hielten sich dabei ungefähr die Waage.[7]

Den 15 000 Stadtbewohnern standen insgesamt 80 bis 90 in unterschiedlichem Mass heilkundlich geschulte oder sonst im Gesundheitswesen tätige Personen zur Seite (Ärzte, Laienheiler und -pfleger, Hebammen, Apothekergesellen etc.).[8] Damit kamen 6 im Gesundheitssektor tätige Personen auf 1000 Einwohner. Bei diesen Zahlen sind weder die fahrenden Ärzte, noch die ‹Steinschneider› und ‹Zahnausreisser› berücksichtigt. Heute kommen gesamtschweizerisch auf 1000 Einwohner 51 Personen, die im Gesundheitswesen (inklusive Forschung und Pharmaproduktion) tätig sind.[9] So problematisch der Vergleich der Zahlen von 1800 und 2005 natürlich ist, so zeigt er doch die Bedeutung des Gesundheitswesens in der heutigen gegenüber der damaligen Gesellschaft.

‹Spital der Armen, der Dürftigen, der Armen Lüt›

In den Krankenhäusern standen um 1800 in Basel 1000 Einwohnern lediglich 2 bis 3 Spitalbetten zur Verfügung; für die gesamte Region Basel kamen nicht ganz 2 Betten auf 1000 Einwohner. Heute kommen gesamtschweizerisch auf 1000 Einwohner 5,2 Spitalbetten.[10] Auch dieser Vergleich ist problematisch, da die Medizin im 19. Jahrhundert mit anderen Gesundheitsproblemen zu kämpfen hatte als heute. Damals waren Infektionskrankheiten die häufigsten Erkrankungen. Heute sind es vor allem Kreislauferkrankungen, und durch Vorbeugung, rechtzeitige Arztbesuche, wirksame Medikamente sowie ambulante Behandlungen in der Klinik und zu Hause werden viele Spitalaufenthalte vermieden.

Das alte Spital vom Barfüsserplatz aus gesehen. Aquarell nach Konstantin Guise, um 1840 (Ausschnitt).

Die Familie bildete im 19. Jahrhundert das wichtigste soziale Netz, um Kranke, pflegebedürftige oder unselbstständig gewordene Personen aufzufangen. So wurde es von der Regierung auch erwartet. In der Regel hatten die Töchter einer Familie diese Krankenfürsorge zu übernehmen. Je nach finanziellen Möglichkeiten und dem eigenen Vertrauen in die verschiedenen medizinischen Berufsgruppen wurden fachkundige Personen beigezogen. Gerade bei Menschen aus der Unterschicht, die in beengten Verhältnissen lebten, liess eine solche Pflegesituation sehr zu wünschen übrig. Erst wenn die finanzielle oder personelle Belastung nicht mehr tragbar war, ersuchte eine Familie um Unterstützung bei der Behörde.[11]

Nur im äussersten Fall ‹ergab› sich ein Kranker in die Obhut des kleinen Spitals an den Schwellen, das bezeichnenderweise auch ‹Spital für arme Lüt› hiess. Dabei darf man sich diese Institution nicht als Spital im heutigen Sinne vorstellen. Es war eine Kombination aus Versorgungsanstalt, ‹Irrenhaus›, Altersheim und Heilanstalt. Im gleichen Gebäudekomplex befanden sich auch ein Gebärzimmer und das Waisenhaus für Kleinkinder. Unverheiratete werdende Mütter mussten ihr uneheliches Kind in diesem Gebärzimmer auf die Welt bringen. Das Spital war räumlich in das vordere, zwischen der Freien Strasse und dem Spitalgässlein gelegene, und das hintere Spital, das sogenannte ‹Almosen›, unterteilt. Das Almosen diente als eigentliche ‹Irrenanstalt› der Verwahrung heil- und unheilbarer ‹Irrer›. Untergebracht waren dort aber auch Personen, deren auffälliges Verhalten nicht mehr den sich immer klarer herausbildenden Moralvorstellungen der bürgerlichen Welt entsprach. Vom Bürgertum wurden sie als Bedrohung empfunden und konnten unter bestimmten Voraussetzungen weggeschlossen werden. Im Almosen wurden auch die hoffnungslosen Fälle wie Krebskranke und Fallsüchtige (Epileptiker) versorgt.

Theodor Hoch, Spitaldirektor des späteren Bürgerspitals, beschreibt die Situation im vorderen Spital in eindrücklichen Worten:

«Der ganze Flächeninhalt dieses Areals betrug 2700 m². Der dritte Theil davon war Hofraum. In den 30 mehr oder weniger geräumigen Zimmern des Gebäudes selbst lebten im Durchschnitt 175 Personen; Trennung der verschiedenen Krankheiten, hauptsächlich der ansteckenden von den nicht ansteckenden,

Der Barfüsserplatz. Links des Brunnens mit dem trinkenden Pferd zeichnet sich dunkel der Eingang ins ‹hintere Spital›, ins Almosen, ab. Lithografie von Guise Hasler und Companie, 19. Jahrhundert (Ausschnitt).

lag im Reiche der Unmöglichkeit. Pockenkranke z.B. konnten bloss durch eine spanische Wand von den andern Patienten getrennt werden. Es fehlte an gutem Luftzutritt. Zur Erholung diente ein von Gebäuden rings umschlossener, mit Bäumen bepflanzter Hof. Die Krankenwärter besassen kein von den Patienten getrenntes Lokal. Die sehr primitiven Badeeinrichtungen waren durch den Hof von den Krankenzimmern getrennt. In der ganz in der Nähe von medizinisch und chirurgisch Kranken liegen-den Abtheilung für Pfründer [Bewohner eines Altenheims] reihte sich Bett an Bett ...»[12]

Als 1800 die Stelle des Spitalarztes neu mit Johann Jakob Stückelberger be-setzt wurde, drängte der Erziehungsrat auf wöchentlich zwei Besuche des Arztes im Spital und wöchentlich einen im Almosen.[13] Diese Pflichtbesuche mussten seitens der Regierung häufig angemahnt werden.

Die Wundbehandlung im Spital oblag den Scherern oder Wundärzten (Chirurgen). Die beiden letzten Scherer des alten Spitals waren Christoph Mangold und Ludwig Mieg (um 1820). Ihr Tätigkeitsfeld im Spital umfasste neben der Wundver-sorgung auch regelmässige Geschäfte wie Rasieren, Aderlassen und Schröpfen. Interes-santerweise wurden ihre Dienste mit Naturalien wie «Frucht und Wein» entschädigt, wie wir aus einem Gesuch Miegs wissen, der um eine Erhöhung der «Weinkompetenz» bat, weil seine Dienste vermehrt in Anspruch genommen würden. Im Unterschied zu den studierten Ärzten gehörten die Wundärzte dem Handwerkerstand an, waren in einer Zunft organisiert und für die äusserlich erkennbaren Krankheiten zuständig. Die Ärzte, die meistens an einer auswärtigen Universität studiert hatten, behandelten innere Leiden. Im Spital wurden vorwiegend die armen Einwohner der Stadt gepflegt.

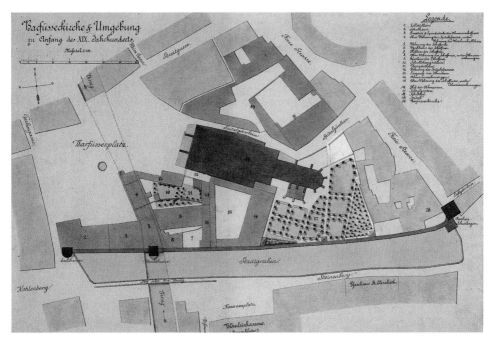

Grundriss des Spitals (19) und des Almosens (1–18).
Bauzustand um die Mitte des 19. Jahrhunderts.

Wohlhabende Bürger blieben dem Spital fern. Selbst arme Basler Bürger schlugen manchmal eine Spitaleinweisung aus – sie befürchteten die soziale Stigmatisierung oder dass das Spital für sie die Endstation bedeuten würde.[14] Einzelne Handwerkszünfte kauften schon im 18. Jahrhundert ein bis mehrere Betten im Spital und konnten so ihren kranken Gesellen eine medizinische Versorgung garantieren. Die Mehrzahl der Spitalinsassen waren altersschwache Arme (und ‹Irre›), Handwerksgesellen, Knechte und Mägde.[15] Eine kostenlose Aufnahme in das Spital an den Schwellen stand Basler Bürgern und Hintersassen (Einwohnern von der Basler Landschaft ohne Stadtbürgerrecht) zu.[16] Noch um 1840 wurde ungefähr ein Drittel aller Patienten unentgeltlich gepflegt, was das Budget des Spitals enorm belastete.[17]

Das Spital befand sich an der Wende vom 18. ins 19. Jahrhundert schon seit Jahrzehnten in einem beklagenswerten baulichen Zustand. Seitens der Öffentlichkeit kam es in regelmässigen Abständen zu Vorstössen zur Umsetzung der notwendigen Sanierungs- und vor allem Vergrösserungsvorhaben, aber die zuständigen Behörden zeigten wenig Verständnis dafür. Gelegentlich wurden die dringendsten Sanierungsmassnahmen durchgeführt, aber damit erschöpften sich die Zuwendungen der öffentlichen Hand. Es drängt sich der Verdacht auf, dass die Obrigkeit kein wirkliches Interesse an der Gesundung der Armen hatte. Erst 1842 kam es zu einer Verlegung des Spitals an die Hebelstrasse, die mit dem Umbau einer alten Stadtresidenz, dem Markgräflerhof (Pfrundhaus), und dem Neubau der medizinischen und chirurgischen Abteilung einherging. Die Realisierung des Spitals konnte nur dank substanzieller Unterstützung aus der Basler Bevölkerung realisiert werden. Es wurde ein Spitalkomplex

Der Barfüsserplatz mit dem Wohnhaus des Wundarztes Lukas Keller rechts im Bild. Messingbecken an den Fensterläden waren das Berufszeichen der Wundärzte. Wenn das Becken draussen hing, wurde zur Ader gelassen. Aquarell von Maximilian Neustück, 1820 (Ausschnitt).

mit 217 Räumen und 340 Betten geschaffen, mit einer eigenen Apotheke und insgesamt 39 Spitalangestellten. Das Spital wurde nach einem modernen Konzept erstellt, und eine zentrale Küche verköstigte alle Abteilungen. Für das ganze Spital galt eine Altersbegrenzung der Patienten; Kranke wurden erst ab dem 14. Lebensjahr aufgenommen.[18] Bereits kurze Zeit nach der Eröffnung reichten die Kapazitäten des Spitals nicht mehr aus, zeitweise musste ein Drittel der Patienten abgewiesen werden. Von 1853 bis 1855 wurde das Spital zum ersten Mal erweitert.

Vom Aderlassen, Schröpfen und von gefährlichen Pülverchen

Welche Möglichkeiten der Behandlung hatte ein Basler Unterschichtangehöriger um 1800, wenn er ernstlich krank wurde? Wahrscheinlich versuchte er zunächst, sich mit Hausmitteln oder mit einer der weitverbreiteten volkstümlichen Gesundheitsfibeln selbst zu helfen. Einen Spitalbesuch zögerte man so lange wie möglich heraus, da das Spital nur für Basler Bürger, Hintersassen und bestimmte zünftige Gesellen kostenfrei war. Für alle anderen kostete der Tagesaufenthalt im neuen Bürgerspital (im Jahr 1845) 40 Rappen, die jeden Morgen einkassiert wurden[19], eine Gebühr, die sich vor allem Frauen nicht leisten konnten. Zudem hatte der schlechte Ruf des Spitals offensichtlich eine abschreckende Wirkung. Die Konsultation eines Laienheilers dürfte für finanzschwache Kranke darum naheliegend gewesen sein. Dabei durften Laienheiler weder Heilmittel verschreiben, noch für ihre Ratschläge eine Entschädigung verlangen. Aber auch begüterte Patienten fanden den Weg zur ‹Wunder Cura› – wie der folgende Fall der Witwe Grüninger dokumentiert.

«Die Witwe Ursula Grüninger lebte 1823 seit 10 Jahren in Basel – erst an der Petersschanze, danach an der Eisengasse – zusammen mit zwei der vier Söhne und ihrer Tochter. Nach ihrer Aussage beschäftigten sich sie und ihre Söhne hauptsächlich mit dem Rebbau. Sie muss eine gesuchte ‹Frau Doctorin› gewesen sein: An einem bestimmten Tag im Juni 1823 hatten sich mehrere Personen zwischen 3 und 4 Uhr nachmittags beim Bader Dickenmann zum Schröpfen eingefunden – alle auf den Rat der Grüninger hin, sich genau zu dieser Stunde schröpfen zu lassen. Nachdem sie deswegen ermahnt worden war, reichte der Vater des Baders Dickenmann am 18. September erneut eine Klage ein, weil wiederum 10–12 Personen zur gleichen Stunde bei seinem Sohn geschröpft werden wollten. Der Bericht des Sanitätskollegiums sprach davon, dass sich an der Eisengasse alle Nächte ‹Menschen von allen Häusern hindrängen› und um ‹Wunder Cura› baten. Ihre Patienten sind sozial eindeutig einzuordnen: Dickenmann sagte aus, ‹viele ansehnliche hiesige Personen›.»[20]

Zu ihrer Verteidigung erklärte Ursula Grüninger,

«Sie doktore nicht, sondern ertheile nur guten Rath um den Leuten zu helfen … nur das doktoren sei ihr verboten worden. Sie nehme kein Geld an, tue alles nur aus gutem Willen wenn die Leute zu ihr kommen. Sie ordne nichts anderes an als Schröpfen zu gewissen Zeiten, warmes Wasser trinken, wie solches in dem Planetenbüchlein finden.»[21]

Sie wurde schliesslich zu «zweimal 24 Std. Gefangenschaft, wobei sie die Hälfte davon auf Wasser und Brot zu setzen sei», verurteilt. Mit der Verurteilung war die Androhung der Ausschaffung (Rückführung in die Heimatgemeinde) im Wiederholungsfall verbunden. Die harte Bestrafung wurde mit der Anwendung von «abergläubischen» Methoden begründet, mit welcher die Witwe die «niederen Volksklassen» gefährde.[22] Ursula Grüninger muss erfolgreich gewesen sein, sonst hätte sich nicht eine grosse Anzahl Patienten zu den bestimmten Uhrzeiten zum Schröpfen eingefunden.

Das Beispiel einer Magd, deren Name in den Akten nicht überliefert ist, zeigt uns, dass ein operativer Eingriff nicht unbedingt im Spital, sondern auch ambulant von einem Wundarzt – oder dessen kostengünstigem Gesell – vorgenommen werden konnte. Der Geselle Huber, welcher bei der Chirurgenwitwe Wieland die Geschäfte führte, wurde von einer Magd beim Stadtarzt Münch verzeigt:

«Laut dem Schreiben des Stadtarztes Münch hatte Huber der Magd des Bäckers Gnöpf eine ‹Werze› herausgeschnitten, die er für krebshaft erklärt hatte. Die Dienstmagd konnte aber die geforderten 4 Franken nicht sofort bezahlen, worauf Huber für diesen Wert ihr zum Verkauf anvertrautes Brot mitnahm und die Magd später bei ihrem Meister ‹verdächtigte› – vorgebend diese Werze rühre von zweideutigen geheimen Krankheitsstoffen her.»[23]

Huber wurde aber schliesslich nicht aufgrund der Vorwürfe der Magd gerügt, sondern er erhielt eine Verwarnung, weil er mit dem operativen Eingriff seine Kompetenzen überschritten hatte. Eine solche Operation stand keinem Gesellen zu. Bemerkenswert ist auch Hubers Honorarforderung von 4 Franken, ein Betrag, der ungefähr dem Wochenlohn der Magd entsprochen haben dürfte.[24]

Erst wenn alle bekannten Mittel nicht mehr halfen, suchte man das Spital auf. Häufig war es dann aber bereits zu spät. Der Fall aus dem Jahr 1851 von der aus Baden stammenden Maria Eva Kalchschmid, die mit ihrem Mann und ihren sieben

Kindern – das jüngste war sechs Jahre alt – seit zwölf Jahren im Riehentor wohnte, ist ein Beispiel für eine solche Krankengeschichte.

«Die Patientin, mittlerer Grösse, sehr abgemagert u. elend aussehend, ... man erkennt ihre grosse Armuth auf dem Leib, ist dabei noch voll Pediculi [Läuse] u. verbreitet einen höchst unangenehmen Geruch. Seit Januar dieses Jahres leide sie am Husten ohne Aufhören. ... Vor 5 Wochen musste sie sich wegen Stechen auf der linken Seite der Brust ins Bett legen, wurde mit Aderlässen, Brech- und Lösungsmittel behandelt, worauf sich ihr Zustand bedeutend verschlimmert habe – ! Sie habe auch ein Pulver erhalten, worauf sie ganze Nächte nicht mehr hätte schlafen können.»[25]

Soweit der Bericht des Spitalarztes, dessen Missbilligung der bisherigen Behandlung deutlich zu spüren ist. Maria Eva Kalchschmid hatte so lange wie möglich zugewartet und verschiedene geläufige Mittel wie Aderlass, Brech- und Abführmittel ausprobiert, bevor sie sich in die Obhut der Spitalärzte begab. Sie starb vierzehn Tage nach ihrer Aufnahme im Spital an einer Lungenentzündung. Ob bei einem früheren Eintritt ihre Lungenentzündung erfolgreich hätte behandelt werden können, muss offenbleiben. Aber die nicht ärztliche Behandlung hatte zu einer deutlichen Schwächung der Patientin geführt, wie der Arzt korrekt notierte. Wer das fatale Pulver verschrieben hatte, ist nicht überliefert, und auch die Bestandteile des Mittels sind nicht bekannt.

Es gab natürlich auch schwarze Schafe unter den Laienheilern, die Quacksalber, deren Mittel gesundheitliche Risiken bargen, wie uns der Fall der Tagelöhnerin Margaretha Küburt zeigt. Diese stammte von der Basler Landschaft, war seit vierzig Jahren in Basel ansässig und wohnte an der Greifengasse. Am 9. Juli 1851 wurde sie im Spital aufgenommen, und in der Krankenakte hält der behandelnde Arzt eine interessante Begebenheit fest:

«Die Patientin ist mittelgroß, schlecht genährt, zusammengefallnes Gesicht, war nie verheirathet u. hat nie geboren. ... Sie gibt an, vor 25 Jahren habe sie einen Kürbiswurm bei sich gehabt, erhielt von einem Wurmdoctor eine Arzney gegen diesen. 2 Tage nachher habe sie eine heftige Bauchentzündung bekommen, welche sie 3 Monate in's Bett gelegt u. von hieran Datire sich die Geschwulst im Leibe.»[26]

Margaretha Küburt starb elf Tage nach ihrem Eintritt ins Spital an den Folgen eines Eierstocktumors. Es ist unwahrscheinlich, dass die erwähnte «Arzney» den Tumor ausgelöste hatte. Interessant wäre aber zu wissen, welche Substanzen der armen Frau verabreicht wurden, die sie für drei Monate ans Bett fesselten.

Nicht immer folgte der Pflegeverlauf dem Schema Selbstmedikation, Laienheiler oder Quacksalber, Konsultation eines Arztes. Es konnte durchaus auch in umgekehrter Reihenfolge geschehen, wie uns das folgende Beispiel aus dem Jahr 1855 zeigt. Ein Knabe wurde von einem tollwütigen Hund gebissen und daraufhin von seinen Eltern zuerst zum Arzt gebracht. Der Zustand des Knaben besserte sich in der Folge nicht, und die Eltern konsultierten den Scharfrichter Franz Josef Mengis in Rheinfelden. Der Knabe wurde von Mengis geheilt, starb aber unerwartet einige Tage später an der ‹Wuthkrankheit›. In der Folge intervenierte das Basler Sanitätskollegium in Aarau gegen die Familie Mengis und machte dringlich auf den ausgeübten «Unfug» aufmerksam.[27] In diesem Fall war aber kein Laienheiler eingeschaltet worden, sondern ein Henker.

Menschen mit diesem Beruf verfügten einerseits über anatomisch-medizinische Kenntnisse, andererseits schrieb man ihnen ans Magische grenzende Fähigkeiten zu. In Fällen wie dem geschilderten wird ein tief verwurzelter Aberglaube fassbar.

Häufig standen Ärzte und Laienheiler den Leiden ihrer Patienten hilflos gegenüber und wandten uns obskur erscheinende Methoden an. Sie waren noch stark den mittelalterlichen Traditionen und der sogenannten ‹Viersäftelehre› verbunden (siehe Infoseite). Noch verstanden die Mediziner nicht die Ursachen und die Symptome der verschiedenen Krankheiten. Verantwortungslose Quacksalber verabreichten ihren vertrauensseligen Patienten Medikamente, die diese in unmittelbare Lebensgefahr bringen konnten. Da wirksame Arzneimittel nur in begrenztem Umfang bekannt waren, verschrieben die Ärzte manchmal harmlose Mittel, die zur Beruhigung der Kranken nach strengem Ritual verabreicht wurden.[28] Heute geht die medizinhistorische Forschung davon aus, dass eine medizinische Behandlung an der Wende vom 18. zum 19. Jahrhundert sich noch kaum lebenserhaltend oder lebensverlängernd auswirkte.[29]

Trotz der beängstigenden Beschreibungen sollte man die Bedeutung der Ärzte und Laienheiler und die Wirkung ihrer Therapien nicht herabsetzen. Auch wenn die von ihnen bei schweren Krankheiten angewandten Mittel nach heutigen Massstäben als wirkungslos eingestuft werden müssen, wenn nicht sogar als gesundheitsgefährdend, haben ihre Kuren mitunter zur Linderung der Leiden ihrer Patienten beigetragen. Bei leichteren Krankheiten dürften sowohl die ärztlichen als auch die volkstümlichen Heilmittel Besserung gebracht haben. Darum gebührt diesen Frauen und Männern Respekt, da sie in schwierigen Zeiten versuchten, ihren Patienten Zuversicht und Hoffnung zu geben.

1 Guyer 2009, S. 87–89.
2 Bachmann 1989, S. 66.
3 Gschwind 1977, S. 194 bzw. S. 138.
4 StABS San F2 1802–1820.
5 Etter et al. 1993, S. 43.
6 Hoch 1892, S. 44.
7 Bürgin 1988, S. 22 ff.
8 Diese Zahl ist eine grobe Schätzung und soll eine Grössenordnung wiedergeben.
9 Rossel 2007, S. 6.
10 Bundesverwaltung, Statistik Schweiz, Einrichtungen und Betten. Krankenhausbetten pro 1000 Einwohner 2008, gemäss Stand der Daten am 30.11.2009.
11 Guyer 2009, S. 69.
12 Zitiert nach Hoch 1892, S. 2 f.
13 Bruckner 1946, S. 50.
14 Guyer 2009, S. 71.

15 Wanner 1965, S. 22.
16 Bruckner 1946, S. 26.
17 Hoch 1892, S. 41.
18 Hoch 1892.
19 Heitz 1874, S. 14.
20 Zitiert nach Morgenthaler 1987, S. 73.
21 Zitiert nach Morgenthaler 1987, S. 75.
22 Zitiert nach Morgenthaler 1987, S. 78.
23 Zitiert nach Morgenthaler 1987, S. 81.
24 Morgenthaler 1987, S. 81.
25 StABS Spitalarchiv V30.1–27. 1842–1867. Tagebuch der medicinisch kranken Männer & Frauen.
26 StABS Spitalarchiv V30.1–27. 1842–1867. Tagebuch der medicinisch kranken Männer & Frauen.
27 Morgenthaler 1987, S. 80 f.
28 Wanner 1965, S. 36.
29 Rödel 1989, S. 35; zitiert in Senn 2009, S. 14.

Tod und Bestattung in Basel

Patricia Zihlmann-Märki

Um 1800 wurden die verstorbenen Kleinbasler auf den Begräbnisplätzen der Kirchgemeinde zu St. Theodor beigesetzt.[1] Sie lagen inner- und ausserhalb der ehemaligen Klosteranlagen St. Clara und Klingental sowie natürlich in unmittelbarer Nähe der Theodorskirche: in der Kirche selbst und im ummauerten Kirchhof, in der benachbarten, 1881 abgerissenen Allerheiligenkapelle sowie beim Waisenhaus (einem ehemaligen Kartäuserkloster).[2]

Die Begräbnisplätze zu St. Theodor

Wie in den übrigen Basler Kirchgemeinden wurde auch zu St. Theodor der Begräbnisplatz immer wieder knapp. 1779 gingen die Stadtbehörden mit dem Ratsherrn Remigius Merian einen Tauschhandel ein: Er trat einen Teil seines gegenüber der Kirche liegenden Rebgeländes an die Stadt ab und erhielt im Gegenzug den angrenzenden alten Pfarrhof. Wo früher Reben standen, lag nun der ummauerte Meriansche Totenacker, auf dem zweihundert Jahre später Theos sterbliche Überreste gefunden wurden. 1805 erweiterte man die Begräbnisfläche um das Kleemätteli, das ursprünglich dem Waisenhaus zur Nutzung zugesprochen worden war. Kurze Zeit später schon verband

Beisetzung eines Sarges beim Münster. Einzelne Grabzeichen und Kreuze stehen auf dem ungeordneten Friedhof, den Rand säumen Büsche und Bäume. Kolorierte Kreidelithografie von Nicolas-Marie-Joseph Chapuy, vor 1853 (Ausschnitt).

eine kleine Brücke über den inneren Stadtgraben den neuen Begräbnisplatz mit dem Theodorskirchhof.[3] Als durch den Umbau der Befestigungswerke (1830/31) die Fläche der Begräbnisplätze um St. Theodor bedeutend verringert wurde, musste eine dauerhaftere Lösung des Platzproblems gefunden werden. 1832 wurde vor dem Riehentor der Rosentalgottesacker angelegt, der ab 1836 die übrigen Kleinbasler Begräbnisstätten ersetzte. 1890 wurde er aus Platzgründen vom Horburggottesacker abgelöst und dieser wiederum 1932 vom nahe der Landesgrenze gelegenen Zentralfriedhof Hörnli, der auch heute noch als Begräbnisstätte für die ganze Stadt dient.[4]

Dieser kurze Überblick über die Begräbnisplätze zu St. Theodor im 18. und 19. Jahrhundert zeigt die allgemeinen Tendenzen der Friedhofsentwicklung in Basel und auch in anderen Gegenden: Bis ins frühe 19. Jahrhundert besass jede Kirchgemeinde unterschiedliche Begräbnisplätze, traditionell in und bei Gotteshäusern. Die Toten hatten somit einen Platz im Siedlungszentrum selbst, in der Mitte der Lebenden. Seit etwa 1800 änderte sich dies schrittweise: Erstens wurden die neuen Friedhöfe an der Stadtperipherie angelegt (Auslagerung). Zweitens gab es nun einige wenige grössere Begräbnisplätze statt der vielen kleinen (Zentralisierung). Drittens erfolgte eine räumliche Trennung von der Kirche. Parallel dazu wurde das Bestattungswesen immer stärker reglementiert: Seit dem ersten Drittel des 19. Jahrhunderts mussten die Pfarrer ausnahmslos alle Todesfälle (sowie überhaupt alle Zivilstandsereignisse) in den Sterberegistern erfassen. 1844 ging mit dem ‹Vertrag über Einfriedung und Unterhaltung der Gottesäcker der Stadt› das Bestattungswesen in die Hand des städtischen Bauamts über, obwohl bis 1868 noch der jeweilige Kirchenbann die Aufsicht über die Friedhöfe hatte. 1846 trat das ‹Reglement über die Gottesäcker› in Kraft, das erstmals detailliert den Friedhofsbetrieb für das gesamte Stadtgebiet regelte, so etwa Anordnung, Grösse, Ausstattung und Nummerierung der Gräber, Bepflanzung und Öffnungszeiten der Friedhöfe.[5] Im zweiten Drittel des 19. Jahrhunderts wurde spezialisiertes Bestattungspersonal fest angestellt: Grabmacher, Leichenwärter und Gärtner. Sie alle waren nun einheitlichen Regeln unterworfen, und Begräbnisse durften nur noch nach Meldung an die zuständigen Sigristen stattfinden.

Platzprobleme: gefährliche ‹Ausdünstungen› und Totenruhe

Die Behörden schätzten den Platzbedarf auf den Friedhöfen bis ins ausgehende 19. Jahrhundert immer wieder falsch ein, weshalb diese meist schon nach wenigen Jahrzehnten vollständig mit Gräbern belegt waren. So schrieben die Mitglieder des Theodorbannes im Jahr 1779 an den Bürgermeister:

«Daneben ist unser alter Kirchhof durchgehends überfüllt, und, wo man anhebt zu graben, so kommen noch gantze Baaren hervor, die gleichwol vor zehen u. mehren Jahren beigelegt worden. Wir ersuchen also Eure Gnaden, bey der aljährl. mehr anwachsenden Zahl der disseitigen Einwohner, und offenbar zu besorgenden übeln Folgen, welche die Corruption zuletzt in der Luft nach sich ziehen könnte, uns für unsre disseitige Gemeine noch einen Platz zur Begräbniß anzuweisen.»[6]

Die Befürchtung war damals verbreitet, dass dort, wo Grabmacher bei ihrer Arbeit wegen Platzmangels auf unverweste Leichen(teile) stiessen, gefährliche ‹Ausdünstungen› in die Luft steigen und die Gesundheit der Lebenden beeinträchtigen würden. Die zeitgenössischen medizinischen Konzepte der ‹Miasmen› und ‹Contagien› lieferten die theoretische Fundierung dieser Annahme. Gerade in Zeiten, in denen Epidemien um sich griffen und zahlreiche Menschenleben forderten, vergrösserte sich die Angst vor solchen gefährlichen ‹Leichengasen›. So zum Beispiel im Jahr 1814, als eine Typhusepidemie im Zuge der Napoleonischen Kriege die von Militärangehörigen bevölkerte Stadt heimsuchte und bis Mitte des Jahres mehr als achthundert Einwohnern – rund 5 Prozent der Bevölkerung – das Leben kostete. Im Februar erliess die Obrigkeit darum das Verbot innerkirchlicher Begräbnisse, womit sie in die Bestattungsgewohnheiten eingriff.

Die Platzfrage auf den Friedhöfen hatte aber nicht nur eine räumliche und eine hygienische Komponente. Den Menschen war es auch unangenehm, dass die in der Erde liegenden sterblichen Überreste ihrer geliebten Verschiedenen nach kurzer Zeit wieder umgestochen wurden, um neuen Leichen Platz zu machen, und anschliessend mit diesen zusammen im Grab beerdigt lagen. Durch das Umgraben war die Totenruhe gestört.[7]

Platzmangel auf Begräbnisplätzen konnte verschiedene Gründe haben, akut wurde er bei grassierenden Epidemien. Generell spielte das Bevölkerungswachstum «durch Fabriken und andere Umstände» eine Rolle, wie die Mitglieder des Theodorbannes 1804 vermuteten.[8] Darüber hinaus dienten Begräbnisplätze auch noch anderen Zwecken: Sigristen und Pfarrer pflanzten dort Gemüse, Obst und Reben an, und manchmal war die Begräbnisfläche durch abgeladenen Schutt verringert. Eine von Vertretern der Obrigkeit begleitete Begehung des Theodorskirchhofs im Jahr 1805 legte aber auch die fehlende Sorgfalt der Grabmacher offen, lagen doch zwischen verwesten Leichen «mitunter in die Creuz und in die Quer noch frische unverwesene Leichname».[9] Um Ordnung in die Bestattungspraxis zu bringen, wollte man so lange keine Begräbnisse mehr auf dem Theodorskirchhof, dem Merianschen Totenacker und beim Waisenhaus gestatten, bis auf dem Kleemätteli kein Platz mehr wäre. Auf diesem neuen Begräbnisplatz sollte bei der Ziegelhütte die erste Grabreihe angelegt werden, und die Grabmacher sollten die Gräber

«nach einer regelmässigen ... Ordnung ... [ausheben], besonders eine Reihe an der andern, u. um in gerader Linie zu bleiben für die Erwachsenen eine eigene Reihe u. für Kinder unter 12 J. desgleichen».[10]

Sterberituale

Die Grablege war nur Teil eines komplexen Bestattungsrituals. Je nach sozialem Stand, Geschlecht und Alter begleitete ein längerer oder kürzerer Leichenzug den Leichnam zur Kirche und/oder zum Grab, wo ein Pfarrer des Verstorbenen gedachte und eine Leichenpredigt hielt. Manchmal würdigten Freunde den Toten mit einer Standrede, und schliesslich spendierten die Angehörigen ein Leichenmahl oder zumindest einen Umtrunk. Aber es gab auch stille Begräbnisse ohne langes Geleit und grosse Reden, gerade bei jüngeren Menschen und wohl auch bei Unterschichtsangehörigen.

Rituale begleiteten bereits den Übergang vom Leben zum Tod: Um das Sterbebett standen die Verwandten, gemeinsam wurde gesungen und gebetet, oft kam ein Pfarrer hinzu. Der Sterbende bekräftigte seinen Glauben und bezeugte seine Freude auf die jenseitige Zukunft nahe beim himmlischen Vater. Ob die in Selbstzeugnissen (zum Beispiel in Autobiografien, Notizen, Tage- oder Familienbüchern) festgehaltenen Sterbeberichte die tatsächlichen Umstände des Todes oder aber nur die Gebote der christlichen Erbauungsliteratur widerspiegelten, ist nicht entscheidbar.

Der Verstorbenen gedachte man auch nach der Beerdigung, am Jahresende in der Kirche und manchmal auch mit Texten. Hier dürfen wir Grab- und Epitaphieninschriften nennen, gedruckte Leichenpredigten, die einem grösseren Verwandten- und Bekanntenkreis zugesandt wurden, aber auch Selbstzeugnisse, in welchen die Schreiber neben Kranken- und Sterbeberichten manchmal ihre Gefühle bei Todesfällen notierten. Mit dem Wiederlesen der Texte wurde das Ereignis vergegenwärtigt und ein Erinnerungsprozess ausgelöst.

Selbstzeugnisse geben interessante Einblicke in frühere Lebenswelten. In ihren Familiennotizen hat Ursula Merian-Burckhardt (1752–1833), Frau eines Stadtrats und sicherlich wohlhabend, alle Kosten aufgeschrieben, die beim Tod ihrer Kinder im ausgehenden 18. Jahrhundert anfielen. Die Ausgaben schwankten zwischen 21 und 53 Franken (zum Vergleich: Ein Pfund Brot kostete damals etwa 0.10 Franken). Beim Tod der Tochter Salome (1777–1782) zum Beispiel entstanden Kosten für das Grab samt Stein (14 Franken), den Sarg (8 Franken), den Schragen (1 Franken), vier Träger (je 4 Franken) und das Bordtuch (2 Franken). 8 Franken bezahlte die Familie, um das Kind ankleiden und eine Totenwache abhalten zu lassen, weitere kleinere Beträge wurden für Trinkgelder aufgewendet.[11]

Totenwachen, wie es sie zu jener Zeit vor allem noch in katholischen Gebieten gab, hatten unterschiedliche Funktionen: Ursprünglich sollte die Totenwache die Leiche vor Insekten und anderen Tieren, aber auch die Seele vor einer Inbesitznahme durch Dämonen schützen. Übernahmen Verwandte diese Aufgabe, konnte die Wache dem Abschiednehmen und dem Gedenken dienen. Um 1800 erhielt die Totenwache eine weitere Dimension. Sie erlaubte die Registrierung schon geringfügiger Lebenszeichen und bewahrte dadurch Scheintote davor, lebendig bestattet zu werden. Dieses Thema wurde damals überall viel diskutiert, denn eine präzise Bestimmung des Todeszeitpunkts war aufgrund des medizinischen Erkenntnisstands nicht möglich. Deshalb klärten etliche gedruckte Ratgeber die Leserschaft darüber auf, wie man Scheintote ins Leben zurückholen sollte, nämlich durch die Anregung der Lebenskräfte mithilfe von Reizen.

Ähnlich hatten seit den 1770er-Jahren Basler Verordnungen die Einwohner darüber aufgeklärt, dass man beispielsweise im Rhein Verunglückte beatmen, ihnen «Rauch von Toback, oder anderen scharfen Kräuteren in den After des Cörpers ... treiben» sowie stark riechende Essenzen an die Nase halten solle.[12] Doch alle obrigkeitlichen Anstrengungen – dazu gehörten auch die Bereitstellung von Laden mit Rettungsutensilien ebenso wie in Aussicht gestellte Prämien – nützten nichts. In der Bevölkerung hielten sich Ängste, welche die Rettung von im Rhein Verunglückter unmöglich machten. Beispielsweise glaubte man, die Berührung eines toten Körpers, insbesondere eines Selbstmörders, mache ‹unehrlich› oder ‹unrein› – ‹Unehrlichkeit› galt somit als ansteckend. Und gerade bei im Rhein Verunglückten wusste man nie genau, ob sie nicht hatten Selbstmord begehen wollen.

Sonderbestattungen

Selbstmördern blieb bis in die Mitte des 19. Jahrhunderts eine normale Bestattung verwehrt. Seit jeher galten sie als ‹unehrhaft› Verstorbene, weil sie sich mit ihrer letzten Tat nicht an die göttlichen Gebote gehalten und den Willen Gottes nicht akzeptiert hatten. Im 18. Jahrhundert steckte man manche von ihnen in ein Fass, das mit dem Spruch ‹Schalk fort› (sinngemäss: ‹Bösewicht, fort mit Dir›) beschriftet war, und warf sie in den Rhein.[13] Waren Selbstmörder aber angesehene Angehörige der Oberschicht gewesen, hatten sie ein christliches Leben geführt oder an Schwermut gelitten, konnten sie in geweihter Erde begraben werden. Allerdings wurden sie in einer besonderen, abgelegenen Ecke des Kirchhofs beigesetzt, im frühneuzeitlichen Basel vornehmlich auf einem der beiden Begräbnisplätze bei der Kapelle zu St. Elisabeth, wo man auch die Leichen Hingerichteter beerdigte. Dass ‹unehrhaft› Verstorbene nicht auf den üblichen Begräbnisplätzen ihre letzte Ruhe fanden, hing mit der erwähnten Vorstellung zusammen, ‹Unehrlichkeit› sei ansteckend. Ausserdem sollte diese posthume Bestrafung der Selbstmörder nach ihrem Verstoss gegen die göttliche Ordnung diese wiederherstellen. Im ersten Drittel des 19. Jahrhunderts wurde auch diese Praxis allmählich aufgeweicht. Man begann in jener Zeit aus Platzgründen damit, Selbstmörder in die gleiche Reihe zu legen wie die übrigen Verstorbenen, wenn auch manchmal mit einem grösseren Abstand zu den benachbarten Gräbern.[14] Dennoch blieben ihre Begräbnisse negativ besetzt: Selbstmörder wurden meist früh morgens oder spät abends ohne eine richtige

Der Friedhof zu St. Elisabeth als begrünter Erholungsort. Denkmäler von Familiengräbern
schmücken die Einfassungsmauern. Ölgemälde, vermutlich von Johann Jakob Frey, o.J.

Leichenfeier beerdigt. Ab 1827 durften Pfarrer die Verwandten zum Grab begleiten und
im Haus der Hinterbliebenen ein Gebet sprechen, allerdings nicht in Amtskleidung.
Erst 1851 verlor die Bestattung von Selbstmördern auf das Wirken des Kleinen Rats hin
ihren diskriminierenden Charakter. Der Kirchenrat, der Selbstmord weiterhin als Ver-
brechen beurteilte, empfahl den Pfarrern aber, alles daran zu setzen, dass Selbstmörder
weiterhin «in der Stille u. bei früher Tageszeit» bestattet würden.[15]

Im Rhein Ertrunkene sollten eigentlich ab 1817 auf dem normalen Begräbnisplatz jener Kirchgemeinde beigesetzt werden, in der man sie aufgefunden hatte, also
meistens auf dem Friedhof der Theodorsgemeinde. Mehrheitlich wurde dies wohl auch
so gehandhabt. Doch auch hier hielten sich die alten Vorstellungen bis um 1840, weshalb man damals noch Leichen Ertrunkener manchmal am Fundort liegen liess und
dort beerdigte. Dies war meist der Schindanger am Kleinbasler Ufer beim Klingental, wo
man Kadaver begrub, weshalb er als ‹unehrlicher› Raum galt.[16]

Zwar fanden mit fortschreitendem 19. Jahrhundert alle Verstorbenen un-
geachtet ihres Standes oder ihrer Sterbeumstände auf den gleichen Friedhöfen einen
Platz, die soziale Schichtung der Grabzonen wurde aber beibehalten. Früher besassen
Oberschichtsangehörige mit prächtigen Epitaphien geschmückte Familiengräber
in Gotteshäusern, die anderen Toten begrub man auf dem Kirchhof. Auf den neuen

Friedhöfen des 19. Jahrhunderts lagen die grösseren eigentümlichen Familiengräber mit aufwendigen Grabmonumenten an den Einfassungsmauern, die kleinen Reihengräber befanden sich auf den inneren Flächen des Friedhofs. Dort standen oft keine Grabzeichen, manchmal gab es kleine Kreuze, Steine oder schmale Stelen, auch Grabhügel sah man noch gelegentlich. Wegnetze schufen nun übersichtliche, meist annähernd rechteckige Begräbnisflächen, an deren Rändern Büsche und kleine Bäume gepflanzt waren. Leichenhäuser und Kapellen baute man auf den Friedhöfen erst im zweiten Drittel des 19. Jahrhunderts.

Der Tod in der Unterschicht

Die Gräber von Unterschichtsangehörigen unterschieden sich also in Grösse und Lage von den Grabstätten Wohlhabender. Eine Bestattung konnte viel Geld kosten, auch die von einfacheren Menschen. So schlug die Beerdigung des Seifensieders Valentin Kunz im Jahr 1822 mit 18 Franken und 8 Rappen zu Buche. Wie sich dieser Betrag zusammensetzt, kann nicht ermittelt werden.[17] Seit dem Mittelalter fiel eine Begräbnisgebühr von 6 Batzen (etwa 0.60 Franken) an, zusätzlich wohl ein Beitrag für den Sigristen. Dieser erhielt im Zuge der Neuorganisation des Bestattungswesens seit 1846 abhängig vom Alter des Verstorbenen 15 bis 25 Batzen, der Grabmacher bekam 8 bis 20 Batzen. In den Landgemeinden entfielen die Grabmachergebühren.[18] Waren die Hinterbliebenen arm, steuerten Basler Kirchgemeinden über das Armengut bereits in der Frühen Neuzeit einen Beitrag zu den Bestattungskosten bei, im 19. Jahrhundert bezahlten sie meist die Hälfte oder sogar alles.[19]

Gewisse Aufgaben konnten Angehörige und Freunde des Verstorbenen auch selbst übernehmen, bevor dies die Behörden im Laufe des 19. Jahrhunderts immer stärker unterbanden. Dazu gehörte beispielsweise das Ausheben eines Grabes. So schaufelte im Jahr 1741 ein Mann im Hof des ehemaligen Predigerklosters das Grab für ein tot geborenes Kind einer Bekannten, ohne dass der Sigrist dabei gewesen wäre oder es eine Zeremonie gegeben hätte.[20] Wohl wurde der Tod Unterschichtsangehöriger in den Kirchen verkündet, es ist aber unwahrscheinlich, dass es ausführliche und rühmende Leichenpredigten auf Arme gab, die in gedruckter Form zirkulierten, wie es für Oberschichtsangehörige überliefert ist. Auch bei den Leichenzügen dürfte es schichtspezifische Unterschiede gegeben haben: Der Sarg eines Toten aus der Unterschicht wird nicht von unzähligen angesehenen Stadtbürgern zum Begräbnisplatz oder in die Kirche begleitet worden sein. Dennoch, die Verstorbenen zu Grabe zu tragen und ihnen ein würdiges Begräbnis auszurichten, galt traditionellerweise als bruder- und nachbarschaftliche respektive familiäre Pflicht. Seit etwa 1800 gab es auch in Basel und auch für ärmere Leute sogenannte ‹Trag- und Begräbnisgesellschaften›, die ihren Mitgliedern gegen jährliche Zahlungen in die Vereinskasse zusicherten, die bei einer Bestattung entstehenden Kosten zu übernehmen.

Trotz aller schichtspezifischer Unterschiede dürfen die Gemeinsamkeiten nicht unerwähnt bleiben: Noch im 19. Jahrhundert war die familiäre Pflicht – auch bei Ärmeren – weitverbreitet, den Leichnam Angehöriger zu Hause aufzubewahren. Aus Selbstzeugnissen wissen wir, dass die Schreiber bei Todesfällen meist tiefe Trauer und Verzweiflung empfanden, vor allem wenn der Ehepartner oder ein Kind gestorben war. Erleichtert waren sie, wenn die Verstorbenen von einem langen und schweren Leiden erlöst worden waren. So erinnerte sich der spätere Armenschullehrer Matthias Buser (1788–1848) – selbst in «Dürftigkeit und bittere[r] Armut» aufgewachsen – an den Tod seines jüngeren Bruders Jakob im Jahr 1801: «Gott! welch ein Jammer! welch einen Schmerz empfanden meine lieben Eltern!» Trost spendete der Familie, dass Jakob in der Woche vor Karfreitag verschieden war, «wo unser Heiland für uns alle gelitten hat und gestorben ist».[21] Da viele Faktoren das Schreiben über sich selbst beeinflussen, können wir nicht mit Sicherheit sagen, ob das Beschriebene dem tatsächlich Geschehenen beziehungsweise dem damals Empfundenen entspricht. Das Beispiel zeigt aber, wie stark die Weltdeutung im 18. und 19. Jahrhundert im Glauben und in religiösen Vorstellungen verankert war. Verstorbene gelangten ins himmlische Jenseits, wo sie Gott schauen durften und die ihnen Vorangegangenen wiederfanden. Damit dem Eintritt in den Himmel nichts im Wege stand, musste ‹gut› – also christlich – gelebt und gestorben werden. Zentral war hierfür das wahre Gottvertrauen der Gläubigen, die jeden Schicksalsschlag, jede Krankheit, jeden Todesfall als von Gott gewollt annehmen sollten. Sowohl in der Erbauungsliteratur als auch in Selbstzeugnissen aus jener Zeit finden wir die Deutung, dass diese ‹Kreuze› der notwendigen Besserung des eigenen sündigen Lebens dienten. Die Gläubigen waren diesem Glaubenssystem unterworfen, dessen Grundsätze der Pfarrer der Gemeinde in seinen wöchentlichen Predigten vermittelte – den Angehörigen aller sozialer Schichten.[22]

1 Wo nicht anders erwähnt, beruht dieser Beitrag auf einer Dissertation am Historischen Seminar der Universität Basel (2008), siehe Zihlmann-Märki 2010.
2 Koelner 1927, S. 64 f. – Für die Hinweise zu den Begräbnisplätzen um St. Theodor danke ich Gerhard Hotz und Liselotte Meyer.
3 Vgl. StABS Bau JJ 51, Brief von Burckhardt (8. Juli 1831).
4 Vgl. Gnädinger 1991, S. 1–24.
5 Vgl. Sammlung der Gesetze, Bd. 11 (1847), S. 10–14 und 434–443.
6 StABS Bau JJ 51, Memoriale E. E. Banns Jenseits … (18. Juni 1779). Corruption: unsichere Lesung.
7 Vgl. etwa StABS Bau JJ 51, Schreiben des Theodor-Banns (13. Dezember 1804).
8 StABS Bau JJ 51, Schreiben des Theodor-Banns (13. Dezember 1804).
9 StABS Bau JJ 51, Bericht an den Stadtrat (31. Januar 1805).
10 StABS Bau JJ 51, Brief von Burckhardt (15. März 1805); StABS Kirchenarchiv CC 4, 1, Verhandlungen E. E. Bannes der Gemeinde St. Theodor …, p. 150 (Sitzung vom 16. Juni 1805) (Zitat).
11 Vgl. StABS PA 101 A 2, 2, Familiennotizen, f. 32r–33v=6;

12 StABS Bibl. Bf 1, Mandate, Bericht zur Rettung Ertrunkener (28. Juni 1770).
13 Ochs 1821, S. 346 f.
14 StABS Bestattung A 1, Selbstmörderbeerdigung … (20. Juli 1825) und Notizzettel von Stehlin/Huber (21. Juli 1825).
15 StABS Kirchenarchiv K 1, Beschluss des Kapitels (28. Januar 1851).
16 Vgl. Sammlung der Gesetze, Bd. 4 (1818), S. 287.
17 Vgl. StABS Gerichtsakten PP 1, Nr. 36, Erbe von Valentin Kunz, p. 1.
18 StABS Sanität E 16, Registratur-Bericht … (12. Juni 1804), Entwurf; Sammlung der Gesetze, Bd. 11 (1847), S. 486–488.
19 Koelner 1927, S. 72 f.; StABS Bestattung A 1, Dossier: Brief der Polizeikommission des Gemeinderats von Bern (20. Juni 1838).
20 Vgl. StABS Bestattung A 1, Brief des Stiftsschaffners (Battier) (29. August 1741).
21 Buser 1930, S. 58, 63 und 64.
22 Vgl. zum ganzen Abschnitt auch Bräuer 2008, S. 160–188.

Brotpreis und Währungsumrechnung nach Senn 2009, S. 22 und 66, sowie Noback 1877, S. 100 f.

Anhang

Autorinnen und Autoren

Kurt W. Alt
Institut für Anthropologie der Johannes Gutenberg-Universität Mainz

Lucas Burkart
Historisches Seminar der Universität Luzern

Stefanie Doppler
Institut für Anthropologie und Humangenetik der Ludwig-Maximilians Universität München

Laura Fasol
Historisches Seminar der Universität Luzern

Ursula Fink
Genealogisch-Heraldische Gesellschaft der Regio Basel

Angelo Gianola
Basel

Kaspar von Greyerz
Historisches Seminar der Universität Basel

Franziska Guyer
Historisches Seminar der Universität Basel

Diana Gysin
Genealogisch-Heraldische Gesellschaft der Regio Basel

Guido Helmig
Archäologische Bodenforschung Basel-Stadt

Rolf Hopf
Basel

Gerhard Hotz
Naturhistorisches Museum Basel

Hanns Walter Huppenbauer
Affoltern am Albis

Lukas Kofmehl
Zentrum für Zahnmedizin der Universität Basel

Simon Kramis
Institut für Prähistorische und Naturwissenschaftliche Archäologie der Universität Basel

Moritz Lehmann
Institut für Umweltgeowissenschaften der Universität Basel

Fabian Link
Historisches Seminar der Universität Basel

Liselotte Meyer
Naturhistorisches Museum Basel

Geneviève Perréard Lopreno
Laboratoire d'archéologie préhistorique et d'histoire des peuplements, Département d'anthropologie et d'écologie, Université de Genève

Alistair Pike
Departement of Archaeology and Anthropology, University of Bristol

Silvio Raciti
Historisches Seminar der Universität Bern

Christina Roth
Institut für Anthropologie der Johannes Gutenberg-Universität Mainz

Philipp Senn
Historisches Seminar der Universität Basel

Gyula Skultéty
Basel

Albert Spycher-Gautschi
Basel

Beat Stadler
Genealogisch-Heraldische Gesellschaft der Regio Basel

Christian Stegmüller
Archäologische Bodenforschung Basel-Stadt

Ursula Wittwer-Backofen
Institut für Humangenetik und Anthropologie der Albert-Ludwig-Universität Freiburg

Dominik Wunderlin
Museum der Kulturen Basel

Patricia Zihlmann-Märki
Historisches Seminar der Universität Bern

Marina Zulauf
Genealogisch-Heraldische Gesellschaft der Regio Basel

Am Projekt beteiligte Freiwillige

Ohne die engagierte Unterstützung durch die freiwilligen Mitarbeitenden hätte das Theo-Projekt nie so erfolgreich durchgeführt werden können. Die Ergebnisse ihrer zahllosen Recherchen und Datenerfassungen in den unterschiedlichen Archiven bildeten – zusammen mit den Erkenntnissen aus dem natur- und geisteswissenschaftlichen Bereich – die Grundlage für den Erfolg des Theo-Projekts und weitere Forschungen.

Margaretha Avis (Therwil)

Erich Bär (Meggen LU)

Werner Betz (Basel)

Roger Blatter (Bottmingen)

Susan Blatter (Bottmingen)

Hugo Brodbeck (Therwil)

Maritta Bromundt (St. Gallen)

Denise Cueni (Zwingen)

Katharina Matt Eder (Birsfelden)

Verena Fiebig (Frenkendorf)

Ursula Fink (Basel)

Hans Peter Frey (Basel)

Angelo Gianola (Basel)

Diana Gysin (Riehen)

Ingrid Hefti (Allschwil)

Ursula Hirter (Basel)

Annemarie Hitz (Basel)

Bernd Holtze (Weil am Rhein DE)

Rolf Hopf (Basel)

Vesna Horvat (Basel)

Hanns Walter Huppenbauer (Affoltern am Albis)

Hans B. Kälin (Allschwil)

Hiroko Känel (Rüfenacht BE)

Karim Kleb (Umiken AG)

Rosemarie Kuhn (Basel)

Catherine Leuzinger-Piccand (Winterthur)

Urs Leuzinger (Winterthur)

Paul Meier (Basel)

Victor Meier (Reinach)

Franziska Meili (Regensdorf)

Liselotte Meyer (Birsfelden)

Véronique Muller (Strasbourg)

Jörg Müller (Bern)

Urs Müller (Basel)

Lolita Nikolova (Salt Lake City, USA)

Jessica Pabst (Allschwil)

Cordula Portmann (Fribourg)

Gudrun Rubli (Murten)

Susi Schlaepfer (Binningen)

Ursula Siegrist (Jegenstorf BE)

Albert Spycher-Gautschi (Basel)

Rosemarie Spycher-Gautschi (Basel)

Beat Stadler (Basel)

Verena Thöni (Bern)

Edgar Uebelhart (Basel)

Joseph Uebelhart (Basel)

Helena Vogler (Bösingen FR)

Gisela Weiche (Bern)

Susanne Weyermann (Dornach)

Marina Zulauf (Pratteln)

Literatur

Aebi, Thomas/D'Aujourd'hui, Rolf / Etter, Hansueli F.: Ausgrabungen in der Alten Stadtgärtnerei, Elsässerstrasse 2a (St. Johanns-Park). In: D'Aujourd'hui, Rolf (Hg.): Jahresbericht der Archäologischen Bodenforschung des Kantons Basel-Stadt 1989. Basel 1991, S. 206–249.

Ambrose, Stanley H.: Isotopic analysis of paleodiets: Methodological and interpretative considerations. In: Sanford, Mary A.: Investigations of Ancient Human Tissue: Chemical Analysis in Anthropology. Berlin 1993, S. 59–129.

Ansorge, Jörg: Bestattungen mit Tabakspfeifen aus der Zeit des Dreissigjährigen Krieges in Vorpommern. In: Knasterkopf. Nr. 19, 2007, S. 11–15.

Armut, Krankheit, Tod im frühindustriellen Basel. Der Spitalfriedhof St. Johann in Basel. Funde und Befunde aus einer anthropologischen Ausgrabung. Veröffentlichungen aus dem Naturhistorischen Museum in Basel 25, Basel o.J. (ca. 1993).

Asal, Walter: Bürgerliches Waisenhaus Basel in der Kartause, 1669–1969. Neujahrsblatt der Gesellschaft für das Gute und Gemeinnützige 149, Basel 1971.

D'Aujourd'hui, Rolf: St. Theodor, eine Schlüsselstelle für die Geschichte Kleinbasels. In: Basler Stadtbuch 1985. Basel 1986, S. 201–210.

D'Aujourd'hui, Rolf/Bing, Christian: St. Theodor. Leitungsgrabungen vermitteln neue Aufschlüsse zur Geschichte Kleinbasels. In: Basler Zeitschrift für Geschichte und Altertumskunde. Nr. 86/2, 1986, S. 240–252.

Bachmann, Michael: Die Cholera in Basel 1831–1855. Unveröffentlichte Liz.-Arb. an der Universität Basel, 1989.

Barth, Paul: Die Pfarrkirche St. Theodor. In: Stückelberg, Ernst A.: Basler Kirchen. Bd. 1, Basel 1917.

Behar, Doron M. et al.: The Genographic Project public participation mitochondrial DNA database. In: Public Library of Science Genetics. Nr. 6, Bd. 3, 2007, S. 1083–1095.

Bergier, Jean-François: Die Wirtschaftsgeschichte der Schweiz. Von den Anfängen bis zur Gegenwart. Aus dem Franz. v. Trude Fein / Markus Hediger, 2. aktual. Aufl., Zürich 1990.

Berner, Hans et al.: Kleine Geschichte der Stadt Basel. Regionalgeschichte – fundiert und kompakt. Leinfelden-Echterdingen 2008.

Bischoff, Gottlieb (Hg.): Zwei Geschichten aus der Chronik von Jakob Christoph Pack. In: Basler Jahrbuch 1884. Basel 1884, S. 237–256.

Bonjour, Jean-Philippe et al.: Le pic de masse osseuse: réalités et incertitudes. Archives de pédiatrie. Heft 5, Jg. 2, 1995, S. 460–468.

Bräuer, Helmut: Zur Mentalität armer Leute in Obersachsen 1500 bis 1800. Essays. Leipzig 2008.

Bruckner, Albert: Aus der Geschichte des Basler Bürgerspitals. In: Das Basler Bürgerspital 1260–1946. Hg. von der Baukommission des Bürgerspitals, Basel 1946.

Brunner, Mirjam: Die bauliche Entwicklung der Stadt Basel. In: Salvisberg, André: Die Basler Strassennamen. Basel 1999, S. 31–65.

Bühler, Hans: Rund um ‹Café Spitz› und Vogel Gryff. In: Grieder, Fritz/Lötscher, Valentin/Portmann, Adolf (Hg.): Basler Stadtbuch 1968. Basel 1967, S. 205–226.

Burckhardt, August: Geschichte der Zunft zu Hausgenossen in Basel. Basel 1950.

Burckhardt, Paul: Geschichte der Stadt Basel. von der Zeit der Reformation bis zur Gegenwart. Basel 1942.

Burckhardt, Paul: Geschichte der Stadt Basel. von der Zeit der Reformation bis zur Gegenwart. Basel 1957.

Burckhardt-Finsler, Albert: Eine Kleinbasler Chronik des 18. Jahrhunderts. In Basler Jahrbuch 1907. Basel 1907.

Burckhardt-Werthemann, Daniel: Häuser und Gestalten aus Basels Vergangenheit. Basel 1925.

Bürgerspital Basel (Hg.): 700 Jahre Bürgerspital Basel 1265–1965. Basel 1965.

Burghartz, Susanna: Das ‹Ancien Régime›. In: Kreis, Georg / von Wartburg, Beat (Hg.): Basel. Geschichte einer städtischen Gesellschaft. Basel 2000, S. 116–147.

Bürgin, Jennifer: Die allgemeine Armenanstalt in Basel 1804 bis 1830. Auftakt zu einer neuen Form der institutionellen Sozialfürsorge. Unveröffentlichte Liz.-Arb. an der Universität Basel, 1988.

Buser, Hans: Basel in den Mediationsjahren. 82. Basler Neujahrsblatt, Basel 1904, besonders S. 39 ff.

Buser, Matthias: Ein Lehrerleben vor 100 Jahren. Aufzeichnungen des Basler Armenschullehrers Matthias Buser (1788–1848). Hg. von Wilhelm Kradolfer. In: Basler Jahrbuch 1930, Basel 1930, S. 48–112.

Buszello, Horst: Teuerung und Hungersnot am Ober- und Hochrhein im Spätmittelalter und in der Frühen Neuzeit (circa 1300–1800). In: Das Markgräflerland. Nr. 2, 2007 (Kriege, Krisen und Katastrophen am Oberrhein vom Mittelalter bis zur Frühen Neuzeit), S. 32–71.

Doppler, Stefanie: Alters-, Aktivitäts- und Krankheitsmerkmale in der menschlichen Knochenmikrostruktur: Eine vergleichende Studie einer individualaltersbekannten historischen Population mit rezenten Menschen. Diss. an der Fakultät für Biologie der Ludwig-Maximilians-Universität München, 2008.

Dross, Fritz: «Der Kranke allein ist arm.» Die Diskussion über den Zusammenhang von Krankheit und Armut um 1800. In: Vierteljahrschrift für Sozial- und Wirtschaftsgeschichte. Nr. 92, 2005/1, S. 1–15.

Dubler, Anne-Marie: Das Fruchtwesen der Stadt Basel von der Reformation bis 1700. Basel 1969.

Dubler, Anne-Marie: Artikel ‹Mass›. In: Historisches Lexikon der Schweiz (HLS), 2009. http://www.hls-dhs-dss.ch/textes/d/D22030.php, 15.03.2010.

Dubler, Anne-Marie/König, Mario: Artikel ‹Unterschichten›. In: Historisches Lexikon der Schweiz (HLS). URL: http://www.hls-dhs-dss.ch/textes/d/D15986.php., 16.10.2006.

Eppens, Hans: Baukultur im alten Basel. 5. Auflage, Basel 1965.

Etter, Hansueli et al.: Armut – Krankheit – Tod im frühindustriellen Basel. Der Spitalfriedhof St. Johann in Basel. Funde und Befunde aus einer anthropologischen Ausgrabung. Veröffentlichungen aus dem Naturhistorischen Museum in Basel Bd. 25. Basel 1993.

Fasol, Laura: Imaginationen einer städtischen Gesellschaft. Bilder von Kleinbasel um 1840. Unveröffentlichte MA.-Arb. an der Universität Luzern, 2010.

Fischer, Thomas: Städtische Armut und Armenfürsorge im 15. und 16. Jahrhundert. Sozialgeschichtliche Untersuchungen am Beispiel der Städte Basel, Freiburg i. Br. und Strassburg. Göttinger Beiträge zur Wirtschafts- und Sozialgeschichte 4, Diss., Göttingen 1979.

Flückiger, Erika: Artikel ‹Bettelwesen›, in: Historisches Lexikon der Schweiz (HLS). Bd. 2, Basel 2003, S. 358–359.

Frassetto, L.A. et al.: Estimation of net endogenous noncarbonic acid production in humans from diet potassium and protein contents. In: The American Journal of Clinical Nutrition. Nr. 68, 1998, S. 576–583.

Gantner, Theo: Mit Gunst und Erlaubnis. Ausstellungskatalog, Basel 1987, S. 113.

Gartmann, Christian: Seuchen und Seuchenmassnahmen in Baselstadt und Baselland in den Jahren 1784–1815. Diss., Basel / Chur 1930.

Geiger, Paul/Weiss, Richard: Atlas der schweizerischen Volkskunde. Kommentar. 1. Teil, 3. Lieferung. Basel 1953, S. 251–266.

Gerassimow, Michail Michailowitsch: Schädel erhalten ihr Antlitz zurück. Wissenschaft auf neuen Wegen. Gütersloh 1968.

Giger, Peter: Armutsauffassungen und Armutsbekämpfung in Basel nach 1770. Liz.-Arb., Basel 1981.

Gilomen, Hans-Jörg: Eine neue Wahrnehmung arbeitsloser Armut in der spätmittelalterlichen Eidgenossenschaft. In: Traverse. Nr. 2, 1996, S. 117–129.

Gnädinger, Beat: Stadtwachstum und Totenruhe. Der Horburg-Gottesacker. Ein peripherer Stadtfriedhof um die Jahrhundertwende. Unveröffentlichte Liz.-Arb., Basel 1991.

Grüner, Oskar: Identification of Skulls. A Historical Review and Practical Applications. In: Isçan, Mehmet Yaşar/Helmer, Richard P. (Hg.): Forensic Analysis of the skull: craniofacial analysis, reconstruction and identification. New York 1993, S. 29–45.

Grupe, Gisela et al.: Anthropologie. Ein einführendes Lehrbuch. Berlin / Heidelberg 2005.

Gschwind, Franz: Bevölkerungsentwicklung und Wirtschaftsstruktur der Landschaft Basel im 18. Jahrhundert. Ein historisch-demographischer Beitrag zur Sozial- und Wirtschaftsgeschichte mit besonderer Berücksichtigung der langfristigen Bevölkerungsentwicklung von Stadt (seit 1100) und Landschaft (seit 1500) Basel. Quellen und Forschungen zur Geschichte und Landeskunde des Kantons Baselland 15, Liestal 1977.

Guyer, Franziska: «Geschickteste Handelsmänner» und «arme elende Menschen». Lebensverhältnisse in der Kleinbasler Ober- und Unterschicht (1770–1817). Unveröffentlichte Liz.-Arb. an der Univeristät Basel, 2009.

Gysin-Scholer, Christa: Krank, allein, entblösst. «Drückende Armut» und «äusserste Not» im Baselbiet des 19. Jahrhunderts. Quellen und Forschungen zur Geschichte und Landeskunde des Kantons Basel-Landschaft 62, Liestal 1997.

Haak, Wolfgang et al.: Ancient DNA from the first European farmers in 7500-year-old Neolithic sites. In: Science. Nr. 310, 2005, S. 1016–1018.

Haak, Wolfgang: Ancient DNA, Strontium isotopes and osteological analyses shed light on social and kinship organization of the Later Stone Age. Proceedings of the National Academy of Sciences. Nr. 105 (46), 2008, S. 18226–18231.

Handler, Jerome S. / Corrucchini, Robert S.: Plantation Slave Life in Barbados. A Physical Anthropological Analysis. In: Journal of Interdisciplinary History. Nr. 14 (1), 1983, S. 65–90.

Hatje, Frank: Kommunalisierung und Kommunalismus. Frühneuzeitliche Armenfürsorge als ‹Politikum›. In: Gilomen, Hans-Jörg / Guex, Sébastien (Hg.): Von der Barmherzigkeit zur Sozialversicherung. Umbrüche und Kontinuitäten vom Spätmittelalter bis zum 20. Jahrhundert. Schweizerische Gesellschaft für Wirtschafts- und Sozialgeschichte 18, Zürich 2002, S. 73–90.

Head-König, Anne-Lise: Artikel ‹Frauenerwerbsarbeit›. In: Historisches Lexikon der Schweiz (HLS). Bd. 4, Basel 2005, S. 696–698.

Heitz, Ernst: Das wohlthaetige und gemeinnuetzige Basel. Teil 2: Die Kranken-Anstalten. Basel 1874.

Hippel, Wolfgang von: Armut, Unterschichten, Randgruppen in der Frühen Neuzeit. Enzyklopädie Deutscher Geschichte 34, München 1995.

Hoch, Theodor: Das Bürgerspital zu Basel, 1842–1892. Herausgegeben im Auftrag des Pflegamtes von Basel, Basel 1892.

Hoffmann, U. / Tató, F.: Generalisierte und lokalisierte Ödeme. In: Siegenthaler Walter: Siegenthalers Differentialdiagnose. Innere Krankheiten – vom Symptom zur Diagnose. Stuttgart 2005, S. 384–395.

Hofreiter, Michael: Spurensuche in alter DNA. In: Biologie in unserer Zeit. Nr. 39, 2009, S. 176–184.

Holstein, Dieter: Die bronzezeitlichen Funde aus dem Kanton Basel-Stadt. Materialhefte zur Archäologie in Basel Bd. 7, Basel 1991.

Hummel, Susanne: Ancient DNA Typing. Methods, Strategies and Applications. Berlin 2003.

Hunecke, Volker: Überlegungen zur Geschichte der Armut im vorindustriellen Europa. In: Geschichte und Gesellschaft. Nr. 9, 1983, S. 480–512.

Jobling, Mark A./Hurles, Mathew E./Tyler-Smith, Chris: Human Evolutionary Genetics. Origins, Peoples and Disease. New York 2004.

Jütte, Robert: Stigma-Symbole. Kleidung als identitätsstiftendes Merkmal bei spätmittelalterlichen und frühneuzeitlichen Randgruppen (Juden, Dirnen, Aussätzige, Bettler). In: Saeculum. Nr. 44, 1993/1, S. 65–89.

Jütte, Robert: Arme, Bettler, Beutelschneider. Eine Sozialgeschichte der Armut in der Frühen Neuzeit. Aus dem Engl. von Rainer von Savigny, Weimar 2000.

Die Kirchen, Klöster und Kapellen Bd. 3. Die Kunstdenkmäler des Kantons Basel-Stadt Bd. 5, Die Kunstdenkmäler der Schweiz. Basel 1966.

Knippers, Corinne: Die Strontiumisotopenanalyse: Eine naturwissenschaftliche Methode zur Erfassung von Mobilität in der Ur- und Frühgeschichte. Jahrbuch des Römisch-Germanischen Zentralmuseums Mainz, 51. Jg, Teil 2, Mainz 2005.

Knuchel, Fritz: Die Umzüge der Klein-Basler Ehrenzeichen. Ihr Ursprung und ihre Bedeutung. Basel 1914.

Knüsel, C.J.: Bone adaptation and its relationship to physical activity in the past. In: Cox, Margaret / Mays, Simon (Hg.): Human osteology in archaeology and forensic science. London 2000, S. 381–401.

Koellreuter, Isabel / Unternährer, Nathalie: Brot und Stadt. Bäckerhandwerk und Brotkonsum in Basel vom Mittelalter bis zur Gegenwart. Basel 2006.

Koelner, Paul: Basel und der Tabak. In: Basler Jahrbuch 1920. Basel 1920, S. 253–277.

Koelner, Paul: Basler Friedhöfe. Basel 1927.

Koelner, Paul: Anno Dazumal. Basel 1929.

Koelner, Paul: Die Safranzunft zu Basel. Basel 1935.

Koelner, Paul: Basler Zunftherrlichkeit. Ein Bilderbuch der Zünfte und Gesellschaften. Basel 1942.

Kofmehl, Lukas M. et al.: Quantification of tooth abrasion, Proceedings of SPIE 7804. Akzeptiert zur Publikation, in Vorbereitung.

König, Gudrun M.: Eine Kulturgeschichte des Spazierganges. Spuren einer bürgerlichen Praktik 1780–1850. Wien 1996.

Koslowski, Stefan: Stadttheater contra Schaubuden. Zur Basler Theatergeschichte des 19. Jahrhunderts. Zürich 1998.

Kreis, Georg / von Wartburg, Beat (Hg.): Basel. Geschichte einer städtischen Gesellschaft. Basel 2000.

Krünitz, Johann Georg (Hg.): Oekonomisch-technologische Encyklopädie oder allgemeines System der Staats- Stadt- Haus- und Land-Wirthschaft, und der Kunstgeschichte. 242 Bde., Berlin 1773 ff.

Kügler, Martin: Handel mit Westerwälder Tonpfeifen nach Süddeutschland, Frankreich, der Schweiz und Norditalien zu Beginn des 19. Jahrhunderts. In: Knasterkopf. Bd. 8, 1996, S. 61–79.

Kümin, Beat: Drinking Matters. Public Houses and Social Exchange in Early Modern Central Europe. Basingstoke 2007.

Kutter, Markus: Die Schweiz von vorgestern. Vom Wiener Kongress bis zu den kantonalen Revolutionen (1814–1830). Der modernen Schweiz entgegen 3, Basel 1997.

Kvaal, Sigrid I. / Derry, T.K.: Tell-tale teeth: abrasion from the traditional clay pipe. In: Endeavour. Nr. 20 (1), 1996, S. 28–30.

Landolt, Niklaus: Untertanenrevolten und Widerstand auf der Basler Landschaft im 16. und 17. Jahrhundert. Quellen und Forschungen zur Geschichte und Landeskunde des Kantons Basel-Landschaft 56, Liestal 1996.

Lauber, Fritz: Die bauliche Gestaltung des oberen Kleinbasler Brückenkopfes. In: Lauber, Fritz / Wanner, Gustav Adolf: Rund ums Café Spitz. Vom alten Kleinbasler Richthaus zum Hotel Merian am Rhein. Basel 1972, S. 39–115.

Lazenby, R.A.: Skeletal biology, functional asymmetry and the origins of ‹handedness›. In: Journal of Theoretical Biology. Nr. 218, 2002, S. 129–138.

Löw, Daniel: Vogel Gryff. E jedes Joor im Jänner. Basel 2004.

Lutz, Thomas: Die Altstadt von Kleinbasel. Profanbauten. Die Kunstdenkmäler des Kantons Basel-Stadt Bd. 6, Die Kunstdenkmäler der Schweiz Bd. 103, Bern 2004.

Maentel, Thorsten: Zwischen weltbürgerlicher Aufklärung und stadtbürgerlicher Emanzipation. Bürgerliche Geselligkeitskultur um 1800. In: Hein, Dieter / Schulz, Andreas (Hg.): Bürgerkultur im 19. Jahrhundert. Bildung, Kunst und Lebenswelt. München 1996, S. 140–154.

Marcus, R.: Clinical Review 76: The Nature of Osteoporosis. In: Journal of Clinical Endocrinology and Metabolism. Nr. 81(1), 1996, S. 1–5.

Mattmüller, Markus: Die Hungerjahre 1770–1772 in Basel. Eine sozialgeschichtliche Studie. Basel 1971.

Mauersberg, Hans: Wirtschafts- und Sozialgeschichte zentraleuropäischer Städte in neuerer Zeit. Dargestellt an den Beispielen von Basel, Frankfurt a.M., Hamburg, Hannover und München. Göttingen 1960.

Meier, Eugen A.: Badefreuden im Alten Basel samt einer Beschreibung der historischen Gesundbrunnen im Baselbiet und im Leimental. Basel 1982.

Meyer, Werner: Der Zusammenschluss von Gross- und Kleinbasel im Spätmittelalter. In: Meles, Brigitte / von Wartburg, Beat (Hg.): Leben in Kleinbasel 1392, 1892, 1992. Das Buch zum Jubiläum ‹600 Joor Glai- und Groossbasel zämme›. Basel 1992, S. 12–36.

Meyer-Merian, Theodor: Die Armenherberge in Basel. o.O. o.J.

Morgenthaler, Felix: Von Medici und Chirurgi, Zahnärzte, Ocultisten, Quacksalber und Andreas Hess: Heilberufe in Basel im zweiten Drittel des 19. Jahrhunderts. Unveröffentlichte Liz.-Arb. an der Universität Basel, 1987.

Mosimann, Walter/Graf, Ernst: Die Basler Rheinbrücken. Ihre Geschichte und Bauweise. Basel 1962.

Noback, Friedrich: Münz-, Maass- und Gewichtsbuch. Das Geld-, Maass- und Gewichtswesen, die Wechsel- und Geldkurse, das Wechselrecht und die Usanzen. 2. überarb. Aufl., Leipzig 1877.

Ochs, Peter: Geschichte der Stadt und Landschaft Basel. Bd. 7, Basel 1821.

Opitz, Claudia: Von der Aufklärung zur Kantonstrennung. In: Kreis, Georg / von Wartburg, Beat (Hg.): Basel. Geschichte einer städtischen Gesellschaft. Basel 2000, S. 150–185.

Pearson, O.M., Lieberman D.E.: The aging of Wolff's ‹law›: ontogeny and responses to mechanical loading in cortical bone. In: Yearbook of Physical Anthropology. Nr. 47, 2004, S. 63–99.

Perreard Lopreno, Geneviève: Adaptation structurelle des os du membre supérieur et de la clavicule à l'activité: analyse de l'asymétrie des propriétés géométriques de sections transverses et de mesures linéaires dans une population identifiée (collection SIMON). Unveröffentlichte Diss. am Département d'anthropologie et d'écologie der Universität Genf, 2007.

Pfister, Christian: Das Klima der Schweiz von 1525–1860 und seine Bedeutung in der Geschichte von Bevölkerung und Landwirtschaft. Bern 1984.

Prag, John/Neave, Richard: Making faces. Using forensic and archaeological evidence. London 1999.

Raciti, Silvio: Männlichkeit, Geselligkeit und Widersetzlichkeit. Gewaltdelinquenz in der Stadt der ersten Hälfte des 19. Jahrhunderts. Das Beispiel Basel. Liz.-Arb. am Historischen Institut der Universität Bern, 2006.

Ramseyer, Adolf: Basels Polizei im Laufe der Zeiten. Basel 1955.

Raymond, M./Pontier D.: Is there geographical variation in human handedness? In: Laterality. Nr. 1, Jg. 9, 2004, S. 207–213.

Respinger, H.B.: Contribution à l'étude de l'usure dentaire. In: Journal international d'Anatomie et de Physiologie. Nr. 12, 1895, S. 1–109.

Richards, Martin et al.: Tracing european founder lineages in the near eastern mtDNA pool. In: The American Journal of Human Genetics. Nr. 67, 2000, S. 1251–1276.

Rödel, Walter: Die demographische Entwicklung in Deutschland 1770–1820. In: Berding, Helmut (Hg.): Deutschland und Frankreich im Zeitalter der Französischen Revolution. Frankfurt a.M. 1989.

Rossel, Raymond: Beschäftigte im Gesundheitswesen. Fakten und Trends auf der Basis der Betriebszählungen von 1995 bis 2005. Herausgegeben vom Eidgenössischen Departement des Innern EDI. Bundesamt für Statistik, Neuchâtel 2007.

Rosset, Antoine et al.: An open-source software for navigating in multidimensional DICOM images. Journal of Digital Imaging. Nr. 3, Jg. 17, 2004, S. 205–216.

Ruff, Christopher B.: Mechanical determinants of bone form: insights from skeletal remains. Journal of Musculoskeletal & Neuronal Interactions. Nr. 3, Jg. 5, 2005, S. 202–212.

Ruff, Christopher B. / Holt, Brigtte M. / Trinkaus, Erik: Who's afraid of the big bad wolff: ‹Wolff's law› and bone functional adaptation. In: American Journal of Physical Anthropology. Nr. 129, 2006, S. 484–498.

Sachsse, Christoph / Tennstedt, Florian: Geschichte der Armenfürsorge in Deutschland. Vom Spätmittelalter bis zum 1. Weltkrieg. Stuttgart u.a. 1980.

Sammlung der Gesetze und Beschlüsse wie auch der Polizei-Verordnungen des Kantons Basel. Mehrere Bände, Basel o.J.

Schaffner, Martin: Die Basler Arbeiterbevölkerung im 19. Jahrhundert. Beiträge zur Geschichte ihrer Lebensformen. Basler Beiträge zur Geschichtswissenschaft 123, Basel / Stuttgart 1972.

Schlumberger-Vischer, Emilie: Der Reichensteiner Hof zur Zeit der Alliierten 1813–1815. Basel 1901.

Schmaedecke, Michael (Hg.): Tonpfeifen in der Schweiz. Archäologie und Museum Band 40, Liestal 1998.

Schoeninger, Margaret J. / DeNiro, Michael J. / Tauber, Henrik: Stable nitrogen isotope ratios of bone collagen reflect marine and terrestrial components of prehistoric human diet. In: Science. Band 220, Heft 4604, 1983, S. 1381–1383.

Schultz, Michael: Palaeohistopathology of bone: a new approach to the study of ancient diseases. In: Yearbook of Physical Anthropology. Nr. 44, 2001, S. 106–147.

Schulz, Knut: Handwerksgesellen und Lohnarbeiter. Sigmaringen 1985.

Schwarcz, Henry P. / Schoeninger, Margaret J.: Stable isotope analyses in human nutritional ecology. In: Yearbook of Physical Anthropology. Nr. 34, 1991, S. 283–321.

Senn, Philippe: «Ein jeder schmachtet unter gleichem druk». Die Welt des Klein- und Grossbasler Gewerbes 1770–1830. Unveröffentlichte Liz.-Arb. an der Universität Basel, 2009, S. 1–108.

Simon, Christian: «Wollt ihr euch der Sklaverei kein Ende machen?» Der Streik der Basler Indiennearbeiter im Jahre 1794. Allschwil 1983.

Simon, Christian: Die Basler Revolution 1798. In: Museum der Kulturen Basel et al. (Hg.): Basel 1798. Vive la République Helvétique. Basel 1998, S. 13–60.

Simon-Muscheid, Katharina: Randgruppen, Bürgerschaft und Obrigkeit. Der Basler Kohlenberg, 14.–16. Jahrhundert. In: Burghartz, Susanna et al. (Hg.): Spannungen und Widersprüche. Gedenkschrift für František Graus. Sigmaringen 1992, S. 203–225.

Simon-Muscheid, Katharina: «Und ob sie schon einen Dienst finden, so sind sie nit bekleidet dernoch.» Die Kleidung städtischer Unterschichten zwischen Projektionen und Realität im Spätmittelalter und in der frühen Neuzeit. In: Saeculum. Nr. 44, 1993/1, S. 47–64.

Simon-Muscheid, Katharina: Die Dinge im Schnittpunkt sozialer Beziehungsnetze. Reden und Objekte im Alltag (Oberrhein, 14. bis 16. Jahrhundert). Veröffentlichungen des Max-Planck-Instituts für Geschichte 193, Göttingen 2004.

Singh, Rajendra: Epidemic Dropsy in the Eastern Region of Nepal. In: Journal of Tropical Pediatrics. Nr. 45, 1999, S. 8–13.

Staehelin, Dieter: St. Theodor. Aus der Geschichte einer Basler Kirchgemeinde. Basler Schriften Bd. 30, Basel 1991.

Tanner, Albert: Artikel ‹Eliten›. In: Historisches Lexikon der Schweiz (HLS). Bd. 4, Basel 2005, S. 175–178.

Teuteberg, René: Basler Geschichte. Basel 1986.

Thompson, Edward P.: Time, Work-Discipline, and Industrial Capitalism. In: Past & Present. Heft 1, Jg. 38, 1967, S. 56–97.

Trevisan, Luca: Das Wohnungselend der Basler Arbeiterbevölkerung in der zweiten Hälfte des 19. Jahrhunderts. Neujahrsblatt der Gesellschaft für das Gute und Gemeinnützige 168, Basel 1989.

Tschui, Susanna: «Ellende Lüte» und «halsstarrige Bettler». Die Basler Elendenherberge und ihre Gäste im 18. Jahrhundert. Liz.-Arb., Basel 2003.

Turner, Graham / Anderson, Trevor: Marked Occupational Dental Abrasion from Mediaval Kent. In: International Journal of Osteoarchaeology. Nr. 13, 2003, S. 168–172.

Tütken, Thomas et al.: Einheimisch oder fremd? Isotopenanalyse eines Frauenskelettes des 9. Jahrhunderts n.Chr. aus Elsau, Kanton Zürich. In: Anthropologischer Anzeiger. Jg. 66/1, Stuttgart 2008.

Ullrich, Herbert: Schädel-Schicksale historischer Persönlichkeiten. München 2004.

Urkundenbuch der Stadt Basel (BUB). 11 Bde., Basel 1890–1910.

Vettiger, Margarete: Die agrare Preispolitik des Kantons Basel im 18. Jahrhundert. Staatswissenschaftliche Studien 8, Diss., Weinfelden 1941.

Wackernagel, Rudolf: Beiträge zur geschichtlichen Topographie von Klein-Basel. In: Historisches Festbuch zur Basler Vereinigungsfeier 1892. Basel 1892, S. 221–335.

Wanner, Gustaf Adolf: Aus den ersten sechs Jahrhunderten unseres Bürgerspitals. In: 700 Jahre Bürgerspital Basel. Basel 1965.

Wanner, Gustaf Adolf: Zünftiges Handwerk im alten Basel. Aus der Geschichte der Zünfte zu Schmieden, zu Schuhmachern und Gerbern, zu Schneidern und Kürschnern. In: Basler Staatskalender 1970. Basel 1970, S. 7–22.

Wanner, Gustaf Adolf: Auf den Spuren baslerischer Zunftgeschichte. Aus der Vergangenheit der Zünfte zu Gartnern, zu Metzgern, zu Spinnwettern, zum Goldenen Stern und zum Himmel. In: Basler Staatskalender 1971. Basel 1971, S. 7–22.

Wanner, Gustav Adolf: Vom Richthaus zum Café Spitz. In: Wanner, Gustav Adolf / Lauber, Fritz: Rund ums Café Spitz. Vom alten Kleinbasler Richthaus zum Hotel Merian am Rhein. Basel 1972, S. 9–37.

Wernle, Paul: Der schweizerische Protestantismus im 18. Jahrhundert. Bd. 1: Das reformierte Staatskirchtum und seine Ausläufer (Pietismus und vernünftige Orthodoxie). Tübingen 1923.

Wunderlin, Dominik: Helvetische Rauchzeichen. In: Ahrndt, Wiebke: Starker Tobak. Ein Wunderkraut erobert die Welt. Basel 2000.

Wunderlin, Dominik: Die Region Basel im blauen Dunst. Beitrag zu einer Regionalgeschichte des Genusses. In: Baselbieter Heimatblätter. Jg. 65, 2000, S. 16–37.

Zihlmann-Märki, Patricia: «Gott gebe das wir das Liebe Engelein mit Freüden wieder sehen Mögen». Vom Umgang mit dem Tod in Basel, 1750–1850. Erscheint September/Oktober 2010.

Abbildungsnachweis

U1 Samuel Oppliger, Basel

8 Naturhistorisches Museum Basel, NMB-4656, Foto: Daniel Spehr, Basel

12 Naturhistorisches Museum Basel, NMB-4656, Foto: Daniel Spehr, Basel

16 Naturhistorisches Museum Basel, NMB-4656, Foto, Daniel Spehr, Basel

17 Naturhistorisches Museum Basel, NMB-4656, Foto: Daniel Spehr, Basel

18 Naturhistorisches Museum Basel, NMB-4656, Foto: Gerhard Hotz, Basel

20 Basler Stab, Scan: Gerhard Hotz

21 Staatsarchiv Basel-Stadt, Bauacten JJ 52, Scan: Franco Meneghetti

22 Donation der Zeichnungen, 4. Klasse Surbaumschulhaus Reinach, 2008; Naturhistorisches Museum Basel

24 Archäologische Bodenforschung Basel-Stadt, Theodorskirchplatz (A), 1984/33, Sektor III.
Ausschnitt aus GP 51, Scan: Guido Helmig

26 Naturhistorisches Museum Basel, NMB-4656, Foto: Dominik Labhardt, Basel

28 Archäologische Bodenforschung Basel-Stadt

30 Archäologische Bodenforschung Basel-Stadt, StABS Planarchiv K 1, 3, Umzeichnung: Christian Stegmüller

31 Archäologische Bodenforschung Basel-Stadt, Umzeichnung: Christian Stegmüller

32 Archäologische Bodenforschung Basel-Stadt, Zeichnung: Christian Stegmüller

32 Naturhistorisches Museum Basel, STJ-0092, Foto: Daniel Spehr, Basel

33 Archäologische Bodenforschung Basel-Stadt, Theodorskirchplatz (A), 1984/33, Sektor III. Foto: Grab 19

34 Privatbesitz, Abbildung in Eugen A. Meier, Aus dem alten Basel, Birkhäuser Verlag 1970, Seite 33.
Bildrechte beim Verlag anfragen.

36 Abbildung nach Vesals «De humani corporis fabrica libri septem». Johannes Oporin 1543, Basileae

37 Naturhistorisches Museum Basel, NMB-4656, Foto: Daniel Spehr, Basel

40 Naturhistorisches Museum Basel, STJ-0092, Foto: Daniel Spehr, Basel

42 Naturhistorisches Museum Basel, NMB-4656, Foto: Ursula Wittwer-Backofen, Freiburg

43 Naturhistorisches Museum Basel, NMB-4656, Foto: Ursula Wittwer-Backofen, Freiburg

44 Institut für Anthropologie und Humangenetik, Universität München, Vergleichssammlung,
Foto: Stefanie Doppler

45 Institut für Anthropologie und Humangenetik, Universität München, Vergleichssammlung,
Foto: Stefanie Doppler

46 Naturhistorisches Museum Basel, STJ, Foto: Stefanie Doppler

47 oben: Naturhistorisches Museum Basel, NMB-4656, Foto: Stefanie Doppler

47 unten: Naturhistorisches Museum Basel, NMB-4656, Foto: Stefanie Doppler

48 Naturhistorisches Museum Basel, Foto: Daniel Spehr, Basel

48 Institut für Umweltgeowissenschaften, Universität Basel, Grafik: Moritz Lehmann

49 Institut für Umweltgeowissenschaften, Universität Basel, Grafik: Moritz Lehmann

51 a+ caruso kaeppeli GmbH, Basel

52 Département d'anthropologie et d'écologie, Université de Genève, Grafik: Geneviève Perreard Lopreno

53 Département d'anthropologie et d'écologie, Université de Genève, Grafik: Geneviève Perreard Lopreno

54 Département d'anthropologie et d'écologie, Université de Genève, Grafik: Geneviève Perreard Lopreno

55 Département d'anthropologie et d'écologie, Université de Genève, Grafik: Geneviève Perreard Lopreno

56 Département d'anthropologie et d'écologie, Université de Genève, Grafik: Geneviève Perreard Lopreno

57 Département d'anthropologie et d'écologie, Université de Genève, Grafik: Geneviève Perreard Lopreno

58 Museum der Kulturen Basel, Pfeife oben: Inv. Nr. VI 1581, Tabakpfeife, gefunden beim Abbruch des
Kieferschen Ladens an der Freien Strasse Basel, Januar 1907. Pfeife unten: Inv. Nr. VI 159, Tabakpfeife,
aus dem Schweizer Jura stammend (Courrendlin); Foto: Daniel Spehr, Basel

59 Naturhistorisches Museum Basel, NMB-4656, Foto: Simon Kramis

60 Naturhistorisches Museum Basel, NMB-4656, Daniel Mathys, Zentrum für Mikroskopie Basel

61 Naturhistorisches Museum Basel, NMB-4656, Grafik: Lukas Kofmehl, Basel

62 Naturhistorisches Museum Basel, NMB-4656, Grafik: **Lukas Kofmehl**, Basel

63 **a+ caruso kaeppeli GmbH**, Basel

65 **Naturhistorisches Museum Basel**, Grafik: **Gerhard Hotz**

66 **a+ caruso kaeppeli GmbH**, Basel

68 **Naturhistorisches Museum Basel**, Foto: **Daniel Spehr**, Basel

69 **a+ caruso kaeppeli GmbH**, Basel

70 links: **Naturhistorisches Museum Basel**, NMB-7251, Foto: **Daniel Spehr**, Basel

70 rechts: **Naturhistorisches Museum Basel**, NMB-7250, Foto: **Daniel Spehr**, Basel

71 **Naturhistorisches Museum Basel**, NMB-7250, Foto: **Daniel Spehr**, Basel

72 links: **Naturhistorisches Museum Basel**, NMB-7253, Foto: **Daniel Spehr**, Basel

72 rechts: **Naturhistorisches Museum Basel**, NMB-7254, Foto: **Daniel Spehr**, Basel

73 **Naturhistorisches Museum Basel**, NMB-7255, Foto: **Daniel Spehr**, Basel

76 **Staatsarchiv Basel-Stadt**, Foto: **Daniel Spehr**, Basel

78 oben: **Staatsarchiv Basel-Stadt**, Kirchenarchiv CC 16, 1. Eintrag vom 5.10.1779, Scan: **Franco Meneghetti**

78 unten: **Archäologische Bodenforschung Basel-Stadt**

79 **Naturhistorisches Museum Basel**, NMB-2649, Foto: **Gerhard Hotz**

83 **Staatsarchiv Basel-Stadt**, Kirchenbücher St. Theodor Taufen CC 11, 5 fol. 79, Scan: **Franco Meneghetti**

84 **Staatsarchiv Basel-Landschaft**, STABL, E 9.1.17.38, Familienregister Bubendorf 38 (1829–1893), Seite 9.
Scan: **Felix Gysin**

87 **Naturhistorisches Museum Basel**, NMB-4656, Foto: **Daniel Spehr**, Basel

89 **Stammbaum**, Beat Stadler, Basel

90 **Historisches Museum Basel**, Rasiermesser mit Elfenbeingriff, zw. 1780 u. 1800. Inv. Nr. 1892.81.
Foto: **A. Seiler**

92 **Staatsarchiv Basel-Stadt**, Ztg 23, 1816, Scan: **Franco Meneghetti**

93 **Staatsarchiv Basel-Stadt**, BILD Wack. C 40, Scan: **Franco Meneghetti**

94 **Stammbaum**, Beat Stadler, Basel

95 **Staatsarchiv Basel-Stadt**, BILD 18, 210

96 **Staatsarchiv Basel-Stadt**, Kirchenarchiv CC 11, 5 fol. 269, Scan: **Franco Meneghetti**

97 **Staatsarchiv Basel-Stadt**, Kirchenarchiv CC 11, 4 fol. 556, Scan: **Franco Meneghetti**

98 **Stammbaum**, Beat Stadler, Basel

100 **Fotoarchiv Felix Hoffmann Basel**, Archiv Nr. ABB 47. Aufnahme vom 30. April 1908,
Foto: **Carl Hoffmann**

101 **Staatsarchiv Basel-Stadt**, DS BS 2 1818, Seite 115, Scan: **Franco Meneghetti**

102 **Staatsarchiv Basel-Landschaft**, E 9.1.80.20, Waldenburg-St. Peter 20, Familienregister Oberdorf (1859–1883),
Scan: **Felix Gysin**

104 **Kunstmuseum Basel, Kupferstichkabinett**, Baslerische Physiognomien. Öl auf Halbkarton, Hieronymus Hess,
undatiert. 14.9 x 15.9 cm, Inv. 1913.164 (Ausschnitt), Foto: **Martin P. Bühler**

106 **Schweizerisches Nationalmuseum, Zürich**, Umrissradierung. Ortsansicht Basel. Christian von Mechel. Basel.
Um 1795. Foto Nr. DIG-9132. Inv. Nr. LM-64607.

108 **Schweizerisches Nationalmuseum**, Umrissradierung. Militärportät Heinrich Fuhrer.
Franz Feyerabend. Basel. 1792. Foto Nr. DIG-9131. Inv. Nr. LM-40799.

109 **Universitätsbibliothek Bern**, Sammlung Ryhiner, Ryh 8608: 55

110 **Schweizerisches Nationalmuseum**, Umrissradierung, koloriert, Freiheitsbaum auf dem
Münsterplatz in Basel, 1798. Foto Nr. DIG-2226. Inv. Nr. LM-44587.

111 Abbildung in Helmut Meyer, **Die Schweiz und ihre Geschichte, Interkantonale Lehrmittelzentrale**,
Lehrmittelverlag des Kantons Zürich, 1998. Bildrechte beim Verlag anfragen.

112 **Staatsarchiv Basel-Stadt**, NEG 01673 b

113 **Historisches Seminar, Universität Basel**, Grafik: **Philipp Senn**

114 **Staatsarchiv Basel-Stadt**, BILD Schn. 235, Scan: **Franco Meneghetti**

116 **Staatsarchiv Basel-Stadt**, NEG 03324 b

117 **Staatsarchiv Basel-Stadt**, BILD 4, 2, Scan: **Franco Meneghetti**

118 **Universitätsbibliothek Basel**, Magazin, JP 446: Christoph Weigel, Abbildung und Beschreibung der gemeinnützlichen Hauptstände, Regensburg 1698.

120 **Staatsarchiv Basel-Stadt**, BILD Falk Fa 2, 8, Scan: **Franco Meneghetti**

122 **Privatbesitz**, Scan: **Gregorio Caruso**

124 **Universitätsbibliothek Basel**, Magazin, JP 446: Christoph Weigel, Abbildung und Beschreibung der gemeinnützlichen Hauptstände, Regensburg 1698.

125 **Universitätsbibliothek Basel**, Magazin, JP 446: Christoph Weigel, Abbildung und Beschreibung der gemeinnützlichen Hauptstände, Regensburg 1698.

127 **Universitätsbibliothek Basel**, Magazin, JP 446: Christoph Weigel, Abbildung und Beschreibung der gemeinnützlichen Hauptstände, Regensburg 1698.

129 **Universitätsbibliothek Basel**, Magazin, JP 446: Christoph Weigel, Abbildung und Beschreibung der gemeinnützlichen Hauptstände, Regensburg 1698.

132 **Privatbesitz**, Herr Albert Spycher-Gautschi, Basel

134 **Staatsarchiv Basel-Stadt**, Handel und Gewerbe Y 3, Scan: **Franco Meneghetti**

135 **Universitätsbibliothek Basel**, Magazin, JP 446: Christoph Weigel, Abbildung und Beschreibung der gemeinnützlichen Hauptstände, Regensburg 1698.

137 **Privatbesitz**, Herr Albert Spycher-Gautschi, Basel

140 Abbildung in Georg Kreis und Beat von Wartburg, **Basel** – Geschichte einer städtischen Gesellschaft. Christoph Merian Verlag Basel 2000, S. 119. Aus einem Strassburger Trachtenbuch von 1680. Bildrechte beim Verlag anfragen.

145 **Staatsarchiv Basel-Stadt**, BILD Visch. C 65 b, Scan: **Franco Meneghetti**

147 **Staatsarchiv Basel-Stadt**, BILD Schn. 227 b, Scan: **Franco Meneghetti**

148 **Kunstmuseum Bern**, Inv. Nr. A 3783

150 Abbildung in Eugen A. Meier, **Badefreuden im Alten Basel**, EAM-Verlag Basel 1982, S.45 publiziert. Bildrechte beim Verlag anfragen.

152 **Historisches Museum Basel** ‹Holzschild der Gerber›, Liestal um 1820, Ölfarbe auf Holz. Foto Nr. C1924, Inv. Nr. 1900.162. Foto: **M. Babey**

154 Illustration von Benjamin Zix aus der 5. Auflage der ‹**Allemannischen Gedichte**›. Aarau 1820.

156 **Historisches Museum Basel**, Stammbuch des Basler Tuchhändlers Hans Rudolph II Menzinger, 1620 und später. Deckfarben auf Papier. Foto Nr. C7438, Inv. Nr. 1998.103. Foto: **P. Portner**

157 **Staatsarchiv Basel-Stadt**, Bibl. Bf 1, Mandat vom 30. Mai 1660, Scan: **Franco Meneghetti**

159 **Staatsarchiv Basel-Stadt**, PA Oser 632, D4, Scan: **Franco Meneghetti**

160 **Kunstmuseum Basel, Kupferstichkabinett**, Bobbi Pflumius, Zeitung lesend. Reproduktions-Kreidelithographie von Nikolaus Weiss. 23.8 x 25.8 cm, Inv. 1914.100

162 **Universitätsbibliothek Basel**, Handschriftenabteilung, VB Mscr A 10a

164 **Kunstmuseum Basel, Kupferstichkabinett**, Die alte Rheinbrücke in Basel von der Kleinbasler Seite, 1838. Aquarell von Johann Jakob Neustück. Bild: 33.7 x 48.4 cm, Blatt: 40.2 x 53.2 cm, Inv. Z 57. Foto: **Martin P. Bühler**

166 **Historisches Museum Basel**, Blick auf die Mittlere Rheinbrücke mit Käppelijoch in Richtung des Kleinbasler Richthauses. Johann Jacob Neustück, zw. 1853 und 1839. Feder- und Bleistiftzeichnung, mit Sepia laviert. Inv. Nr. 2007.296. Foto: **A. Seiler**

168 Abbildung in Eugen A. Meier, **Basel einst und jetzt**, Buchverlag Basler Zeitung, Basel 1993, Seite 283. Bildrechte beim Verlag anfragen.

171 **Historisches Museum Basel**, Ansicht des Richthauses im Kleinbasel. Peter Toussaint, 1839. Kreidelithografie, koloriert. Foto Nr. C7496, Inv. Nr. 1985.418.

174 Privatbesitz. Drei Ehrengesellschaften Kleinbasel

178 Staatsarchiv Basel-Stadt, Bilderslg. 17.127 und 17.133, Scan: **Franco Meneghetti**

181 Universitätsbibliothek Basel, Handschriftenabteilung, Falk 1464

182 Staatsarchiv Basel-Stadt, BILD Schn. 206, Scan: **Franco Meneghetti**

187 Universitätsspital Basel, Bilder-Kontrollnummer 7663

191 Fotoarchiv Felix Hoffmann Basel, Archiv Nr. ABB 47. Aufnahme vom 30. April 1908, Foto: **Carl Hoffmann**

193 Staatsarchiv Basel-Stadt, BILD Wack. D 156, Scan: **Franco Meneghetti**

195 Staatsarchiv Basel-Stadt, NEG A 4829, Fotograf unbekannt

197 Staatsarchiv Basel-Stadt, BILD 5, 332, Scan: **Franco Meneghetti**

198 Staatsarchiv Basel-Stadt, Bilderslg. 17.124 und 17.130, Scan: **Franco Meneghetti**

200 Staatsarchiv Basel-Stadt, AL 45 4 062 01

202 Abbildung in Hansueli F. Etter, **Armut – Krankheit – Tod im frühindustriellen Basel**, 1993, Seite 42. Bildrechte beim Verlag anfragen.

203 Universitätsspital Basel, Bilder-Kontrollnummer 7664

204 Staatsarchiv Basel-Stadt, BILD 2, 473, Scan: **Franco Meneghetti**

205 Staatsarchiv Basel-Stadt, Planarchiv F4, 15, Zeichnung: **Cöl. Stadelmann**, 1894

206 Historisches Museum Basel, Ansicht des Barfüsserplatzes gegen Süden. Aquarell von Maximilian Neustück, dat. 1820. Foto Nr. C5695, Inv. Nr. 2004.197. Foto: **P. Portner**

208 Universitätsbibliothek Basel, Aderlassmann, Taschenkalender, Basel 1490

208 Abbildung in Helmut Vogt, **Das Bild des Kranken**, J. F. Lehmanns Verlag München, 1969, Seite 47. Bildrechte beim Verlag anfragen.

208 Medizinhistorisches Museum Zürich, Foto: **Angelo Gianola**

210 Staatsarchiv Basel-Stadt, SMM 1972 12, Scan: **Franco Meneghetti**

215 Privatbesitz, Abbildung in Eugen A. Meier, Rund um den Baselstab, Birkhäuser Verlag 1977, Seite 33. Bildrechte beim Verlag anfragen.